第12版

U0449269

高校法学专业
核心课程配套测试

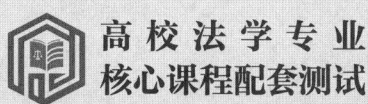

行政法与行政诉讼法配套测试

解析

教学辅导中心 / 组编　编委会主任 / 井凯笛

编审人员
井凯笛　陈昱竹　罗方洁　杜宛凝

中国法治出版社
CHINA LEGAL PUBLISHING HOUSE

目 录

第一章　行政法概述	1
第二章　行政法的基本原则	10
第三章　行政组织法	17
第四章　公务员法	25
第五章　行政行为概述	29
第六章　行政立法	40
第七章　授益行政行为	47
第八章　负担行政行为	58
第九章　行政机关的其他行为	75
第十章　行政司法	79
第十一章　行政应急	80
第十二章　行政程序	83
第十三章　行政复议	87
第十四章　国家赔偿与补偿	94
第十五章　行政诉讼	106
第十六章　行政诉讼受案范围与管辖	110
第十七章　行政诉讼参加人	124
第十八章　行政诉讼证据	129
第十九章　行政诉讼程序	136
第二十章　行政诉讼法律适用	146
第二十一章　行政诉讼裁判与执行	150
第二十二章　涉外行政诉讼	156
综合测试题一	158
综合测试题二	163
综合测试题三	165

第一章 行政法概述

✓ 单项选择题

1. **答案**：C。B项以行政法的作用为标准，可分为三类：一是有关行政组织的规范；二是有关行政行为的规范；三是有关行政监督的规范。

2. **答案**：D。行政关系的建立以行政职权的行使为前提。

3. **答案**：C。本题考查监督行政法律关系的客体的内容。

4. **答案**：B。本题考查行政法的概念。

5. **答案**：D。本题考查行政法律关系构成的三要素。

6. **答案**：A。本题考查对行政法形式特点的了解。

7. **答案**：C。本题考查行政法调整范围，其调整行政关系和监督行政关系。

8. **答案**：B。本题考查行政立法主体。河南省人民政府办公厅不是行政立法主体，应是河南省人民政府。

9. **答案**：B。A选项，行政法规是国务院制定的规范性法律文件，规章是由国务院部委、省、设区的市级地方政府制定的规范性文件，地方性法规是省、设区的市人大及其常委会制定的规范性法律文件，三者不是同一概念。A选项错误。B选项，行政法规的效力高于地方性法规和规章。B选项正确。C选项，国务院部委制定的规范性法律文件是部门规章。C选项错误。D选项，行政法规是国家行政管理活动的法律规范中特定效力位阶的规范性法律文件。D选项错误。

10. **答案**：C。行政相对人是受行政行为直接或间接影响的个人、组织、非法人组织、国家公务员、行政机关非法人组织都可以成为行政相对人。

11. **答案**：B。抽象行政行为的相对人具有普遍性，行政相对人也是行政管理的参与人，这是宪法赋予公民权利的体现。

12. **答案**：C。行政法律关系的特征包括：（1）行政主体是必不可少的一方当事人；（2）行政法律关系具有不平等性、不对等性；（3）行政法律关系具有预先规定性与不可选择性；（4）行政法律关系主体的权利与义务具有统一性；（5）行政法律关系产生的纠纷，一般通过法定行政程序或准司法性行政程序予以解决。行政法律关系的不对等性，指主体双方虽对应地相互既享有权利又履行义务，但由于各自权利义务的质量不同而不能等质等量。从质的方面讲，双方各自权利义务的性质不完全相同；从量的方面讲，双方各自权利义务的数量也不相等。由于权利义务性质不同，也就无法等质衡量，更不是进行等价交换的活动。这与民事法律关系有重大差别。由此可知，除C项外，A、B、D项均属于行政法律关系的特征。本题答案选C。

✓ 多项选择题

1. **答案**：ABC。行政复议属于行政救济的内容。

2. **答案**：ABD。C选项错误，因为有的关系的产生是由行政机关主动引起的，如行政法制监督关系的引起可以是主动的。

3. **答案**：BC。本题考查行政法律关系的特点。注意：D项正确的表述应为：行政主体的权利义务是重合的。

4. **答案**：ABD。本题中甲败诉的原因在于混淆了民事和行政两类不同的行为，国家行政权不能承包，因此该承包合同无效。

5. **答案**：ABD。A项对，行政机关必须享有权力，作为公共秩序的维持者、公共利益的维护者的行政机关应当享有履行职责的必要权力，行政权力是一种可以强制他人服从的力量。B项对，由于行政机关所从事的活动可能对公民或其他社会组织的利益造成一定的损害，因此必须对行政活动进行法律规范和约束。行政权力的行使应当受到法律的限制，超出法律的限制就要承担相应的法律后果，因此行政权是一种必须加以控制的权力。C项错，行政权除由国家行政机关享有外，行政机关以外的其他社会组织依授权或委托也可享有。D项对，行政权是职权与职责的统一。

6. **答案**：AC。本题考查行政权与其他国家权力的区别。

7. **答案**：ACD。行政法上的行政，主要是指国家行政机关的执行、管理活动，但是也包括国家之外的公共组织根据法律、法规的授权进行行政。前者是国家行政，前者和后者的结合构成了公共行政。行政机关的执行、管理活动不是截然分开的，相对于政治和法律来说，行政是对政策或法律的执行，而对行政相对人来说，行政又是对社会的管理活动。

8. **答案**：AB。有的内部行政关系主体双方处于平等地位，如双方都是行政机关时；有的则不是处于平等地位。内部行政关系较多地受政策和行政机关内部规则的调整，受行政法调整的范围要小于行政管理关系。因此，选项C、D是错误的。

9. **答案**：BD。行政法学研究的行政是公共行政，公共行政除国家行政外，还包括法律、法规授权的组织行政。A选项中的事业单位只有在得到法律、法规授权时，其根据法律、法规的授权所进行的行政管理活动才属于行政法的研究对象，其非行使行政职权的组织、管理活动并不属于行政法所研究的行政的范围。公共行政又有形式行政和实质行政之分。形式行政是从行政的主体进行的界分，实质行政是从行政的执行和管理的性质进行的界分。形式行政指的是行政机关的活动，但行政机关的活动除了行政活动之外，还包括民事活动等其他活动，因此，行政法研究的行政是以形式行政为主，以实质意义上的行政为补充。

10. **答案**：ABCD。本题考查行政法调整对象。

11. **答案**：ABD。C项是错误的，行政主体在其中居被动地位，要受监督主体的监督。

12. **答案**：ACD。这道题在法律上没有规定，只能凭考生对基础知识的把握与理解。本题考查行政法律关系。行政法律关系是经行政法调整的，因实施国家行政权而发生的行政主体之间、行政主体与行政相对人之间的权利与义务关系。A项属内部行政法律关系；C项属行政法制监督关系，属行政机关对行政机关的监督；D项亦属行政法制监督关系，属司法机关对行政机关的监督。
    B项不属行政法律关系，因其不产生任何法律上的权利与义务。

13. **答案**：BD。行政法调整的行政关系即行政法律关系。

14. **答案**：ABD。C答案的关系不对，因为工作人员袁某没有与甲、乙形成任何关系，其只是代行政机关行使职权，后果由行政机关承担。

15. **答案**：AD。B项不对，因为行政法律关系的权利义务是由法律规定的，不可处分。C项表述不准确，应为：行政主体权利义务的重合性。

16. **答案**：ABD。C答案属于民事法律关系，没有发生行政法律关系。

17. **答案**：BC。行政法律关系中的争议可以通过行政复议解决。行政法律关系主体之间的权利义务由法律规定。

18. **答案**：AC。B、D项的内容是行政法内容上的特点。

19. **答案**：ACD。行政机关因参与民事诉讼而与人民法院之间的关系是民事关系。

20. **答案**：BCD。本题考查行政主体的基本概念。我国的行政主体必须满足三个要件：（1）行政主体必须享有行政职权。（2）行政主体必须能够以自己的名义对外行使行政职权。（3）行政主体必须能够对自己的行为独立承担法律责任。A项主要考察行政机关与行政主体的辨析。只有在行政机关参加一种行政管理关系时，它才在这种关系中具有行政主体地位。

21. **答案**：ACD。本题考查行政关系和行政法律关系的区别与联系。B项行政关系受法律调整形成了行政法律关系。行政关系主要包括三个主要形态：（1）组织关系。（2）行为关系。（3）行政救济或监督关系。

22. 答案：BCD。《立法法》第93条第1款规定："省、自治区、直辖市和设区的市、自治州的人民政府，可以根据法律、行政法规和本省、自治区、直辖市的地方性法规，制定规章。"

23. 答案：ABCD。A项立法解释：全国人大常委会作出，具有最高解释效力（《立法法》第48条）。B项司法解释：最高人民法院、最高人民检察院解释对司法审判有普遍约束力（《人民法院组织法》第18条）。C项行政解释：国务院及部门对行政法规、规章的解释，约束行政机关（《行政法规制定程序条例》第31条）。D项地方立法解释：省级人大常委会对地方性法规的解释，在本区域内有效（《关于加强法律解释工作的决议》）。

    错误选项：E项地方政府规章解释，仅约束本机关或下级机关，不具普遍效力。

    F项学理解释，无法律约束力，属理论观点。

24. 答案：BCD。行政法律规范可以由行政机关制定。

25. 答案：ABCD。本题考查行政相对人的范围。注意国家机关和公务员也可以成为行政相对人。行政相对人是指处在行政管理法律关系中的个人、组织。

26. 答案：ABD。不仅受行政行为直接影响的个人或组织是行政相对人，受行政行为间接影响的个人或组织也是行政相对人。

27. 答案：ABD。维护公益是每个公民应尽的义务。

28. 答案：AB。消费者协会、县市场监督管理局在这里是行政主体，行使行政权，对市人民法院和商场作出行政管理活动。

29. 答案：BCD。行政法律关系的产生以行政法律规范的存在为前提，在行政法律关系的形成中，行政主体的意志和行为具有单方性，行政法律关系是由国家强制力保证实现的。

名词解释

1. 答案：行政是国家通过一定的组织为实现国家或社会职能而进行的公共管理活动及其过程。换句话说，行政是国家行政主体实施国家行政权的行为。行政的这一定义可以引申出两层意思：（1）行政是行政主体的活动。在我国，行政主体主要是指依法享有行政职权或负担行政职责，能够以自己的名义对外行使行政职权且能够对外独立承担法律责任的国家行政机关和法律法规授权组织。（2）行政并不是行政主体的所有活动。它限于指行政主体对国家和社会事务进行管理的活动，行政主体的非管理活动（如借用、租赁、买卖等）不属于行政。行政具有如下特征：（1）执行性。行政的基本特点是执行，是对国家法律法规的执行。（2）公益性。行政应以追求公共利益或公共福祉为目的。（3）整体性与能动性。司法具有个别性和消极被动的特征，而行政则呈现出整体性、连续性、积极能动的特征。（4）行政不仅是一种实体活动的过程，而且是一种程序的过程，它具有实体与程序的统一性。（5）有法定性（合法性）与裁量性（合目的性）。依法行政是法治国家的基本要求。（6）效率性。相对于国家的立法和司法活动，行政具有更强的效率要求。（7）受监督性。行政活动必须受到严格的监督，这种监督是多维度和多层级的。

2. 答案：行政法是有关行政的主体及职权、行为及程序、违法及责任和救济关系等的法律规范的总称。具有如下含义：（1）行政法是调整行政关系的法律规范的总称；（2）行政法的重心是控制和规范行政权，保护行政相对人的合法权益；（3）行政法在形式上没有统一的法典；在内容上内容广泛，行政法规范易于变动，实体性规范与程序性规范相交织。

3. 答案：行政关系是指行政主体因从事行政管理活动包括行使行政权的活动和基于实现国家或社会职能的目的所从事的公共管理活动而与行政相对人以及其他相关主体形成或因之引发的各种社会关系。

4. 答案：行政法律关系是指行政关系经行政法规范调整后形成的行政法上的权利义务关系。由行政法律关系的主体、客体和内容等要素构成。行政法律关系的含义可以从以下几个方面理解：（1）行政法律关系是受行政法调整或约束的一种社会关系。受行政法调整的社会关系主要是行政关系和监督行政关系。（2）行政法律关系本源于行政关系，离开了行政关系，不可能存在行政法律关系。（3）行政法律关系具有行政法上的权利义务内容。行政法律关系具有如下特征：（1）行政法律关系中必有一方是行政主体；（2）行政法律关系具有非对等性；（3）行政法律关系主体的权利义务一般是法定的；（4）行政主体实体上的权利义务是重合的；（5）大多数的行政法律关系争议由行政机关或行政裁判机构依照行政程序或准司法程序加以解决，只有在法律有规定的情况下，才由法院通过司法程序解决。

5. **答案**：行政管理关系是行政主体在行使行政职权过程中与行政相对人发生的各种关系。和其他行政关系相比，行政管理关系有两个特点：（1）行政管理关系的双方当事人只能是行政主体和行政相对人；（2）行政主体在行政管理关系中占主导地位。

6. **答案**：行政法制监督关系是行政法制监督主体在对行政主体、国家公务员和其他行政执法组织、人员进行监督时所发生的各种关系。具有如下特征：（1）关系双方的主体具有多元性；（2）关系的内容因具体参与主体的不同而具有较大的差别性；（3）行政法制监督主体在其中占主导地位。

7. **答案**：行政救济关系是行政相对人认为其权益受到行政主体作出的行政行为的侵犯，向行政救济主体申请救济，行政救济主体对其申请予以审查，作出向相对人提供或者不予提供救济的决定而发生的各种关系。具有如下特征：（1）存在三方主体，即行政相对人、行政主体、行政救济机关；（2）行政救济主体在行政救济关系中占主导地位；（3）部分行政救济关系与行政法制监督关系重合。

8. **答案**：行政主体是指依法享有行政职权或承担行政职责，能够以自己的名义对外行使行政职权且能够对外独立承担法律责任的国家行政机关和法律法规授权组织。具有如下特征：（1）行政主体能够依法行使行政职权；（2）行政主体能够以自己的名义行使行政职权；（3）行政主体能够独立对自己行使行政职权的行为承担法律责任。

9. **答案**：行政法的法源是行政法规范和原则的表现形式，亦即行政法法律规范的来源、出处。行政法的一般法源包括宪法、法律、行政法规与行政规章、地方性法规、自治条例和单行条例，特殊法源包括法律解释、其他规范性文件和国际条约、惯例。

10. **答案**：行政法规是国务院根据宪法和法律所制定的规范性法律文件。具有如下特征：（1）从主体上看：行政法规的制定权专属于国务院，其他任何组织都无权制定行政法规。（2）从依据上看：行政法规是依据宪法与法律而制定的，因此它具有从属国家法律性，其内容不得与宪法和法律相抵触。（3）从性质上看：行政法规属于法律规范的一种形式，属于"法"的范畴。（4）从内容上看：除专属于宪法和法律规定的内容外，它可以规范政治、经济、教育、科技、文化、外事等各个领域的国家和社会管理事务。

11. **答案**：自治条例和单行条例是我国民族自治区、自治州、自治县的人民代表大会，依照当地民族的政治、经济和文化的特点，经法律程序制定的，在本自治地方有效的规范性法律文件。我国是统一的多民族国家，各少数民族聚居的地方实行区域自治，这是宪法所确立的原则。自治条例和单行条例是我国行政诉讼法律规范的表现形式之一，它在行政诉讼中享有法律依据之地位。

12. **答案**：行政规章是国务院部、委、省、自治区、直辖市人民政府，设区的市、自治州的人民政府按照法律规定的权限、程序和形式，制定发布的规范性法律文件。

13. **答案**：行政解释是具有法定解释权的国家行政机关对制定法所作的能够产生法律拘束力的解释。在我国，作为行政法渊源的行政解释包括最高国家权力机构的解释、国家司法机关的解释、中央国家行政机关的解释、地方国家权力机关和行政机关的解释。

14. **答案**：行政相对人是行政管理法律关系中与行政主体相对应的另一方当事人，即行政主体行政行为影响其权益的个人、组织。具有以下特征：（1）行政相对人是处在行政管理法律关系中的个人、组织；（2）行政相对人指行政管理法律关系中作为与行政主体相对应的另一方当事人的个人、组织；（3）行政相对人是在行政管理法律关系中，权益受到行政主体行政行为影响的个人、组织。

15. **答案**：正当程序权是指行政相对人在行政主体作出与其自身权益有关，特别是不利的行为时，有权要求行政主体告知行为的根据，说明理由；有权陈述自己的意见看法，提供有关证据材料，进行说明和申辩，必要时可为之举行听证。

简答题

1. **答案**：行政法的特点如下。（1）在形式上的特点：①没有统一、完整的法典；②行政法规的规范赖以存在的法律形式、法律文件的数量特别多。（2）在内容上的特点：①内容广泛；②以行政法规、规章形式表现的行政法规范易于变动；③行政法的实体性规范与程序性规范总是交织在一起，并往往共存于一个法律文件之中。

2. **答案**：行政法所调整的行政关系是指行政主体行使行政职能和接受行政法制监督而与行政相对人、行政法制监督主体发生的各种关系，以及行政主体内部发生的各种关系。包括：（1）行政管理关系，指行政主体在行使行政职权过程中与行政相对人发生的各种关系。（2）行政法制监督关系，指行政法制监督主体在对行政主体、国家公务员和其他行政执法组织人员进行监督时发生的各种关系。（3）行政救济关系，指行政相对人认为其权益受到行政主体作出的行政行为的侵犯，向行政救济主体申请救济，行政救济主体对其申请予以审查，作出向相对人提供或不予提供救济的决定而发生的各种关系。（4）内部行政关系，指行政主体内部发生的各种关系。

3. **答案**：（1）行政关系，是指行政主体因从事行政管理活动包括行使行政权的活动和基于实现国家或社会职能的目的所从事的公共管理活动而与行政相对人以及其他相关主体形成或因之引发的各种社会关系。（2）行政法律关系，是指行政关系经行政法规范调整后形成的行政法上的权利义务关系。（3）联系：行政关系构成了行政法的调整对象，行政关系受法律调整形成了行政法律关系，二者具有密切的联系。（4）区别：①性质不同。行政法律关系是行政关系的法律表现形式，行政关系是行政法律关系的实体内容。行政关系是一种事实上的社会关系，具有物质关系的属性；而行政法律关系则更多地体现了国家的意志，具有思想关系的属性。②与行政法的关系不同。就二者与行政法的关系来看，行政关系是行政法的调整对象，而行政法律关系则是行政法对行政关系调整后的结果。③内容范围不同。一般而言，行政关系与行政法律关系在内容范围上是基本一致的，但行政关系作为一种事实上的社会关系，在内容范围上要比行政法律关系更为广泛。④形成的时间不同。行政关系是一种事实上的社会关系，往往先于行政法律关系的存在而存在。因为行政法律关系是行政法规范对行政关系进行调整和规范的结果，行政法律关系是对行政关系的反映。

4. **答案**：（1）行政法主体是指行政法调整的各种行政关系的参加人：组织和个人。（2）行政主体是享有实施行政活动的权力，能以自己的名义从事行政活动，并因此而承担实施行政活动所产生的责任的组织。（3）二者的关系表现为：①行政主体是行政法主体的一种。行政主体可能在各种行政法律关系中存在，但在各种行政法律关系中，它只是关系的一方当事人（一方主体），与另一方当事人（对方主体）共同构成相应关系的双方。②行政主体虽然只是行政法主体的一种，但它是行政法主体中最重要的一种。行政主体在行政管理关系中占有主导地位，而行政管理关系在整个行政关系中又占有主导地位，其他行政关系均是因行政管理关系的发生、存在而发生和存在的。行政主体在各种行政法律关系中均可构成一方主体,而其他行政法主体只可能在一种或两种行政法律关系中出现,不可能在所有行政法律关系中出现。③行政主体,特别是行政机关,作为行政法主体具有相对恒定性。在绝大多数时候和场合,行政机关均是以行政法主体的身份参与行政法律关系。

5. **答案**:宪法作为行政法法源,其包含的行政法规范主要有:

（1）关于行政管理活动基本原则的规范。（2）关于国家行政机关组织、基本工作制度和职权的规范。（3）关于国家行政区域划分和设立特别行政区的规范。（4）关于公民基本权利和义务的规范。（5）关于保护外国人合法权益和关于外国人义务的规范。（6）关于国有经济组织、集体经济组织、外资或合资经济组织以及个体劳动者在行政法律关系中的权利、义务的规范。（7）关于国家发展教育、科学、医疗卫生、体育、文学艺术、新闻广播、出版发行等事业方针政策的规范;关于发挥知识分子作用,建设社会主义精神文明,推行保护环境,防止污染和其他公害的规范;关于加强国防、保卫国家安全和维护社会秩序的规范等。

6. **答案**:（1）相同点

①法律属性:三者都属于我国行政法的正式成文法渊源。

②规范效力:都具有普遍约束力,是行政机关执法的依据。

③制定程序:都需要经过严格的立项、起草、审议、公布等法定程序。

（2）不同点

①制定主体不同

法律:由全国人民代表大会及其常务委员会制定。

行政法规:由国务院根据宪法和法律制定。

规章:分为部门规章(由国务院各部委制定)和地方政府规章(由省级人民政府和设区的市的人民政府、自治州的人民政府制定)。

②效力等级不同

法律效力仅次于宪法,在行政法体系中处于最高位阶。

行政法规效力低于法律,但高于地方性法规和规章。

规章效力最低,不得与上位法相抵触。

③规范内容不同

法律可以设定各类行政权力和公民义务。

行政法规不能设定限制人身自由的处罚。

规章只能设定警告或一定数额罚款等轻微处罚,且不得减损公民权利。

④适用范围不同

法律和行政法规在全国范围内适用。

部门规章在全国适用,地方政府规章仅在其行政区域内有效。

⑤名称形式不同

法律通常称为"法",如《行政处罚法》。

行政法规多称"条例""规定""办法"。

规章多称"规定""办法""实施细则"。

（3）相互关系

三者构成"宪法>法律>行政法规>规章"的效力等级体系,下位法必须服从上位法,不得与上位法相抵触。

7. **答案**:（1）统一裁判标准:确保法律适用统一性。

（2）解释法律规范:对模糊法律条文进行具体化阐释(如明确"正当程序原则"的操作标准)。

（3）补充法律漏洞:在成文法缺位时提供裁判依据(如发展信赖保护原则的适用情形)。

（4）规范行政执法:为行政机关提供行为指引(如确立行政处罚的听证程序要求)。

（5）推动法治发展:通过个案推动行政法原则的演进(如细化比例原则的适用标准)。

对于最高人民法院发布的指导性案例,各级人民法院在审判类似案件时"应当参照"(《最高人民法院关于案例指导工作的规定》第7条),但不同于司法解释的强制约束力。

8. **答案**:依据不同的标准,可以对行政相对人进行不同的分类。

（1）行政相对人以其是否有一定的组织体为标准，可以分为个人相对人和组织相对人。个人相对人不一定是单个的个人，在一定的具体行政法律关系中，行政主体的行为可能涉及多个个人。只要这些个人不构成一定的组织体，相互之间无组织上的联系，即使这些个人数量再多，他们仍为个人相对人，而非组织相对人。

作为行政相对人的组织主要是指各种具有法人地位的企业组织、事业组织和社会团体，包括在我国取得法人资格的外国企事业组织。

（2）行政相对人以与行政主体行政行为的关系为标准，可以分为直接相对人和间接相对人。直接相对人是行政主体行政行为的直接对象，其权益受到行政行为的直接影响；间接相对人是行政主体行政行为的间接对象，其权益受到行政行为的间接影响。

（3）行政相对人以影响其权益的行政行为的方式为标准，可分为作为行为的相对人与不作为行为的相对人。行政相对人权益受到行政行为作为方式影响的称为"作为行为的相对人"，行政相对人的权益受到行政行为不作为方式影响的称为"不作为行为的相对人"。

（4）行政相对人以行政主体行政行为影响其权益是否产生实际效果为标准，可以分为抽象相对人与具体相对人。行政行为对其权益尚未产生实际影响而仅仅具有潜在影响的相对人是抽象相对人，行政行为对其权益已产生实际影响的相对人是具体相对人。

（5）行政相对人以行政主体行政行为对其权益影响的性质为标准，可以分为授益相对人与侵益相对人。行政行为对其权益产生有利影响，即通过行政行为获取某种权益的相对人为授益相对人；行政行为对其权益产生不利影响，即因为行政行为而失去某种利益或使其利益受到损害的相对人，为侵益相对人。

论述题

1. 答案：（1）行政立法的含义与性质。

就我国的情况而言，行政立法一般是指特定国家行政机关依照立法程序制定行政法规和规章的活动。如果从静态角度讲，行政立法则是指特定国家行政机关依准立法程序所制定的行政法规和规章。首先，行政立法仅指行政机关制定行政法规和规章，而不包括全国人大和全国人大常委会制定行政法律、地方人大和地方人大常委会制定作为行政法渊源的地方性法规。其次，行政立法的主体只限于特定国家行政机关，行政法规只能由国务院制定，规章只能由国务院部委和具有外部行政管理职权的直属机构以及省、自治区、直辖市人民政府和设区的市、自治州的人民政府制定，其他行政机关制定具有普遍约束力的规范性文件不属于行政立法的范畴。最后，行政立法遵循准立法程序，这种程序既具有行政程序的特征，又具有立法程序的特征，我国行政立法的这些特征，决定了其性质的二元性：既属于（主要或本质上属于）行政行为——抽象行政行为，又属于立法——准立法或从属性立法。

（2）行政立法的调整范围。

关于我国行政立法的调整范围，《立法法》作了一般的原则性的规定。首先，该法确定了全国人大和全国人大常委会的专属立法领域。对于该领域的立法事项，行政立法未经特别授权不能调整。这些事项包括下列11项，下列事项只能制定法律：①国家主权的事项；②各级人民代表大会、人民政府、监察委员会、人民法院和人民检察院的产生、组织和职权；③民族区域自治制度、特别行政区制度、基层群众自治制度；④犯罪和刑罚；⑤对公民政治权利的剥夺、限制人身自由的强制措施和处罚；⑥税种的设立、税率的确定和税收征收管理等税收基本制度；⑦对非国有财产的征收、征用；⑧民事基本制度；⑨基本经济制度以及财政、海关、金融和外贸的基本制度；⑩诉讼制度和仲裁基本制度；⑪必须由全国人民代表大会及其常务委员会制定法律的其他事项。其次，《立法法》专门规定了国务院的行政立法权限。根据《立法法》的规定，国务院可以就下列事项制定行政法规：①为执行法律的规定需要制定行政法规的事项；②《宪法》第89条规定的国务院行政管理职权的事项。此外，《立法法》还分别规定了国务院部门的行政立法权限和地方人民政府的行政立法权限。部门规章规定的事项限于有关执行法律和国务院的行政法规、决定、命令的事项。地方政府规章可以就下列事项作出规定：①为执行法律、行政法规、地方性法规的规定需要制定规章的事项；②属于本行政区域的具体行政管理事项。

（3）行政立法的法律效力。

我国行政立法的效力主要体现在两个方面：第一，行政立法是从属性立法，它在法律体系中的位阶低于人大及其常委会的立法。第二，行政立法对行政相对人具有拘束力，相对人必须履行行政立法为之确定的义务；对行政机关亦具有拘束力，行政机关实施行政行为必须遵循行政立法；对法院审判，特别是行政审判具有适用力，法院裁判案件，特别是裁判行政案件，必须适用行政立法。行政立法的法律效力是以其符合授权法、不越权、不违反上位阶法、不违反行政立法程序为前提的。

（4）对行政立法效力异议的处理。

在我国，对行政立法效力异议处理进行立法审查和行政审查，一般来说，对行政法规进行立法审查，对规章进行行政审查。根据《立法法》的规定，全国人大及其常委会对行政法规进行监督审查的主要程序包括：①国务院、中央军事委员会、国家监察委员会、最高人民法院、最高人民检察院和各省、自治区、直辖市的人民代表大会常务委员会认为行政法规同宪法或者法律相抵触，或者存在合宪性、合法性问题的，可以向全国人民代表大会常务委员会书面提出进行审查的要求，由全国人民代表大会有关的专门委员会和常务委员会工作机构进行审查、提出意见。其他国家机关和社会团体、企业事业组织以及公民认为行政法规同宪法或者法律相抵触的，可以向全国人民代表大会常务委员会书面提出进行审查的建议，由常务委员会工作机构进行审查；必要时，送有关的专门委员会进行审查、提出意见。②全国人民代表大会专门委员会、常务委员会工作机构在审查中认为行政法规同宪法或者法律相抵触，或者存在合宪性、合法性问题的，可以向制定机关提出书面审查意见；也可以由宪法和法律委员会与有关的专门委员会、常务委员会工作机构召开联合审查会议，要求制定机关到会说明情况，再向制定机关提出书面审查意见。制定机关应当在两个月内研究提出是否修改或者废止的意见，并向全国人民代表大会宪法和法律委员会、有关的专门委员会或者常务委员会工作机构反馈。全国人民代表大会宪法和法律委员会、有关的专门委员会、常务委员会工作机构根据前述规定，向制定机关提出审查意见，制定机关按照所提意见对行政法规进行修改或者废止的，审查终止。③全国人民代表大会宪法和法律委员会、有关的专门委员会、常务委员会工作机构经审查认为行政法规同宪法或者法律相抵触，或者存在合宪性、合法性问题需要修改或者废止，而制定机关不予修改或者废止的，应当向委员长会议提出予以撤销的议案、建议，由委员长会议决定提请常务委员会会议审议决定。

2. 答案：行政参与是指行政主体在实施行政行为过程中，行政相对人有权参与行政过程，并有权对行政行为发表意见，而且有权要求行政主体对所发表的意见予以重视。促进行政参与，应当从两个方面入手：

（1）政府信息公开是行政参与的外在条件

政府信息公开，是指政府机构通过多种方式公开其政务活动，允许用户通过查询、阅览、复制、下载、摘录、收听、观看等形式，依法利用各级政府部门所控制的信息。政府信息公开是现代政府的一项职责和义务，其实质，从政府角度而言，就是提供信息服务；从公民角度而言，就是实现其知情权利。

没有政府信息公开，不可能有公民参与。参与的前提是了解，公民只有在充分、确实了解政府活动的基础上才能有的放矢，有效参与国家和社会事务的管理，使自己的主体地位得到彰显，使自身的利益得到维护和增进。

（2）增强公民权利意识是促进公民行政参与的内在要求

公民权利意识是指人格独立、平等、理性的公民对宪法和法律赋予自身的政治、经济、社会、文化权利的认知、主张和要求的意识。公民行政参与的实质是在对自身权利和义务认知的基础上（在宪法及法律允许和道德不反对的前提下）对权利的主张和要求。可见，对公民行政参与而言，对权利的正确认知是基础和前提，而认知的核心就是公民的权利意识。而培养公民的权利意识可以从以下四个方面入手：

一是要正确处理行政权力和公民权利的关系；二是要通过发展市场经济培育公民的权利意识；三是要公正司法，维护宪法和法律的权威；四是要提高公民的科学文化素质。

3. **答案**：根据我国的行政法律规范，个人、组织在行政法上的权利大致有：（1）参加行政管理权。人民群众可通过合法途径加入国家行政管理的行列，行政机关必须提供正当、平等的机会让公民选择。（2）受益权。个人、组织可以依据法律从行政机关中获得利益。（3）了解权。作为个人、组织在行政法上的一项基本权利，了解权主要指相对一方对国家行政管理活动的了解权。（4）隐私保密权。行政机关在行政活动中，非经法定程序，不得公开个人隐私。个人享有对自己的隐私保密的权利，行政机关有为公民的隐私保密的义务。隐私权作为个人、组织在行政法上的权利包括以下内容：①行政机关除公务的特别需要并按法律程序，不得获取个人的隐私资料和信息，否则个人有权拒绝提供。②行政机关对业已掌握的有关个人的隐私资料不得向社会公开（法律另有规定除外）。（5）得到合法、正当、平等保护的权利。（6）协助行政权，即在法定条件下，个人、组织可以协助行政机关做某些管理活动。（7）建议、批评、控告、揭发权。（8）复议、申请、诉讼和申诉权，个人、组织不服行政机关的行政处理决定，有权依法申请行政复议和提起行政诉讼。（9）获得补偿、赔偿权。个人、组织的合法权益受到行政机关职务行为的影响时，有获得行政补偿的权利；个人、组织的合法权益受到行政机关及其公务员的不法侵害时，个人、组织有权获得行政赔偿。

第二章　行政法的基本原则

✓ 单项选择题

1. **答案**：B。合理性原则是基于行政自由裁量权的存在而产生的。
2. **答案**：D。本题考查对行政合法性原则内涵的把握。
3. **答案**：B。A、C、D 是行政法治原则的具体要求。
4. **答案**：D。合法性原则和合理性原则是行政法最重要的基本原则。这两个原则是有层次性的，即行政行为只有在合法的前提下，才能讨论其合理性。合理性原则中的一个重要原则便是比例原则，因此行政法的比例原则是合理行政的必然要求，而非合法行政的必然要求，C 选项错误。所谓行政法的比例原则，是指行政主体实施行政行为应兼顾行政目标的实现和保护相对人的权益，如果行政目标的实现可能对相对人的权益造成不利影响，则这种不利影响应被限制在尽可能小的范围和限度之内，二者有适当的比例。学界通说认为，比例原则包含适当性原则、必要性原则和狭义比例原则三个子原则。行政法的权责统一原则基本内涵是"有权必有责"，是与合理性原则并列的行政法基本原则之一，即行政权力必须伴随着行政责任，也可以理解为：法律赋予行政机关的职权，实际上是赋予行政机关的义务和责任，行政机关必须采取积极的措施和行动依法履行其职责，擅自放弃、不履行其法定职责或者违法、不当行使其职权，要承担相应的法律责任。据此，A 选项错误。一般认为，行政法的比例原则主要适用于裁量行政行为，在少数羁束行政行为也存在适用比例原则的需要。据此 B 选项错误。一般认为，合法行政是一种形式行政法治，而合理行政是实质行政法治，因此行政法的比例原则属于实质行政法治范畴，D 选项正确。
5. **答案**：B。本题考查合理行政原则。合理行政原则是指行政决定应当具有理性，主要包括三个子原则：公平公正原则，即平等对待行政相对人；考虑相关因素原则；比例原则。合理行政原则是与合法行政原则并列的行政法两大基本原则。在对某一行政活动评价时，先对行政活动的合法性进行评价，再对行政活动的合理性进行评价。某一行政活动，只有在符合合法行政原则的情况下才有可能符合合理行政原则，合理行政是较合法行政更高的要求。因此，合理行政属于实质行政法治的范畴，与合法行政原则有着密切的关系，并不是一项独立的原则。故 B 选项正确，C 选项错误。不仅行政活动需要具有理性，民事活动也需要具有理性，行政活动与民事活动最主要的区别在于行政活动中的行政权力因素的存在，因此 A 选项错误。根据《政府信息公开条例》第 6 条第 1 款的规定，行政机关应当及时、准确地公开政府信息。因此，行政机关发布的信息应当准确是行政法规规定的要求，是行政机关在实施该行为时的合法性要求——行政机关发布的信息不准确即违法。故 D 选项错误。正确答案是 B。
6. **答案**：A。BC 选项虽然属于合理行政原则，但与题干无关。D 选项中的行政效率原则的内容是要求行政机关积极履行法定职责、遵守法定时限，与题干不符。
7. **答案**：D。张某的违法行为是"未取得建筑工程规划许可证在其经营的商铺外侧加建小棚"，根据《行政强制法》第 23 条的规定，查封仅限于和违法行为有关的场所、设施和财物，故行政机关查封的对象应该仅限于违法建设施工现场，正在经营的商铺属于合法经营则不得查封。自然资源和规划局同时查封建设施工现场和正在经营的商铺，不是对当事人合法权益损害最小的措施，违反了比例原则"必要性"的要求，也就违反了合理行政原则。

多项选择题

1. 答案：ABCD。本题考查行政合理性原则的具体要求。

2. 答案：BC。一般来说，行政法基本原则不直接调整和规范行政行为的实施和行政争议的处理。但是在相应问题缺少行政法具体规则的调整，或者法律给行政主体或行政争议的处理留下了较广泛的自由裁量余地时，行政行为的实施或行政争议的处理就要受行政法基本原则的拘束。所以，选项 A 是错误的。选项 C 讲的是行政法的基本原则有时候并非直接在法律中加以规定，而是学者归纳总结出来的。

3. 答案：AB。选项 C 和 D 谈的是依法行政对消极行政和积极行政的不同要求。对消极行政，强调严格的依法行政，行政行为不仅应具有组织法上的依据，还应该具备行为法上的依据，但不论其依据的"法"是善法还是恶法。对积极行政有时只要求具备组织法上的依据，而无须具备行为法上的依据。特别是对非强制性的行政行为，如行政指导、行政合同等，由于不具有强制性，是否接受取决于相对人的合意或是同意，在这种情况下，依法行政并不要求行政指导亦具有行为法上的依据，但仍需具备组织法上的依据，所以说行政指导是法律没有规定的行为是不确切的，而且行政指导与行政法治的原则并不冲突。

4. 答案：ABC。比例原则有三个子原则，即妥当性原则、必要性原则和比例性原则。比例原则的本质在于公益目的与损害私权的手段之间的适度。妥当性原则强调的是手段必须能够达到目的，而不是南辕北辙，抱薪救火；必要性原则要求在多个能达到公益目的的手段中选择给私人权益造成的侵害最小的手段，而不能"以大炮轰小鸟"、"杀鸡用牛刀"；比例性原则要求，如果在多个手段中给相对人权益造成侵害最小的那个手段所造成的侵害，还要大于其所达到的公益目的，则这样的目的就不再值得追求，应当放弃。题目给出的四个选项中，A 项的做法违背了妥当性原则的要求。A 项中甲、乙双方仅因口角，就被处以行政处罚中最为严厉的处罚种类和幅度中最重的判罚，这对于实现行政目的并不适当。B 项和 C 项违反了必要性原则的要求，B 项中李某建楼是经过批准的行为，按照必要性原则的要求，则只应拆除私自加建的部分，而不必全部拆除；C 项也是如此，打击盗版者应该按照法律的规定进行，而不能以"倾家荡产"的过火方式处理。D 项的做法符合狭义比例原则的要求。

5. 答案：AD。行政公正原则包括实体公正和程序公正两个方面的要求。前者主要包括：依法办事、不偏私；平等对待相对人，不歧视；合理考虑相关因素，不专断。后者主要包括：自己不做自己案件的法官；不单方接触；不在事先未通知和听取相对人申辩意见的情况下作出对相对人不利的行政行为。

6. 答案：BCD。行政效率的原则是非常重要的，但是行政效率原则并非强调效率凌驾于公正之上，故选项 A 是错误的。

7. 答案：ACD。行政应急权力的特点是行使前不需审批程序。

8. 答案：AD。根据程序正当原则，行政机关实施行政管理，除涉及国家秘密和依法受到保护的商业秘密、个人隐私外，应当公开，注意听取公民、法人和其他组织的意见，故 A 项应选。要严格遵循法定程序，依法保障行政管理相对人、利害关系人的知情权、参与权和救济权；行政机关工作人员履行职责，与行政管理相对人存在利害关系时，应当回避，故 D 项应选。B 项是权责一致原则的体现，C 项是合法行政原则的体现，故均应排除。

9. 答案：BC。根据合理行政原则，行政机关实施行政管理，应当遵循公平、公正的原则；要平等对待行政管理相对人，故 B 项应选。不偏私、不歧视；行使自由裁量权应当符合法律目的，故 C 项应选。排除不相关因素的干扰；所采取的措施和手段应当必要、适当；行政机关实施行政管理可以采用多种方式实现行政目的的，应当避免采用损害当事人权益的方式。A 项是程序正当原则的体现，D

项是诚实守信原则的体现，故均应排除。

10. **答案**：BC。根据国务院《全面推进依法行政实施纲要》，合法行政、合理行政、程序正当、高效便民、诚实守信和权责统一，均是依法行政原则的基本要求。高效便民原则是依法行政原则的内涵之一，而非外在的"重要补充"，故A项不应选。

    根据国务院《全面推进依法行政实施纲要》，合理行政原则要求："行政机关实施行政管理，应当遵循公平、公正的原则。要平等对待行政管理相对人，不偏私、不歧视。行使自由裁量权应当符合法律目的，排除不相关因素的干扰；所采取的措施和手段应当必要、适当；行政机关实施行政管理可以采用多种方式实现行政目的的，应当避免采用损害当事人权益的方式。"据此，"排除不相关因素的干扰"，是合理行政原则的要求，而非高效便民原则的要求，故D项不应选。

    根据国务院《全面推进依法行政实施纲要》，高效便民原则要求："行政机关实施行政管理，应当遵守法定时限，积极履行法定职责，提高办事效率，提供优质服务，方便公民、法人和其他组织。"据此，选项B、C说法正确。

11. **答案**：AC。高效便民原则体现在：（1）行政效率原则。（2）便利当事人原则。A选项简化行政机关办理行政许可流程当然体现的是高效——同样的单位时间内输出的公务服务多了，当然体现的是行政效率原则。C选项"对办理行政许可的当事人提出的问题给予及时、耐心的答复"也当然体现了方便申请人、处处替行政相对人着想，便利其到行政机关办理政务的精神，故而C选项当选。B选项体现的是正当程序原则，D选项则体现的是行政法上的权责统一原则。

12. **答案**：AD。程序正当是行政法的主要原则之一。它主要包括三方面的基本要求：一是公开要求，主要指行政机关的管理过程要公开，所生成的信息除法定不公开外均要公开；二是公众参与，行政机关作出重要规定或者决定，应当听取公民、法人和其他组织的意见和建议，特别是作出对公民、法人和其他组织不利的决定，要听取他们的陈述和申辩；三是回避要求。行政机关工作人员在行使职权或履行职责过程中，与管理事项存在利害关系时应当回避。

    A项，行政机关实施行政管理活动，注意听取公民、法人或其他组织的意见，保障了公众的参与权、表达权，体现了程序正当原则的要求。所以A项正确。

    B项，行政机关对因违法行政给当事人造成的损失主动进行赔偿，体现了权责统一的要求。所以B项错误。

    C项，合法行政原则中的法律优位（优先）原则要求法律、法规、规章有规定的，行政机关在作出行政决定时应遵守。C项内容属于法律优位原则的体现，与题干不搭配，所以C项错误。

    D项，要求与其管理事项有利害关系的公务员在行政执法中回避，体现了行政回避的要求。所以D项正确。

    综上，本题选AD。

13. **答案**：BC。行政公开原则，是程序正当原则下的子原则，即除涉及国家秘密和依法受到保护的商业秘密、个人隐私外，行政机关实施行政管理应当公开，以实现公民的知情权、了解权。通过题干案情可知，本题未涉及该原则，A选项不当选。

    比例原则，是合理行政原则下的子原则，即行政机关采取的措施和手段应当是必要、适当的；有多种手段可选择时应当避免采用损害行政相对人权益的方式，如果为达至行政目的必须对相对人的权益形成不利影响，那么这种不利影响应当被限制在尽可能小的范围和限度内，并且使失去利益与得到保护的利益之间处于适当的比例之中。违反此子原则就表现为行政机关采取的措施和手段与针对的对象不相称。法院的判决适用了比例原则。故而B选项当选。

    合理行政原则主要含义是行政行为应当具有理性基础，禁止行政主体的武断专横和随意。最低限度的理性，是行政行为应当具有一个有正常理智的普通人所能达到的合理与适当，并且能够符合科学公理和社会公德。本案中廖某所建小棚未占用主干道，其违法行为没有严重到既需要拆除又需要实施顶格处罚的程度，因此法院适用合理行政原则，判决对其进行罚款。所以 C 选项当选。

诚实守信原则有三个子原则：一是行政信息真实原则，行政机关公布的信息应当真实、准确、可信。不能提供虚假信息和材料。二是信赖保护原则，非因法定事由并经法定程序，行政机关不得撤销、变更已经生效的行政（许可）决定。行政许可所依据的法律、法规、规章修改或者废止，或者准予行政许可所依据的客观情况发生重大变化的，为了公共利益的需要，行政机关可以依法变更或者撤回已经生效的行政许可。为此给公民、法人或者其他组织造成财产损失的，行政机关应当依法给予补偿。三是行政允诺应予兑现，行政机关应作其诺言的"奴隶"。法院的判决未适用诚实守信原则，D 选项不当选。

14. **答案**：BC。合法行政原则是行政法的首要原则和灵魂，其具体要求行政机关实施管理活动时，依照法律、法规、规章的明确授权行事。没有相关明确条文规定，不得作出影响相对人权益或增加其义务的决定。

A 选项符合合法行政要求，《行政许可法》第 63 条规定，行政机关实施监督检查，不得妨碍被许可人正常的生产经营活动，不得索取或者收受被许可人的财物，不得谋取其他利益。

B 选项违反合法行政要求，《行政处罚法》第 63 条第 2 款规定，行政处罚中当事人不承担行政机关组织听证的费用。

C 选项违反合法行政要求，行政强制措施的实施组织为国家有权机关和法律、行政法规授权的组织。《行政强制法》第 17 条明文规定行政强制措施的实施不得委托。

D 选项符合合法行政要求，《行政许可法》第 68 条第 2 款规定，行政机关在监督检查时，发现直接关系公共安全、人身健康、生命财产安全的重要设备、设施存在安全隐患的，应当责令停止建造、安装和使用，并责令设计、建造、安装和使用单位立即改正。

综上，本题选 BC。

15. **答案**：ABCD。A 选项，比例原则属于合理行政原则的内容，它要求行政机关在行政活动中所采用的手段必须能达到其行政目的或者至少有利于目的的达成，且在有多种手段可供选择时，采用必要且对相对人侵害最小（保护最大）的手段，最终手段侵害的利益要小于目的所追求的利益。县政府的行为不违反比例原则。B 选项，行政公开要求行政机关的信息和行政行为的过程、结果等的公开。县政府的行为不违反行政公开的要求。C 选项，程序正当原则即行政程序合理原则，其内容包括程序公正、程序公开和程序参与。县政府的行为并不违反程序公正、公开和参与的要求。D 选项，权责一致要求行政机关在行政活动中有权必有责，用权受监督，违法受追究。行政机关在进行行政管理时，由法律、法规赋予其行政手段，行政机关违法或不当行使职权时，应当依法承担责任。县政府的行为并不违反权责一致的要求。

信赖保护原则是行政法的另一项基本原则，是指行政管理相对人对行政权力的正当合理信赖应当予以保护，行政机关不得擅自改变已生效的行政行为，确需改变行政行为的，对于由此给相对人造成的损失应当给予补偿。综上，本题中张某因信赖县政府的奖励通知因而作出了引荐的行为，事后县政府否认奖励通知，违反了信赖保护原则。综上，本题应选 ABCD。

名词解释

1. **答案**：依法行政原则是指政府的一切行政行为应依法而为，受法之拘束。该原则具体又可分为三项原则：（1）法律创制原则。指法律对行政权的运作、产生具有绝对有效的拘束力，行政权不可逾越法律而行为。（2）法律优越原则。指法律位阶高于行政法规、行政规章和行政命令，一切行政法规、行政规章和行政命令皆不得与法律相抵触。（3）法律保留原则。指宪法关于人民基本权利限制等专属立法事项，必须由立法机关通过法律规定，行政机关不得代为规定，行政机关实施任何行政行为皆必须有法律授权，否则，其合法性将受到质疑。

2. **答案**：信赖保护原则是指行政主体对自己作出的行为或者承诺应守信用，不得随意变更，不得反复无常。信赖保护原则有以下几个要求：（1）行政行为作出以后，没有法定事由和经过法定程序不得随意撤销、废止或者改变，行政行为具有确定力和公定力；（2）行政主体作出授益行政行为以后，发现有违法情形，除非该行政行为会严重损害公共利益，否则不能撤销或者改变该行为；（3）行政主体作出行政行为以后，该行为所依据的法律规范修改或者废止，可以撤销或者改变该行为；（4）行政主体撤销或者改变其违法作出的行政行为，应当对相对人遭受的损失予以赔偿。

3. **答案**：比例原则是指行政机关实施行政行为应兼顾行政目标的实现和保护相对人的合法权益，如果为了实现行政目标可能对相对人的权益造成不利影响时，应当将这种影响限制在尽可能小的范围和限度内，使二者处于适度的比例。

4. **答案**：正当程序原则是指行政机关作出影响行政相对人权益的行政行为，必须遵循正当法律程序，包括事先告知相对人、向相对人说明行为的根据、理由，听取相对人的陈述、申辩，事后为相对人提供相应的救济途径等。它包含两条基本规则：（1）任何人不应成为自己案件的法官；（2）任何人在受到惩罚或其他不利处分前，应为之提供公正的听证或其他听取其意见的机会。

5. **答案**：行政公正原则是指行政主体及其工作人员应当办事公道，不徇私情，平等对待不同身份、民族、性别和不同宗教信仰的行政相对人。而实现这种要求的重要保障则是公正的行政程序。行政公正原则包括实体公正和程序公正两个方面的要求。实体公正的要求主要包括：（1）依法办事，不偏私；（2）平等对待相对人，不歧视；（3）合理考虑相关因素，不专断。程序公正的要求主要包括：（1）自己

不做自己的法官；（2）不单方接触；（3）不在事先未通知和听取相对人申辩意见的情况下作出对相对人不利的行政行为。

6. **答案**：行政公开原则是指政府行为除了依法应保密的以外，应一律公开进行；行政法规、规章、行政政策以及行政机关作出影响行政相对人权利、义务的行为的标准、条件、程序应依法公布，让相对人依法查阅、复制；有关行政会议、会议决议、决定以及行政机关及其工作人员的活动情况，除了依法应保密的以外，应允许新闻媒介依法采访、报道和评论。行政公开原则的主要要求包括：（1）行政立法和行政政策公开；（2）行政执法行为公开；（3）行政裁决和行政复议行为公开；（4）行政信息、情报公开。

7. **答案**：行政公平原则是指全体人民在自己的国家内应当平等地享有同等的权利和同等的机会，行政主体应当平等地对待任何人，不能厚此薄彼，不能凭某种关系或自己的好恶赋予某些人以特别的权利，加予某些人以特别的义务。即行政公平原则的基本要求就是平等地对待相对人，不歧视。

简答题

1. **答案**：行政合法性原则，是指行政权的存在和行使必须依据法律，符合法律，不得与法律相抵触。具体内容如下：（1）行政职权必须基于法律的授权才能存在；（2）行政职权必须依据法律行使；（3）行政授权、行政委托必须有法律依据，符合法律要旨。

2. **答案**：越权无效原则在行政法基本原则中有非常重要的地位，英国行政法学权威韦德教授对之有很高的评价，他认为该原则是行政法的"核心原则"（central principle）。

　　越权无效原则的基本含义是行政机关必须在法定权限范围内行为，一切超越法定权限的行为无效，不具有公定力、确定力、拘束力和执行力。

《行政诉讼法》第70条规定："行政行为有下列情形之一的，人民法院判决撤销或者部分撤销，并可以判决被告重新作出行政行为：（一）主要证据不足的；（二）适用法

律、法规错误的;(三)违反法定程序的;(四)超越职权的;(五)滥用职权的;(六)明显不当的。"其中越权(超越职权)包括下述四种情形:

其一,无权限。即行政机关做了应由行政相对人自行解决的,或者应由市场调节解决的,或者应由社会团体、组织自律解决的事项。此种情形称行政"错位"。

其二,级别越权。即下级行政机关行使了应由上级行政机关行使的职权,或者行政机关的内部机构行使了应由行政机关本身行使的职权,或者行政机关的工作人员行使了应由行政机关负责人行使的职权。此种情形称行政"越位"。

其三,事务越权。即主管甲事务的行政机关行使了主管乙事务的行政机关的职权。

其四,地域越权。即甲地域的行政机关行使了乙地域的行政机关的职权,如北京市市场监督管理局处理了应由河北省市场监督管理局处理的相对人的不正当竞争行为。此种情形亦属"越位"。

根据越权无效原则,行政机关所有的越权行为都是无效的。但是,这种无效是广义的"无效",包括狭义的无效和可撤销的行政行为。狭义的无效只适用于重大和明显的违法。

3. **答案**:行政法中的法律保留原则指行政权的作用仅在法律有授权的情况下才可以为之。如果没有法律授权行政机关即不能合法地作出行政行为。此原则是近代法治发展的产物。行政权力源于法律授予,权力被逐一授予的同时就意味着权力的有限性。这与公民权利不同,法律对公民权利的规定,并不意味着授予,而只是意味着法律的重申和保护。

我国《行政处罚法》明确规定处罚法定:行政处罚中的限制人身自由,只能由法律设定;其他处罚的设定,实际上是由《行政处罚法》作了一个授权,使得行政法规、地方性法规、规章都只能设定一定种类的行政处罚。其后《立法法》更为明确地规定了法律保留原则,"下列事项只能制定法律。"

法律保留原则要求行政主体树立这样一种观念,即:公民的权利是无限的,只要法律没有明确禁止,公民都可以自由为之;而行政主体的权力是有限的。当然该原则并不禁止行政主体在没有法律规定时,从事不妨碍其履行职责的且有益于相对人的事,可见,此原则要求,凡属对相对人"不利益"的权力,行政主体的行使要有法律授权,反之,法律并不禁止行政主体为之。

论述题

答案:行政法的基本原则在行政法治实践中具有如下重要功能:其一,揭示行政法的主要矛盾和本质,界定行政法发展的框架和方向。行政法的基本矛盾是法与行政的关系,行政法的基本原则即人们在应对法与行政这一基本矛盾过程中通过不断思考、实验,提炼和总结出的反映行政法本质的准则。它一方面来自具体的行政实践,另一方面又可以反作用于行政实践。其二,指导和规范行政法规范的制定、执行、司法适用等实践活动。其三,弥补行政法规范的漏洞,完善行政法体系。社会实践总是处在不断的发展变化中,而行政法规则的制定往往滞后于社会现实。当特定个案没有可供直接适用的行政法规则时,执法者或法官可以通过解释、演绎行政法的基本原则处理个案。其四,行政法基本原则的确立及其运用,有助于全面推进我国依法行政和法治政府建设。在新时代,行政法基本原则还有助于依法治国理念的全面落实,推进法治国家、法治政府、法治社会的一体建设。

案例分析题

答案:市场监管所的行政处罚行为是合法的,但不合理,违背了行政合理的原则。主要表现在对王某的罚款行为上。

行政法的基本原则是行政合法性原则与行政合理性原则。合法性原则是指行政权力的设定、行使必须依据法律、符合法律、不能与法律相抵触。合理性原则是指行政决定的内容要客观、适度、符合理性,即合理行使行政自由裁量权。合理性原则的具体要求是行政行为的动因应符合行政目的；行政行为应建立在正当考虑的基础上；行政行为的内容应合乎理性。本案中，根据法定罚款幅度的规定，市场监管所对王某处以1150元的罚款属于法定的幅度内，其行为没有超越法律，不与法律相抵触，是合法的。但市场监管所在法定幅度内的自由裁量权行使不恰当，对王某进行1150元的罚款，除以其违法事实情节等为依据外，还考虑了王某曾经有过犯罪行为，是出于一种不正当的考虑而作出的行政处罚行为，违背了行政合理性原则的要求，属于不合理的行为。

第三章　行政组织法

☑ 单项选择题

1. 答案：A。本题考查行政法律关系的特点之一：对主体的要求。这里需要注意的是，能够成为行政主体的包括行政机关和非政府组织。
2. 答案：D。国家公职关系是国家公务员与国家发生的法律关系，直接相对主体为行政机关。
3. 答案：B。地方人民政府工作部门的设立由本级人民政府提出，报上一级人民政府批准。烟草专卖局为国务院部委管理的国家局。我国行政机关的上下级关系为领导－服从制，所以，选项A、C和D都是错误的。
4. 答案：C。行政合同作为一种行政管理手段能够广泛适用于行政管理领域，但并非能够适用于所有行政领域和行政管理事项。在国家安全、社会秩序和许多涉及重要国家和公共利益的领域，一般不适用行政合同。
5. 答案：C。本题考查行政机关的特点。行政机关决策体制上一般实行首长负责制，行政机关的各项特征都是与其行使行政权力、追求速度和效率分不开的。
6. 答案：A。本题考查中央行政机关的基本内容。
7. 答案：B。我国各自治区人民政府实行自治区主席负责制。
8. 答案：A。我国国务院各部、委的设立、撤销或合并依法应由总理提名，全国人大决定。在全国人大闭会期间由全国人大常委会决定。
9. 答案：A。获得社会协助权就体现了行政优先权。
10. 答案：A。国家行政机关最基本的属性是执行性和从属法律性。
11. 答案：A。根据《地方各级人民政府机构设置和编制管理条例》第24条的规定，县级以上各级人民政府机构编制管理机关应当定期评估（故A项正确）机构和编制的执行情况，并将评估结果作为调整机构编制的参考依据（故C项称"直接依据"错误）。评估的具体办法，由国务院机构编制管理机关制定（故B项称"国务院制定"错误）。《国务院行政机构设置和编制管理条例》并未规定"评估"，故D项错误。
12. 答案：C。根据《地方各级人民政府机构设置和编制管理条例》第10条规定："地方各级人民政府行政机构职责相同或者相近的，原则上由一个行政机关承担。行政机构之间对职责划分有异议的，应当主动协商解决。协商一致的，报本级人民政府机构编制管理机关备案；协商不一致的，应当提请本级人民政府机构编制管理机关提出协调意见，由机构编制管理机关报本级人民政府决定。"本案情形属于上条规定的调整对象，C选项即解决这类冲突唯一合法途径。其中A、B选项均不符合该条规定。D选项报（甲市）设区的市人民政府批准层级太高了。
13. 答案：D。关于A选项，依据《国务院行政机构设置和编制管理条例》第11条规定："国务院议事协调机构的设立、撤销或者合并，由国务院机构编制管理机关提出方案，报国务院决定。"故A选项错误。

关于B选项，依据《国务院行政机构设置和编制管理条例》第14条第1款规定："国务院行政机构的司级内设机构的增设、撤销或者合并，经国务院机构编制管理机关审核方案，报国务院批准。"故B选项错误。

关于C选项，依据《国务院行政机构设置和编制管理条例》第20条规定："国务院议事协调机构不单独确定编制，所需要的编制由承担具体工作的国务院行政机构解决。"故C选项错误。

关于D选项，依据《国务院行政机构

设置和编制管理条例》第18条第1款规定："国务院行政机构的编制在国务院行政机构设立时确定。"D选项正确。

14. **答案**：B。有关国务院直属机构的设置和编制问题应由国务院机构编制管理机关提出方案，报国务院决定。A、C选项错误，B选项正确。D选项的关键词是"基本"，这显然是应该由国务院的核心即国务院组成部门来完成的，直属机构并没有如此的地位和职能，D选项错误。

15. **答案**：C。乙市政府拟将本市的规划局与自然资源局合并为自然资源和规划局，属于地方政府行政机构的合并，应当报上一级政府批准。乙市政府对应的上一级政府就是甲省政府。

16. **答案**：A。行政主体，是指能以自己的名义行使国家行政职权，作出影响行政相对人权利义务的行政行为，由其自身对外承担行政法律责任，在行政诉讼中作为被告应诉的行政机关和法律、法规授权的组织。

17. **答案**：D。行政机关只在行使行政职权时才是行政主体。市场监督管理局在这里是行政相对人。

18. **答案**：C。本题考查行政主体的概念。受委托组织、国家公务员都不是行政主体；行政法律关系主体除行政主体外还包括行政管理相对方。在我国，行政主体是指依法享有行政职权，独立对外进行管理的组织。（1）行政主体是组织，不是个人。（2）行政主体是依法享有行政职能的组织。（3）行政主体有权代表国家和社会组织独立行使职权。（4）行政主体能够独立参加行政诉讼。

19. **答案**：A。本题考查行政主体资格。A对B错，《行政处罚法》第20条第1款规定，行政机关依照法律、法规或者规章的规定，可以在其法定权限内委托符合本法第21条规定条件的组织实施行政处罚。行政机关不得委托其他组织或者个人实施行政处罚。

《行政处罚法》第20条第4款规定："受委托组织在委托范围内，以委托行政机关名义实施行政处罚；不得再委托其他组织或者个人实施行政处罚。"

本题中，某县市场监督管理局是有行政处罚权的行政机关，农业技术推广站受该县市场监督管理局委托行使处罚权，是受委托的组织，受委托者不能以自己的名义而只能以委托机关的名义行使处罚权，故农业技术推广站应当以县市场监督管理局的名义行使处罚权。

C、D两项在本题中未出现，且与行政处罚行为无关，错误。

20. **答案**：A。《国务院行政机构设置和编制管理条例》第14条第2款规定："国务院行政机构的处级内设机构的设立、撤销或者合并，由国务院行政机构根据国家有关规定决定，按年度报国务院机构编制管理机关备案。"答案A为正确答案。

21. **答案**：B。市节水办是受委托的组织。

22. **答案**：D。公安局法制科是公安局的办事部门，对外是公安局承担责任，不具有行政主体资格。

23. **答案**：A。根据《国务院组织法》第9条的规定，国务院发布的行政法规、决定、命令，向全国人民代表大会或者全国人民代表大会常务委员会提出的议案，任免人员，由总理签署。

24. **答案**：C。行政主体是指享有公共行政权力，能够以自己的名义独立从事行政管理活动，并能独立承担由此产生的法律责任的组织。行政主体包括职权性行政主体和授权性行政主体，并非只是行政机关，也不包括公务员，故A、B、D选项错误，C选项正确。

25. **答案**：C。被委托的组织和个人只能以委托组织名义行使行政权，不是行政主体。但被授权的组织就是行政主体。

26. **答案**：A。行政授权需要以法律法规为依据。

27. **答案**：D。行政审判权是司法权的体现。

☑ 多项选择题

1. **答案**：ABD。根据行政主体的定义，可以很容易选出ABD三个选项。C选项在逻辑上是颠倒的。通常情况是一个组织是行政主体，所以才可以成为行政诉讼中的被告，当然行政主体不一定就能够成为行政诉讼中的被告，二者并非完全对应。
2. **答案**：AB。B 选项虽然在《宪法》当中没有明确提到，但按照惯例中国人民银行亦是国务院组成部门，其行政首长是国务院组成人员。同样情况的还有审计署审计长。
3. **答案**：AD。根据《国务院组织法》规定的国务院部、委的设立程序就可看出 A、D 选项正确。
4. **答案**：BC。一般权限行政机关与部门权限行政机关是根据行政机关权限的性质所作的分类。
5. **答案**：ABCD。行政职权对外部发生效力。
6. **答案**：AB。本题考查行政机关的分类。A 项对，根据行政机关权限的性质，行政机关分为一般权限行政机关与部门权限行政机关。一般权限行政机关的权限是全方位的，涉及各个行政领域和各种行政事务，如国务院和地方各级人民政府；而部门权限行政机关是指权限仅涉及特定行政领域和特定行政事项的行政机关，如国务院各部委、地方人民政府的各工作部门。乡政府是基层人民政府，所以应为一般权限行政机关。

B 项对，地方行政机关包括地方各级人民政府及其工作部门，地方行政机关一般分为三级：（1）省、自治区、直辖市的人民政府；（2）县、自治区、县级市人民政府；（3）乡、民族乡、镇人民政府。在某些地方，省级地方行政机关与县级地方行政机关之间还设有一级人民政府，这些地方的行政机关即为四级而不是三级。在省、自治区人民政府之下设立的地区行署，在县、自治区人民政府之下设立的区公所，在市、市辖区人民政府之下设立的街道办事处，均不是一级地方行政机关，而只是相应的地方人民政府的派出机关。此外，我国地方行政机关还包括特别行政区政府，如中华人民共和国香港特别行政区政府。

C 项错。职能性行政机关管理的客体和内容是综合性、跨部门、跨行业的，如市场监管、税务、统计、环保、财政、人事等行政管理机关；专业性行政机关管理的客体和内容是专门性、部门性、行业性的，如农业、林业、自然资源、水电等行政管理机关。据此，本题中的审计局所管理的客体是综合性、跨部门、跨行业的行政机关，因而是职能性行政机关，而不是专业性行政机关。

D 项错，国家税务总局是国务院的直属机关，而不是其工作部门。国务院各部委才是国务院的工作部门。
7. **答案**：BCD。本题考查我国行政机构的设置原则。
8. **答案**：CD。在全国人大闭会期间，应由全国人大常务委员会决定，由总理提名。
9. **答案**：CD。根据《国务院行政机构设置和编制管理条例》第 9 条规定，机构名称、职能的规定属于机构设置管理的内容。故 A、B 项不当选。根据该条例第 17 条第 2 款规定，国务院机构编制管理包括人员的数量定额和领导职数。据此，C、D 项正确。
10. **答案**：AD。上级机构编制管理机关和下级机构编制管理机关之间的关系是指导关系，而非领导关系，B 选项错误。不是乙省政府批准，而是国务院批准地方各级政府的行政编制总额，C 选项错误。
11. **答案**：AB。行政主体包括行政机关和法律、法规授权的组织，行政主体的活动虽然都是由行政公务人员作出的，但行政公务人员是代表行政主体，并不是行政主体。行政机关委托的组织应以行政主体的名义行为，由此而产生的责任由委托行政机关承担。
12. **答案**：AC。根据行政职权的来源不同，可将行政主体分为职权行政主体和授权行政主体。职权行政主体是依据宪法和组织法的规定，在其成立时就具有行政职权并取得行政主体资格的组织，如中央和地方各级人民政府及其工作部门。授权行政主体是因宪法、组织法以外的法律、法规的规定而获得行政职权，取得行政主体资格的组织。如行政机关的内部机构、经授权的事业单位和企业单位。
13. **答案**：ABCD。本题考查行政组织法研究内容。
14. **答案**：ACD。B 答案是错误的，混淆了行政主体和行政法主体的概念。

15. **答案**：ABCD。行政主体包括职权性行政主体和授权性行政主体。国务院、某市市场监督管理局、某县人民政府属于职权性行政主体，法律授权的具有管理公共事务职能的组织属于授权性行政主体。受行政机关委托的组织不具有行政主体资格，其行为后果由委托机关承担，故本题答案为 ABCD。

16. **答案**：ABD。受委托组织不一定是县级以上的组织。

17. **答案**：BCD。被授权组织法律地位不等同于行政机关，其只能行使授权范围内的职权。

18. **答案**：ABCD。本题说明了委托的要件。

名词解释

1. **答案**：行政机关是依照宪法或者行政组织法的规定而设置的行使国家行政职能的国家机关。行政机关具有双重属性：相对于国家权力机关——人民代表大会，它是执行机关，其基本职能是执行最高国家权力机关制定的法律和各级国家权力机关作出的决议；相对于相对人，它是行政主体。行政机关具有如下特征：（1）行使国家行政职能，管理国家行政事务；（2）行政机关在组织体系上实行领导-从属制；（3）行政机关在决策体制上一般实行首长负责制；（4）行政机关行使职能通常是主动的、经常的和不间断的；（5）行政机关具有统一性和层级性；（6）行政机关具有社会性、专业性和服务性。

2. **答案**：地方国家行政机关，其活动范围仅限于国家一定行政区域范围内，其管辖事项仅限于地方性行政事务的行政机关，亦称地方人民政府，即各级地方人民政府。根据宪法和有关组织法的规定，按照行政区域的划分，我国地方各级人民政府分为省（自治区、直辖市）、县（县级市及市）、乡（镇）三级建置，个别地区省级地方行政机关与县级地方行政机关之间还设有市（即下设区、县的市），因而此种地方行政机关为四级建置。地方各级人民政府实行首长负责制。

3. **答案**：地方人民政府的派出机关是由县级以上地方人民政府经有权机关批准，在一定区域内设立的行政机关。根据地方各级人民代表大会和人民政府组织法规定，我国地方人民政府的派出机关有三种类型：省、自治区的人民政府在必要的时候，经国务院批准，可以设立若干派出机关。县、自治县的人民政府在必要的时候，经省、自治区、直辖市的人民政府批准，可以设立若干区公所，作为它的派出机关。市辖区、不设区的市的人民政府，经上一级人民政府批准，可以设立若干街道办事处，作为它的派出机关。地方人民政府的派出机关不是一级人民政府，但是依据有关组织法的规定，实际上履行着一级人民政府的职能，在一定的区域内对所有的行政事务享有组织与管理权，能以自己的名义作出行政行为，并能对其行为后果承担法律责任。因此，地方人民政府的派出机关具有行政主体的资格。

4. **答案**：非常设性行政机关是由权力机关或人民政府根据某一临时性任务或工作的需要设置的行政机关，在相应任务或工作完成后该机构即予撤销。

5. **答案**：行政法主体是行政法调整的各种行政关系的参加人——组织和个人。组织包括国家机关（主要是行政机关）、企事业组织、社会团体和其他组织；个人包括国家公务员以及作为行政相对人的公民、外国人、无国籍人等。行政法主体是行政关系的参加人（即行政关系的主体），不是行政关系参加人的个人、组织不能成为行政法主体。但是行政关系的参加人不等于行政法主体，行政关系只有被行政法调整时才为行政法律关系，行政法律关系的参加人均为行政法主体。因此，行政法主体等于行政法律关系主体，而不等于行政关系主体。

6. **答案**：受委托组织是指受行政机关委托行使一定行政职能的非国家行政机关的组织。

（1）受委托的组织不是行政机关，也不是其他国家机关。它们的基本职能不是行使行政职能或其他国家职能，而是从事其他非国家职能性质的活动。它们经常性的工作不是执行国家公务，而是从事非国家公务的其他工作。（2）受委托的组织仅能根据委托行使一定行政职能，而不能行使一般的行政职能。（3）受委托的组织行使一定的行政职能是基于行政机关的委托，而非基于法律、法规的授权。因此，它行使职能是以委托行政机关的名义，而不是以受委托组织自己的名义进行。其行为对外的法律责任也不是由其本身承担，而是由委托行政机关承担。（4）受委托组织与委托行政机关的关系不同于行政机关内部的委托、代理关系。

7. **答案**：行政机关是指依法设置的承担行政事务、实现行政目的并能独立对外进行管理的基本组织体。（1）行政机关是一个集合概念，是指两人以上的组织体，而不是某一职位。（2）行政机关存在的目的是承担行政事务、实现行政目标。行政机关的使命就是行使国家行政权力，履行国家行政职能，包括对国家安全、经济、社会、文化和生态环境等公共事务进行组织管理。（3）行政机关依照宪法和行政组织法设置，使用行政编制。（4）行政机关可以依法独立对外管理，但其法律后果最终归于国家。

8. **答案**：依具体法律、法规授权而行使特定行政职能的非国家机关组织，其具有如下特征：（1）法律、法规授权的组织是指非国家机关的组织。（2）法律、法规授权的组织行使的是特定行政职能而非一般行政职能。（3）法律、法规授权的组织行使的职能为具体法律、法规所授，而非行政组织法所授，且具体法律、法规对相应组织的授权通常是有期限的，通常限于办理某一具体行政事务，该行政事务完成，相应授权即结束。

9. **答案**：行政授权是指法律、法规将某项或某一方面的行政职权的一部分或全部，通过法定方式授予某个组织的法律行为。

简答题

1. **答案**：行政职责的内容及特点有：（1）履行职责，不失职；（2）遵守权限，不越权；（3）符合法定目的，不滥用职权；（4）遵循程序；（5）行政合理，避免失当，行政职责的核心是"依法行政"；（6）行政职责作为一种义务，不能抛弃和违反，否则将承担行政法律责任。

2. **答案**：总体来说有以下内容：（1）行政立法权；（2）行政决策权；（3）行政命令权；（4）行政处置权；（5）行政决定权；（6）行政强制执行权；（7）行政裁决权；（8）行政司法权；等等。特点：具有强制性、单方性、优先性与职责的统一性等。

3. **答案**：行政机关管理手段是行政机关职权行使的表现形式。行政机关运用的主要行政管理手段有：（1）制定规范和发布命令、禁令；（2）编制和执行计划、规划；（3）实施行政许可；（4）征收税费和给予财政资助；（5）调查统计和发布信息；（6）处理和裁决争议、纠纷；（7）采取行政强制措施；（8）实施行政制裁；（9）签订行政合同；（10）提供行政指导。

4. **答案**：（1）行政主体与行政机关两个概念的关系极为密切，二者具有包容关系，行政机关是行政主体的一种，是行政主体中最重要的一种。在行政主体中，法律法规授权的组织和其他社会公权力组织只占较小的比重，国家基本的主要行政职权都是由行政机关行使。以致在很多情况下，人们把行政机关作为行政主体的代名词。

   （2）行政机关与行政主体的重要区别具体表现在：行政机关是行政法律关系具体当事人的称谓，与法律、法规授权的组织，以及法律关系对方当事人的公民、法人、其他组织等并列，行政主体是行政法律关系一方当事人的总称。行政机关是一个具体法律概念，用以指称享有某种法律地位，具有某种权利（权力）、义务（职责）的法律组织，行政主体主要是学理概念，它是行政法学为研究行政法律关系而对关系参加人进行抽象而创制的概念、行政机关不是行政主体的全部，行政主体除行政机关外，还包括法律、法规授权的组织和其他社会公权力组织。

5. **答案**：我国的行政主体制度的内容如下：

   （1）行政主体的界定

   在我国，行政主体是指依法享有行政职权，独立对外进行管理的组织。这一概念可以从以下几个方面把握：

① 行政主体是组织，不是个人。

② 行政主体是依法享有行政职能的组织。

③ 行政主体有权代表国家和社会组织独立行使职权。

④ 行政主体能够独立参加行政诉讼。

⑤ 行政主体不同于行政组织。行政组织是承担公共职能的行政机关的集合体，而行政主体则是具有独立对外管理职能的行政机关和法律法规授权组织的概称。

（2）行政主体的种类

行政主体数量众多，有必要分类研究。根据不同的标准，可以对行政主体进行不同分类。

① 根据行政职权的来源不同，可将行政主体分为职权行政主体和授权行政主体。

② 根据管辖范围的不同，将行政主体分为中央行政主体和地方行政主体。

③ 根据行政主体组织结构的差异和行使职权的对象不同，可将行政主体分为地域行政主体和公务行政主体。在行政实践中，我国行政主体主要有以下十类：国务院、国务院组成部门、国务院直属机构、经法律法规授权的国务院办事机构、国务院部委管理的国家局、地方各级人民政府、地方各级人民政府的职能部门、经法律法规授权的派出机构、经法律法规授权的行政机关内部机构和议事协调机构、法律法规授权的其他组织。法律法规授权的其他组织具体包括公司、事业单位、企业单位、社会团体、群众组织和其他形式的社会组织。

（3）行政主体资格的认定

行政主体资格是指作为行政主体应当具备的条件。作为行政主体，究竟应当具备哪些资格要件，法律没有明文规定。通说认为，行政主体的资格要件包括组织要件和法律要件两类。

① 行政主体的组织要件是作为行政主体的组织自身应具备的条件。由于行政机关和法律法规授权组织的设立依据和目的不同，因而其组织要件也不同。行政机关作为行政主体的组织要件包括以下内容：行政机关的设立有法律依据，属于国家行政机构序列；行政机关的成立经有权机关批准；行政机关已被正式对外公告其成立；行政机关已有法定编制和人员；行政机关已有独立的行政经费预算；行政机关已具备必要的办公条件。法律法规授权组织或其他社会组织作为行政主体应具备法人资格。

② 行政主体的法律要件是作为行政主体在法律上应具备的资格条件。行政主体的法律要件有三项，即依法享有行政职权、以自己的名义实施行政行为和独立承担法律后果。

6. 答案：被授权组织的法律地位表现在三个方面：

（1）被授权组织在行使法律、法规所授行政职能时，是行政主体，具有与行政机关基本相同的法律地位。可以依授权发布行政命令，采取行政措施，实施行政行为，对违法不履行其义务或违反行政管理秩序的相对人采取行政强制措施或实施行政处罚。

（2）被授权组织以自己名义行使法律、法规所授职能，并由其本身就行使所授职能的行为对外承担法律责任。通常被授权组织是具有法人地位的社会团体或企事业组织，其本身也具有对外承担法律责任的能力。

（3）被授权组织在非行使行政职能的场合，不享有行政权，不具有行政主体的地位。

论述题

1. 答案：行政机关的职责与职权是两个既相互联系又相互区别的概念。正确处理二者关系，涉及行政权能否顺利实现，行政目的能否完成等方方面面的问题。

（1）行政职权是国家行政权的转化形式，是行政主体实施国家管理活动的资格及其权能。行政职责是行政主体在行使国家行政权力、管理行政事务中所必须履行的职务责任。

（2）行政职权与行政职责的关系是：职权因职责而产生，法律首先赋予了行政机关各种职责，为保证这些职责的完成，然后授予行政机关以相应的职权。离开了职责，职权就失去了存在的根据。而离开了职权，职责就无法实现。可以说，没有无职责的职权，亦没有无职权的职责。二者是相辅相成、不可分割的。

（3）行政职权和行政职责又有所区别。在逻辑上，职责是先于职权的，是职权产生的依据。另外，职权和职责并非一一对应的关系，为了实现某项行政职责，可能需要多项行政职权。

2. **答案：**（1）行政委托不同于法律、法规授权。法律、法规授权，被授权组织是以自己的名义行使职权，并由自己对行使被授权行为负责，从而自己就是行政主体；而对于行政委托来说，受委托组织是以委托行政机关的名义行使职权，并由委托行政机关对受委托组织的行为负责，受委托组织不是行政主体，行政主体是委托行政机关。

（2）受委托组织是指受行政机关委托行使一定行政职能的非国家行政机关的组织。

首先，受委托的组织不是行政机关，也不是其他国家机关。它们的基本职能不是行使行政职能或其他国家职能，而是从事其他非国家职能性质的活动。

其次，受委托的组织仅能根据委托行使一定的行政职能，而不能行使一般的行政职能。

再次，受委托的组织行使一定的行政职能是基于行政机关的委托，而非基于法律、法规的授权。因此，它行使职能是以委托行政机关的名义，而不是以受委托组织自己的名义进行。

最后，受委托组织与委托行政机关的关系不同于行政机关内部的委托、代理关系。

（3）在现行法律、法规中，《行政处罚法》第一次明确规定了受委托（行使行政处罚职权的）组织的下述条件：

①受委托组织应是依法成立的管理公共事务的事业组织。其一，受委托组织只能是事业组织而不能是企业组织或其他社会组织；其二，受委托组织只能是以管理公共事务为基本职能的事业组织，而不能是以从事经营性或其他经济、社会活动为基本职能的事业组织；其三，受委托组织只能是依法成立的事业组织，而不能是行政机关临时决定成立的组织。

②受委托组织具有熟悉有关法律、法规、规章和任务的工作人员。其一，受委托组织必须有了解和掌握与受托行使的行政职能有关的法律知识和业务知识的工作人员。其二，"有关"是指与相应行政职能有关，而不是指与委托机关所在的整个管理领域职能有关，更不是与整个行政职能有关。其三，受委托组织内应具有熟悉相应法律知识和业务知识的人员，这是法定条件。

③受委托组织履行受委托职能需要进行检查或者技术鉴定的，应有条件组织进行相应的技术检查或者技术鉴定。

（4）受委托组织不是行政主体，它行使一定行政职能必须以委托行政机关的名义，且由委托行政机关对其行为向外部承担法律责任。

受委托组织在内部行政法律关系上，是作为与委托行政机关相对的独立一方当事人，即内部行政法律关系主体，它享有相应的法定权利和负有相应的法定义务。

受委托组织的主要权利有：①取得履行职责所应有的权力、管理手段和工作条件；②依法行使被委托的职权和办理被委托的事项；③取得履行职责所需要的经费和报酬；④请求有关行政机关协助排除其在履行职责中所遇到的障碍；⑤向委托行政机关提出变更委托范围和改进相应领域行政管理的建议。

受委托组织的主要义务有：①在委托行政机关委托的范围内行使职权，不超越委托权限；②依法办事，不徇私舞弊、以权谋私；③接受委托行政机关的监督、指导，向委托行政机关请示、汇报和报告工作；④认真履行被委托的职责，热情为行政相对人服务，听取相对人的意见，接受相对人的监督。

案例分析题

答案： 本案中，某大学对田某退学处理的行为属于行政法意义上的行政。根据行政法学理论，作为行政法调整对象的行政是公行政，包括国家行政和非国家行政。非国家行政是指国家行政机关以外的组织根据法律、法规的授权代表国家对外行使公共权力的行为。某大学对田某作出的退学处理是代表国家行使公共权力的一种方式。因此，本案中某大学属于法律、法规授权的一种公共组织，其对田某作退学处理的行为是基于法律授予其的学籍管理权，因而属于行政法意义上的行政。该大学在这一行为中属于法律、法规授权的组织，是行政主体。在行使法律法规所授学籍管理等行政职能时，具有与行政机关基本相同的法律地位，可以依授权作出相应行政行为，并由其本身就行使所授职能的行为对外承担法律责任。

值得指出的是，传统行政法学的某些概念正面临重大的挑战，如行政、法律、法规授权的组织等。

第四章 公务员法

✅ 单项选择题

1. 答案：B。本题考查行政职务变更之一降职的条件，其可以作为行政处分的形式。

2. 答案：C。新录用的公务员的试用期为1年。

3. 答案：B。在外部行政法律关系中公务员不具有主体资格，是在中央和地方各级国家行政机关从事公职的工作人员。

4. 答案：C。A选项错误。《公务员法》第34条规定，新录用的公务员试用期为1年。试用期满合格的，予以任职；不合格的，取消录用。因此，新录用的公务员试用期由《公务员法》统一规定，而不是由县财政局确定。

B选项不符合《公务员法》第88条中规定的应当予以辞退的任何一项法定情形。该条规定，公务员有下列情形之一的，予以辞退：（1）在年度考核中，连续2年被确定为不称职的；（2）不胜任现职工作，又不接受其他安排的；（3）因所在机关调整、撤销、合并或者缩减编制员额需要调整工作，本人拒绝合理安排的；（4）不履行公务员义务，不遵守法律和公务员纪律，经教育仍无转变，不适合继续在机关工作，又不宜给予开除处分的；（5）旷工或者因公外出、请假期满无正当理由逾期不归连续超过15天，或者1年内累计超过30天的。故而取消录用不属于辞退，B选项错误。

关于C选项，王某经过考试成为某县财政局新录用的公务员，已经取得公务员身份，但由于试用期不合格，被取消录用，属于《行政诉讼法》第13条规定的行政机关对行政机关工作人员的奖惩、任免等决定，对此不服提起行政诉讼的，人民法院不受理。因此，C选项正确，当选。

关于D选项，取消录用的前提是符合录用条件并已经录用——取得了公务员身份后的"丧失"，而不予录用是因为不符合录用条件、资格的"门槛"，一直没有被录用，从未取得公务员身份，两者具有"质"的差别。因此，D项错误。

5. 答案：D。在实践中，追究公务员刑事责任前往往要求其辞职，但辞职并非追究刑事责任的前置程序，故A项错误。引咎辞职辞去的是领导职务，不影响其公务员身份，故B项错误。处分不包括引咎辞职，故C选项错误。根据《关于实行党政领导干部问责的暂行规定》第7条的规定，对党政领导干部实行问责的方式分为：责令公开道歉、停职检查、引咎辞职、责令辞职、免职。故D选项正确。

6. 答案：C。"职级在县处级以下设置"这个说法是错误的，如一级巡视员、二级巡视员这样的职级就是厅局级。

7. 答案：C。录用特殊职位的公务员，应当经省级以上公务员主管部门批准，才可以简化程序或者采用其他测评办法，A选项错误。曾被开除公职的公务员，说明其不适合再继续为人民服务了，不得再被录用为公务员，B选项错误。体检的项目和标准根据职位要求确定，具体办法由中央公务员主管部门会同国务院卫生健康行政部门规定。D选项错误。

✅ 多项选择题

1. 答案：ABC。本题考查考点"公务员的概念"。《公务员法》第2条第1款规定："本法所称公务员，是指依法履行公职、纳入国家行政编制、由国家财政负担工资福利的工作人员。"由此来看，A、B都属于公务员，根据《公务员法》的规定，法官属于国家公务员，D项政府大楼保安属于工勤人员。

2. 答案：BCD。本题考查我国公务员权利义务的特点。

3. 答案：ABCD。本题考查公务员任用的主要方式，其四种方式都存在。
4. 答案：ABD。公务员担任乡级机关、县级机关及其有关部门主要领导职务的，应当实行地域回避，法律另有规定的除外。
5. 答案：ABCD。本题考查公务员辞退的有关制度。
6. 答案：ACD。交流不能使公务员的法律关系变更。其他几种可以。
7. 答案：BD。本题中由于制止犯罪是干警的职责，因此甲的行为是职务行为。
8. 答案：AB。A对，公务员按行政首长的命令、指示或委托实施的行为通常可以认为是公务行为。B对，公务员在下班时间和工作场所实施的行为如果与其职责有关，通常认为是公务行为。据此，警察在下班期间制止犯罪的行为与其职责有关，应认定为公务行为。C错，公务员上班期间的行为不一定都是公务行为，如上班期间上网打游戏等。D错，公务员在其管辖区域内所为的行为也不一定都是公务行为，如市场监督管理局的公务员在其管辖区域内买东西，警察在其管辖区域内的酒店吃饭、喝酒、洗桑拿等都不是公务行为。
9. 答案：AC。根据《公务员法》第62条规定，对公务员的处分分为：警告、记过、记大过、降级、撤职、开除。据此，A、C项正确。
10. 答案：BCD。A选项错误，《公务员法》第101条第1款规定，机关聘任公务员可以参照公务员考试录用的程序进行公开招聘，也可以从符合条件的人员中直接选聘。公开招聘并非必需。

    B选项正确，《公务员法》第104条规定，机关依据本法和聘任合同对所聘公务员进行管理。

    C选项正确，《公务员法》第103条第3款规定，聘任制公务员实行协议工资制，具体办法由中央公务员主管部门规定。

    D选项正确，《公务员法》第105条第1款规定，聘任制公务员与所在机关之间因履行聘任合同发生争议的，可以自争议发生之日起60日内申请仲裁。

    综上，本题选BCD。

11. 答案：CD。《公务员法》第86条第3项规定，公务员重要公务尚未处理完毕，且须由本人继续处理的，不得辞去公职。所以A选项错误。《公务员法》第87条第3款规定，领导成员因工作严重失误、失职造成重大损失或者恶劣社会影响的，或者对重大事故负有领导责任的，应当引咎辞去领导职务。公职不等于领导职务，所以B选项错误。《公务员法》第89条第2项规定，患病或者负伤，在规定的医疗期内的，不得辞退。所以C选项正确。《公务员法》第90条第2款规定，被辞退的公务员，可以领取辞退费或者根据国家有关规定享受失业保险。D选项正确。因此，本题的正确答案为CD。
12. 答案：BC。《公务员法》第100条规定："机关根据工作需要，经省级以上公务员主管部门批准，可以对专业性较强的职位和辅助性职位实行聘任制。前款所列职位涉及国家秘密的，不实行聘任制。"所以B、C正确。

不定项选择题

1. 答案：ABCD。本题考查公务员的处分。根据《公务员法》第95条第1款的规定，公务员对涉及本人的处分不服，也可以不经复核，自知道该处分之日起30日内直接向同级公务员主管部门或作出处分决定的机关的上级机关提出申诉，而不是自接到处分决定之日起30日内。A所指的申诉期限的起算点错误，应选。第96条第2款规定，复核、申诉期间不停止人事处理决定的执行。B错误，应选。第64条规定，公务员在受处分期间不得晋升职务、职级和级别，其中受记过、记大过、降级、撤职处分的，不得晋升工资档次，并未指明不能享受年终奖金，所以C错误，应选。根据第65条第2款规定，解除处分后，晋升工资档次、级别和职务、职级不再受原处分的影响。但是，解除降级、撤职处分的，不视为恢复原级别、原职务、原职级。D项错误，应选。
2. 答案：B。根据《公务员法》第100条的规定,机关根据工作需要,经省级以上公务员主管部门批准,可以对专业性较强的职位和辅助性职位实行聘任制,但是职位涉及国家秘密的,不实行聘任制。据此保密局不能聘任负责保密工作的计算机程序员,A 选项错误。根据《公务员法》第 103 条第 3 款的规定:"聘任制公务员实行协议工资制……"B 选项正确。根据《公务员法》第 103 条第 2 款的规定:"聘任合同期限为一年至五年……"据此 C 选项错误。《公务员法》中没有规定聘任公务员的合同须经上级机关批准,D 选项错误。

名词解释

1. **答案**:根据《公务员法》的规定,公务员是指依法履行公职、纳入国家行政编制、由国家财政负担工资福利的工作人员。
2. **答案**:公务员法律关系是一般公民经过一定的法定程序成为公务员,基于其所担任的行政职务而与国家之间构成的权利和义务关系。内容包括公务员和国家行政机关的关系、公务员作为行政主体的代表和行政相对人的关系两个方面。
3. **答案**:公务员的责任是当公务员不依法履行或不能履行其法定义务时,所必须承担的法律后果。公务员的责任一般包括接受行政处分、承担行政赔偿责任和承担刑事责任三种。
4. **答案**:公务员考核制度是指国家行政机关根据有关法律规定,按照管理权限,对公务员的思想品德、业务能力、工作态度和工作成绩等进行考察,作出评价,并以此作为对公务员职务调整、奖惩、培训的依据的制度。
5. **答案**:公务员回避制度是规定国家公务员回避的条件、范围、程序等法律制度的总称。我国的公务员回避制度,具有两个重要的特点:(1)公务员回避制度具有强制性。回避,作为一种法律制度,是所有公务员都必须遵守的,不论公务员本人是否愿意回避,都必须按规定实行回避。(2)公务员回避制度具有事前预防性。即只要具备了回避的法定理由,不管实际上会不会产生对公务的不良影响,都必须按规定实行回避。
6. **答案**:公职关系属于内部行政法律关系,是内部行政法律关系的一种。其主体双方分别是公务员和国家。是公务员因担任国家公职、执行国家事务而与国家(直接相对主体为行政机关)发生的法律关系。

简答题

1. **答案**:公务员的惩戒制度和奖励制度都是行政机关因对公务员管理而产生的关系。

   (1)惩戒是行政机关对违反政纪的公务员通过给予行政处分以示警戒的制度。我国公务员惩戒制度主要包括:①惩戒的适用条件:公务员违反了其应当遵守的纪律;②惩戒的种类:警告、记过、记大过、降级、撤职、开除等;③惩戒的解除:公务员受开除以外的行政处分,可分别在半年至两年内由原处理机关解除行政处分,有特殊贡献的,可提前解除行政处分。

   (2)奖励是行政机关对表现突出,有显著成绩和贡献或其他突出事迹的公务员予以精神和物质鼓励的制度。我国公务员奖励制度主要包括:①奖励适用的条件;②奖励的形式:嘉奖、记三等功、二等功、一等功、授予荣誉称号等,授奖同时授予奖品、奖金等物质奖励;③奖励与考核相联系,从而与工资级别的晋升相联系。

2. **答案**:公职关系依一定的法律事实发生而消灭。导致国家公职关系消灭的法律事实主要有下述五项:

   (1)公务员退休:公务员达到法律规定的一定年龄或符合其他条件依法应当或可以退休;(2)公务员辞职:公务员享有辞职权,其向行政机关提出辞职申请后,行政机关应在 3 个月内审批;(3)公务员辞退:公务员具有某种法定情形,行政机关可以予以辞退,单方面终止国家公职关系;(4)公务员死亡;(5)开除:公务员因违反政纪受到开除处分,意味着行政机关强制其退出公职系统。

论述题

答案:公务员是指国家依法定方式任用的,在中央和地方各级国家行政机关中工作的，依法行使国家行政权、执行国家公务的人员。

首先，公务员是经法定方式和程序任用的人员。我国现行法律规定公务员任用的主要方式有选任、考任、聘任、调任四种。

其次，公务员是在中央和地方各级国家行政机关中工作的人员。

最后，根据《公务员法》的规定，公务员是指依法履行公职、纳入国家行政编制、由国家财政负担工资福利的工作人员。

公务员在内外行政法律关系中的法律地位主要由其法定权利和法定义务决定。

根据《公务员法》的规定，公务员享有下述权利：（1）职位保障权。公务员非因法定事由和非经法定程序不得被免职、降职、辞退或受到行政处分。（2）执行职务权。公务员有权依法执行职务，获得履行职务所应有的权力和工作条件。（3）工资福利权。公务员有权获得劳动报酬和享受保险、福利待遇。（4）参加培训权。公务员有权参加政治和业务知识的培训。（5）批评建议权。公务员有权对国家行政机关及其领导人员的工作提出批评和建议。（6）申诉、控告权。公务员合法权益被侵犯或受到不公平待遇时，有权向有关机关提出申诉或控告。（7）辞职权。公务员有权根据法定条件和法定程序辞职。（8）宪法和法律规定的公务员的其他权利。

根据《公务员法》的规定，公务员应当履行下列义务：（1）忠于宪法，模范遵守、自觉维护宪法和法律，自觉接受中国共产党领导；（2）忠于国家，维护国家的安全、荣誉和利益；（3）忠于人民，全心全意为人民服务，接受人民监督；（4）忠于职守，勤勉尽责，服从和执行上级依法作出的决定和命令，按照规定的权限和程序履行职责，努力提高工作质量和效率；（5）保守国家秘密和工作秘密；（6）带头践行社会主义核心价值观，坚守法治，遵守纪律，恪守职业道德，模范遵守社会公德、家庭美德；（7）清正廉洁，公道正派；（8）法律规定的其他义务。

第五章　行政行为概述

✓ 单项选择题

1. **答案：B**。本题考查行政行为。行政行为从属于法律。行政行为的从属性是指从属于法律的性质。具体来说，是指行政行为的实施必须具有法律的依据，其是受法律约束的行为。

    行政行为从属于法律而非行政首长的意志。故②错。③表现的是行政行为的约束力，故 ACD 项不对。

2. **答案：A**。购买办公用品的行为、租用办公用房的行为都不属于行政行为。

3. **答案：B**。自由裁量行政行为是和羁束行政行为相对而言的，自由裁量行政行为虽然对行政法规范的适用具有较大的选择，但并非没有任何限制，仍应符合法律的基本原则和精神，不能称为任意裁量。

4. **答案：A**。A 选项属于履行行政职务的行为正确，或者表述为行使职权的行为，属于公安机关的法定职权。实践中，各地市政府、市旅游局等主管机关经常以手机短信的形式提醒广大市民、消费者或外地漫游至本市的游客注意防止诈骗、防止消费欺诈，报正规旅游团队等。负担性行政行为以行政强制措施、行政处罚和行政强制执行三者为典型代表。B 选项这类提示短信肯定不是负担、损益性行政行为。CD 选项亦为干扰项。

5. **答案：C**。行政行为无效是指其自始就没有法律效力。行政行为无效是指行政行为有明显或重大违法情形，自始至终不产生法律效力。行政行为无效的法律后果有：（1）自始至终不产生法律效力；（2）行政相对人可以不受无效行政行为的拘束，自行决定不履行该行为设定的义务，并不承担法律责任；（3）有权的国家机关可以在任何时候审查并宣布相应行政行为无效，而不受时效限制；（4）行政主体因该无效行政行为而取得的一切利益均应返还相对人，并对因此而给相对人带来的损失承担赔偿责任，同时也收回因行政行为而给予相对人的权益，如相对人无过错，应对之进行适当的补偿。

    可撤销的行政行为是自被撤销之日失去法律效力。而无效行政行为是自始无效，故 C 不正确。

6. **答案：C**。本题考查行政行为的效力。行政行为的效力一般包括确定力、拘束力、执行力。行政行为的拘束力是指行政行为一经生效，行政机关和行政相对人都必须遵守，其他国家机关和社会成员都必须予以尊重的效力。①是确定力的表现，④是执行力的表现。

7. **答案：B**。考查点为无效行政行为。

8. **答案：B**。关于 A 选项，行政规范性文件是行政机关对不特定的主体作出的具有反复适用效力的法律文件，最经典的为各类行政立法，也包括行政机关制定发布的具有普遍约束力的决定、命令。非规范性文件是国家机关对特定主体作出的具有一次性效力的法律文件，最经典的是法院的判决书、行政机关的行政处罚决定书。"所列名单中的企业"表明行政相对人的主体特定，不属于行政规范性文件。

    关于 B 选项，具体行政行为，是指国家行政机关及其工作人员针对特定的公民、法人或者其他组织，就特定的具体事项，作出的有关该公民、法人或者其他组织权利义务的单方行为。与之相对，抽象行政行为是针对不特定主体作出的，具有反复适用性。本通知针对的主体特定（附件所列名单中的企业），针对的事项特定（为淘汰落后产能强制企业关闭），因此是针对特定主体和特定事项作出的一次性行政行为，属于具体行政行为。故 B 项正确。

    关于 C 选项，行政给付是指行政主体在特定情况下，依法向符合条件的申请人提供物质利益或赋予其与物质利益有关的权益的行为。与题目不符。

关于 D 选项，行政强制包括行政强制措施与行政强制执行。行政强制措施，是指行政机关在行政管理过程中，为制止违法行为、防止证据损毁、避免危害发生、控制危险扩大等情形，依法对公民的人身自由实施暂时性限制，或者对公民、法人或者其他组织的财物实施暂时性控制的行为。本通告不属于行政强制措施。行政强制执行，是指行政机关或者行政机关申请人民法院，对不履行行政决定的公民、法人或者其他组织，依法强制履行义务的行为。本通告是一种行政决定，是实施强制执行的前提，其本身不属于行政强制执行。

9. 答案：C。具体行政行为是行政法学上源自法国的一个最基本的理论概念，指行政主体针对特定行政相对人实施的一次性发生法律效力、影响相对人行政法上权利、义务得丧、变更的行政决定。

关于 A 选项，(1) 挂横幅的提示是公安交管局针对所有潜在不特定车辆及其驾驶员的警示行为，具有抽象行政行为的色彩；(2) 挂横幅的提示属于在行使职权过程中作出不以设定、变更或消灭行政法律关系为直接目的的行政事实行为而非有文号载体的、作为的具体行政行为；(3) 就其"谨慎驾驶"提示、示范、指引的作用功能而言，还带有行政指导的性质。故 A 选项表述的行为不具有行政法上具体行政行为的法律属性，所以不当选。

关于 B 选项，县公安局依照《刑事诉讼法》的规定对李某进行刑事拘留是公安机关作出的刑事司法行为，不是具体行政行为，故 B 选项错误。

关于 C 选项，区政府对王某房屋的征收决定属于具体行政行为中的行政征收行为。

关于 D 选项，经公安派出所调解达成的协议并非基于派出所单方面行使权力而对当事人的权利、义务产生直接影响，而只是一种规劝、示范、引导，是否接受并达成一致完全取决于打架斗殴双方当事人处分、让渡权利，因此行政调解不属于具体行政行为的范畴，故 D 选项错误。

10. 答案：D。选项 A：申请法院强制执行的前提是行政机关作出的具体行政行为具有可执行内容，且相对人在法定期限内既不申请复议也不提起诉讼又不履行义务。而本题中是行政机关不履行复议决定，并非相对人不履行具体行政行为，所以 A 项错误。

选项 B：对某县公安局拒绝重新登记的行为再次申请行政复议，不符合行政复议的受理范围。因为复议决定已经作出，县公安局的拒绝行为是不履行复议决定的行为，而不是一个新的可复议的具体行政行为，所以 B 项错误。

选项 C：向法院提起行政诉讼，一般是针对行政机关的具体行政行为侵犯相对人合法权益的情况。但本题中，复议决定已经明确了县公安局的义务，此时直接起诉不符合行政诉讼的受案范围，且会造成司法资源的浪费，所以 C 项错误。

选项 D：根据《行政复议法》第 77 条规定，被申请人应当履行行政复议决定书、调解书、意见书。被申请人不履行或者无正当理由拖延履行行政复议决定书、调解书、意见书的，行政复议机关或者有关上级行政机关应当责令其限期履行，并可以约谈被申请人的有关负责人或者予以通报批评。本题中，某县公安局是被申请人，某县政府是行政复议机关，所以田某可以请求某县政府责令某县公安局登记，D 项正确。

☑ 多项选择题

1. 答案：BD。此题涉及行政行为的分类。要式行政行为是指法律、行政法规必须具备某种方式或形式才能产生法律效力的行政行为。比如，颁发证书，本题中社团登记证书的颁发即属此类，故 B 对。羁束行政行为是指由法律法规对行政行为范围、条件、形式、程序、方法等都作了详细、明确而具体的规定，行政主体只能依据法律的规定，不能自由裁量而作出行政行为。本题中"30 日"以及收到备案文件必须发证即属此类，故 D 对。自由裁量行政行为是与羁束行政行为相对的。故 C 不选。

依职权行政行为是与依申请行政行为相对的，是指由行政主体依法定职权主动实施而无须行政相对人申请启动的行政行为。而本题中发证必须依相对人申请，故 A 错。

2. 答案：ACD。具体行政行为与抽象行政行为的区别为：（1）调整范围不同。具体行政行为仅针对特定的人和事，是否属于特定的对象，并不以对象数量的多少而定，而是以数量是否确定来定；抽象行政行为一般针对不特定的多数人和事。（2）能否反复适用不同。具体行政行为表现为确定性，只适用一次，对于其他事项则不适用；抽象行政行为主要表现为规范性，一般以规范性文件的形式表现出来，这些规范性文件在同样条件的情况下，可以反复适用。（3）影响相对人权利义务的方式不同。具体行政行为对于相对人的权利义务直接作出决定，直接影响相对人的权利义务；但抽象行政行为一般表现为规范，本身一般并不直接影响相对人权利义务，只有通过具体行政行为的实施活动，才能实现抽象行政行为的目标和作用。（4）行为程序不同。具体行政行为强调调查程序以及听证程序；抽象行政行为程序接近于立法程序，一般要求有征求意见程序以及公布。

3. 答案：ABD。区分具体行政行为和抽象行政行为的意义在于：（1）两者的表现形式和效力各不相同。具体行政行为受到审查后，其效力可由复议机关和人民法院直接予以认定，或者撤销；对于违法的抽象行政行为，一般只是在案件中不予适用。（2）两者的成立与生效要件不同。（3）两者受监督与审查的范围与程序不同。

4. 答案：BC。A 为行政机关以民事身份从事的行为，D 为行政事实行为，二者都不是行政行为。

5. 答案：BD。行政行为公定力更为确切的表述应为，"行政行为除明显、重大违法乱纪的情形外，一经成立，不论是否合法即具有被推定为合法而要求所有机关、组织或个人予以尊重的一种法律效力"。

6. 答案：ACD。行政行为的主体不合法属于行政行为无效。

7. 答案：ABD。本题考查行政行为的特征。

8. 答案：ABD。执行力包括自行执行和申请法院执行，C 错误；确定力指非经法定程序不得随意变更，A 正确；拘束力约束双方，B 正确；公定力即推定合法，D 正确。

9. 答案：BD。行政裁决是行政机关依照法律授权，对当事人之间发生的与行政管理活动密切相关的而与合同无关的民事纠纷进行审查，并作出裁决的行政行为。

10. 答案：ABD。行政相对人对无效行政行为的抵抗权指的是行政相对人可以不受该行为的拘束，不履行该行为之确定的任何义务，并且对此种不履行不承担法律责任。行政行为自作出之日就无法律效力。

11. 答案：AC。本题考查废止的行政行为的法律效力。AC 的表达正确。

12. 答案：ABCD。本题考查行政行为的无效与撤销。A 行政行为被撤销通常不发生溯及既往的效力；B 行政行为不适当仅是撤销行政行为的原因；C 撤销行政行为一般应受时效的限制；D 无效的行政行为行政相对人可以其无效为由拒绝执行而无论其是否已被有权机关宣布为无效。

13. 答案：ABCD。本题考查行政行为的合法要件。

14. 答案：ABCD。本题考查正确适用法律、法规。这几项都是错误适用法律、法规的表现形式，但并不是全部的形式。比如，具体行政行为应同时适用两个或几个相关法律、法规（或条款），而行政机关只适用了其中某一个法律、法规（或条款）等。

15. 答案：ACD。本题考查不得滥用职权。A 项属于滥用职权中的以权谋私；B 项不属于滥用职权，没有主观的非法意图，只是一种笔误；C 项是滥用职权中的反复无常；D 项也是滥用职权中的以权谋私，即所谓的公报私仇。另外，滥用职权的表现形式还有武断专横、故意拖延等，其本质就在于利用合法的形式掩盖其个人非法获取私利的目的。

16. 答案：AD。行政处理无效，是指处理行为存在明显或重大违法情形时，则自始不产生法律效力。行政处理无效的原因有：（1）实施处理行为的行政主体不明确；（2）严重欠缺法定的形式要件；（3）行政处理行为有明显或重大违法情形；（4）行政主体因受胁迫、欺骗而作出的处理行为；（5）没有可能实施的行政行为。

17. **答案**：ABC。行政行为的撤销，是指已经生效的行政行为，因其违法或不当，由有权机关依法对其撤销，否定其效力。被撤销的行政行为从撤销之日起无效，并可以一直追溯到行政行为作出之日。行政行为可撤销的情形包括：行政主体没有权限或超越权限；行政行为适用法律错误；行政行为程序违法；等等。D错，行政行为如果不具有行政管理的内容，则不存在撤销的问题。

18. **答案**：ABD。行政行为的法律效力包括公定力、确定力、拘束力和执行力。行政行为的确定力，是指行政行为成立生效后，其内容具有稳定性，非经法定程序和非因法定事由不得随意改变。行政行为一旦生效：行政相对人不得擅自改变；行政机关不能任意更改；行政行为生效后，行政机关认为确有错误且符合改变条件时，行政机关可以按照法定程序改变或撤销该行为。

19. **答案**：CD。A选项是抽象行政行为；B选项的行为没有为行政相对人设定权利义务，因而不是行政处理行为；C选项是行政处罚行为；D选项是行政征收行为。

20. **答案**：ACD。具体行政行为的成立，是指具体行政行为在法律上被认定为存在。其成立的一般条件是：（1）在主体上，作出具体行政行为的是享有行政职权的行政机关，实施该具体行政行为的工作人员意志健全且具有行为能力；（2）在内容上，向对方当事人作出具有效果意思的表示；（3）在程序上，按照法律规定的时间和方式进行送达。可见，送达是具体行政行为成立的条件，未经送达则具体行政行为不成立，遑论其法律约束力。据此，C选项错误，当选。而A选项忽略了附条件、附期限的具体行政行为；D选项违反了"违法赔偿原则"。

21. **答案**：AC。具体行政行为的撤销是指对违法或不当但已生效的具体行政行为依法使其失去法律效力，恢复具体行政行为作出前的状态。一般情况下，具体行政行为一经撤销，自始无效；特殊情况下，自撤销或确认违法之日起失效。但具体行政行为一经作出生效，即具备拘束力，当事人在其被撤销之前应受其约束，A选项正确。具体行政行为的废止是指因客观条件的变化，没有必要继续保持其效力；被废止的具体行政行为自废止之日起无效。具体行政行为废止的原因都是当事人所能控制之外的客观原因，当事人没有过错，因此具体行政行为废止前给予当事人的利益，在该行为废止后也不能收回，B选项错误。专属权益的行为的效力具有专属性，则特定人死亡之后其效力自然也应终止，C选项正确。无效的具体行政行为不存在公定力问题，自始确定无效，但是并非任何人都可以向法律起诉主张其无效，因为向法院起诉的一个条件是"与该具体行政行为有利害关系"，据此D选项不正确。

需要注意的是，具体行政行为具有公定力、确定力、拘束力和执行力。公定力是指具体行政行为一旦作出，假定该行为合法；具体行政行为不因复议或诉讼而停止执行；但无效的具体行政行为没有公定力，自始无效。具体行政行为的确定力是指具体行政行为一旦作出，不得随意更改：已确定的行政决定，公民无权自行变更；已确定的行政执法行为，非经法定程序行政机关不得随意改变。具体行政行为的拘束力是指具体行政行为生效后，必须按照已经确定的内容实施行为——相对人必须遵守和实际履行行政行为规定的义务。具体行政行为的执行力是指国家强制当事人实施具体行政行为所要求的义务。

22. **答案**：AB。A选项，行政行为合法的必要条件有5个：（1）有事实依据（证据确凿）；（2）有法律依据（适用法律、法规正确）；（3）遵守法定程序；（4）未超越职权；（5）未滥用职权。五者缺一不可。A项正确应选。

B选项，行政行为无效是指行政行为因明显、重大违法，导致该行为自始至终不产生法律效力。重大的违法情形必须根据各个具体行政行为的情况以及相关法律的规定是否严格或者宽松来判断。比如，《行政处罚法》第38条规定，行政处罚没有依据或者实施主体不具有行政主体资格的，行政处罚无效。违反法定程序构成重大且明显违法的，行政处罚无效。另外，包括明显超越职权、滥用职权等情形都会导致行政行为无效，所以无效行政行为的表现方式多种多样，无法完全列举。B项正确应选。

C选项，具体行政行为的废止主要有3种情形：（1）行政行为所依据的法律、法规、规章、政策经有权机关修改、废止或者撤销，相应行为如果继续存在，则与新的法律、法规、规章、政策相抵触；（2）客观形势发生重大变化，原行为继续存在将有碍于社会政治、经济、文化的发展，甚至给国家和社会利益造成重大损失；（3）行政行为已经完成原定的目标、任务，实现了其历史使命，从而没有继续存在的必要。如果说行政行为的废止是因为前两个原因引起的，且给相对人的合法权益造成比较大的损失，则应当给予行政相对人适当的补偿。因此，行政行为的废止引发的后果应当是补偿而不是赔偿。C项错误不选。

D选项，《行政复议法》第42条规定，除有该法规定情形外，行政复议期间具体行政行为不停止执行。也就是说除有该法规定情形外，在复议期间行政行为仍然被推定为有效，则行政行为就具有拘束力。D项错误不选。综上，本题选AB。

不定项选择题

1. **答案**：ACD。根据《最高人民法院关于行政诉讼撤诉若干问题的规定》第3条规定，下列3种情况属于行政诉讼中"被告改变其所作的具体行政行为"：（1）改变被诉具体行政行为所认定的主要事实和证据；（2）改变被诉具体行政行为所适用的规范依据且对定性产生影响；（3）撤销、部分撤销或者变更被诉具体行政行为处理结果。根据该规定第4条，下列三种情形可以视为行政诉讼中"被告改变其所作的具体行政行为"：（1）根据原告的请求依法履行法定职责；（2）采取相应的补救、补偿等措施；（3）在行政裁决案件中，书面认可原告与第三人达成的和解。据此，A项中公安局把拘留改为罚款，变更了具体行政行为的处理结果。故A项当选。B项中，自然资源局虽然更正了处罚决定的文字错误，但是没有影响该处罚决定的性质和内容，故不属于具体行政行为的改变。故B项不当选。C项中，被诉市场监督管理局在诉讼期间作出书面答复，属于"根据原告的请求依法履行法定职责"的情形，故可以被视为改变被诉具体行政行为。据此，C项当选。D项中，县政府在作出处理决定后书面认可甲、乙的和解，属于可以被视为"被告改变其所作的具体行政行为"的情形。据此，D项当选。

2. **答案**：CD。A选项错误，因为成立只是符合成立要件，仅仅表明这个行政行为在法律形态上是存在的，并不一定符合生效要件，可能成立之后无效。

   B选项撤销该具体法律行为使其效力终止，还可能因为法律修改、政策变化、情势变更等基于合法的撤回、收回、关闭、停止的原因而使其效力终止。

   C选项从行政法一般原理的角度看是对的，当选。

   D选项"滥用职权是具体行政行为构成违法的独立理由"正确当选。

名词解释

1. **答案**：行政行为是行政主体在实施行政管理活动、行使行政职权过程中所作出的具有法律意义的行为。它包括三层意思：（1）行政行为是行政主体所作出的行为；（2）行政行为是行政主体行使行政职权、履行行政职责的行为；（3）行政行为是具有法律意义的行为。行政行为具有以下特征：（1）行政行为具有从属法律性；（2）行政行为具有裁量性；（3）行政行为具有单方意志性；（4）行政行为具有效力先定性；（5）行政行为具有强制性。

2. **答案**：内部行政行为是行政主体在内部行政组织管理过程中所作的只对行政组织内部产生法律效力的行政行为，如行政处分及上级机关对下级机关所下达的行政命令等。

3. **答案**：外部行政行为是行政主体在对社会实施行政管理活动过程中针对公民、法人或其他组织所作出的行政行为，如行政许可行为、行政处罚行为等。

4. **答案**：依职权行政行为是指行政主体根据其职权而无须行政相对人申请就能主动实施的行政行为，也称主动行政行为和积极行政行为。

5. **答案**：依申请行政行为是指行政主体只有在行政相对人提出申请后才能实施而不能主动实施的行政行为，又称为被动行政行为和消极行政行为。

6. **答案**：授益行政行为是指行政主体为行政相对人设定权益或免除其义务的行政行为。

7. **答案**：作为行政行为是指行政主体积极改变现有法律状态的行政行为，如行政征收和颁发营业执照等。

8. **答案**：不作为行政行为是指行政主体消极维持现有法律状态，通常表现为不履行法定职责的行政行为，如对相对人的请求不予答复或者拒绝颁发营业执照。

9. **答案**：独立行政行为是指行政主体作出的不需要其他补充行为就能够生效的行政行为。

10. **答案**：行政裁量是指行政主体凭借国家行政权实施行政管理的过程中，在法律规定的范围或者幅度内可以自由或者自主地判断和处理问题的情况。这种可以自由或者自主判断和处理问题的权力叫作自由裁量权。

11. **答案**：羁束行政行为是指法律规范对其范围、条件、标准、形式、程序等作了较详细、具体、明确规定的行政行为。行政主体实施羁束行政行为，必须严格依法定范围、条件、标准、形式、程序等办事，很少有自行斟酌、选择、裁量的余地，很少能将自己的评价、判断、权衡参与其间。

12. **答案**：具体行政行为是在行政管理过程中，针对特定的人或事所采取具体措施的行为。其行为的内容和结果将直接影响某一个人或组织的权益，具体行政行为最突出的特点，就是行为对象的特定性和具体化，属于某个个人或组织，或者某一具体社会事项。

13. **答案**：有效成立的行政行为，具有不可变更力，即非依法不得随意变更或撤销；还具有不可争辩力，即对于行政主体来说，非依法定理由和程序，不得随意改变其行为内容，或就同一事项重新作出行为；对于行政相对方来说，不得否认行政行为的内容或随意改变行为内容，非依法也不得请求改变行政行为。

14. **答案**：行政行为成立后，其内容对有关人员或组织所产生的法律上的约束效力，有关人员和组织必须遵守、服从。行政行为的拘束力具体表现在以下两个方面：（1）对行政主体的拘束力；（2）对行政相对人的拘束力。

15. **答案**：行政主体作出的行政行为，不论是合法还是违法，都推定为合法有效。相关的当事人都应加以遵守或服从，这是行政效率原则的要求。

16. **答案**：行政行为的执行力是行政行为生效后，行政主体依法有权采取一定手段，使行政行为的内容得以实现的效力。

17. **答案**：依职权行政行为又称主动性行政行为、积极行政行为，是指行政主体依据所具有的法定行政职权即可直接作出，而不需要行政相对人的申请作为启动前提条件的行政行为。具有以下特征：（1）法定性；（2）强制性；（3）主观能动性；（4）及时、迅捷性；（5）侵权救济性。

简答题

1. **答案**：行政行为以是否需要其他行为作为补充为标准，可以分为独立行政行为和需补充行政行为。独立行政行为是指不需要其他补充行为就能够生效的行政行为，需补充行政行为是指必须具备补充行为才能生效的行政行为。这个补充行为往往是上级机关的审批或备案行为。当该补充行为是由行政法规范规定时，需补充行政行为是一个无附款行政行为；当该补充行为并非基于行政法规范的规定，而是由行政主体自行设定或要求时，需补充行政行为是一个附款行政行为。行政行为之所以需要另一行为的补充，既是由行政行为的复杂性涉及其他行政主体所决定的，也是在行政系统内部实现权力相互制约监督的需要。行政行为的这一分类，有利于分析行政行为的合法性和确定责任的分担。

2. **答案：**（1）具体行政行为的主体须合法。（2）具体行政行为须在行政机关的权限内作出。（3）具体行政行为的内容须合法。（4）具体行政行为须符合法定程序。（5）具体行政行为须符合法定形式。

3. **答案：**（1）确定力。确定力是指已生效具体行政行为对行政主体和行政相对人所具有的不受任意改变的法律效力。（2）拘束力。拘束力是指已生效的具体行政行为所具有的约束和限制行政主体和行政相对人行为的法律效力。（3）执行力。执行力是指已生效的具体行政行为要求行政主体和行政相对人对其内容予以实现的法律效力。（4）公定力。公定力是指具体行政行为一经成立，不论是否合法，即具有被推定为合法而要求所有机关、组织或个人表示尊重的一种法律效力。

4. **答案：**行政行为撤销是在相应行为具备可撤销的情形下，由有权国家机关作出撤销决定而使之失去法律效力。

   行政行为撤销的条件如下：（1）行政行为合法要件缺损。合法的行政行为必须具备主体合法、内容合法、程序合法等要件。某种行政行为只要缺损其中一个要件，该行政行为就是可被撤销的行政行为。（2）行政行为不适当。所谓"不适当"是指相应行为具有不合理、不公正、不符合现行政策、不合时宜、不合乎有关善良风俗习惯等情况。不适当的行政行为在很多情形下同时是不合法的行为，从而可以"违法"为由撤销。

   行政行为被撤销后有下述法律结果：行政行为被撤销后通常自始失去法律效力，但根据社会公益的需要或行政相对人是否存在过错等情况，撤销也可仅使行政行为自撤销之日起失效。如果行政行为的撤销是因行政主体的过错引起，而依社会公益的需要又必须让行政行为的撤销效力追溯到行为作出之日起，那么，由此给相对人造成的一切实际损失应由行政主体予以赔偿。如果行政行为的撤销是因行政相对人的过错或行政主体与相对人的共同过错所引起的，行政行为撤销的效力通常应追溯到行为作出之日。行政主体通过相应行为给予相对人的利益应收回，相对人因行为撤销所造成损失由其自己负责，国家和社会利益受到损失的应由相对人就其过错程度予以赔偿，行政机关工作人员对其过错也应承担相应的法律责任。

5. **答案：**行政不作为是指行政主体以不作为的方式实施的行政行为。它是与行政作为相对应的一个范畴。它以消极不作为的方式表现出来，无明确的意思表示或外在动作行为。行政不作为必须具备以下条件：一是行政主体及其工作人员负有作为的法定义务。这种义务来源于法律、法规对行政主体职权和职责的规定，且具体可以依申请或依职权而发生。二是在程序上表现为消极地有所不为，即没有履行该作为的法定义务。既有程序上的特点——消极地不作为或没有完成一定的程序行为；也有实体上的特征——不履行作为的法定义务。并且，行政不作为中的"不为"或"不履行"是指行为人在当时情况下，能够"为"或履行而出于故意或过失没有"为"或"履行"，并不是由于不可抗力的原因使其不能"为"或"履行"，且是逾期没有"为"或"履行"，如果法定期限尚未届满，应视为行政主体还没有作为，如果法定期限届满而"为"或"履行"，则是作为迟延，都不能视为行政不作为。行政不能行为是指行政主体因客观因素的约束而无法将行为过程推进到法定终端的行为，它既具有作为行为的积极性特征，又有不作为行为的表现形态，即没有把行为过程推进到法定的行为过程终端。

   不作为行为与行政不能行为的主要区别是：不作为行为是由申请人申请引起，也就是说，只有公民、法人与其他组织提出了申请，行政机关的法定职责才能成为一种具体内容的有实质内容的法定职责，行政机关对这种具体的有实质内容的法定职责拒绝履行、不予答复或拖延履行时，就构成不作为。行政不能行为可发生在职权行为过程中，也可发生在职责行为过程中。发生在职权行为过程中的不能行为，不以相对人先行申请为启动条件，而是由某一事件的发生引起，也就是说，某一事件发生后，行政主体享有的职权就成为一种有具体内容的职权，行政主体不行使这种职权，就是失职；当行为环境阻却这种职权行使时，就构成不能行为。

6. 答案：无论是依申请行政行为，还是依职权行政行为，其根本目的均在于确保行政相对人的合法权益得以实现，推进社会、政治、经济和文化等领域的发展，实现国家和社会公共利益。依职权行政行为除应符合组织法和相关行为法的规定外，它的实施还应该本着其目的遵循下列原则：

（1）公共目的性原则。

依职权行政行为强调行政主体的主观能动性，但必须保证是出于保障人民的生命和财产安全，保护人民的权利和自由，维护国家经济和社会秩序的目的。

（2）尊重和促进公民权利和自由的原则。

（3）遵守权限范围，维护市场秩序，补充市场不足的原则。

（4）尊重和符合客观规律原则。

（5）公开、民主、参与的原则。

论述题

1. 答案：行政行为根据不同的标准可以作不同的分类。在行政法学上，对行政行为一般作如下划分：

（1）行政立法行为、行政执法行为与行政司法行为

行政行为以其内容是制定普遍性规范，还是执行法律、法规，实施行政管理，或者是裁决争议、解决纠纷为标准，分为行政立法行为、行政执法行为和行政司法行为。

①行政立法行为，指行政主体依准立法程序制定行政法规、规章的行为。

②行政执法行为，指行政主体为执行法律、法规依法定行政程序实施的各种行政管理行为。如行政许可、行政征收、行政调查、行政监管、行政处罚、行政强制等。

③行政司法行为，指行政主体依准司法程序裁决争议、解决纠纷的各种行为。如行政调解、行政仲裁、行政裁决等。

（2）抽象行政行为与具体行政行为

行政行为以其对象是否特定为标准分为抽象行政行为与具体行政行为。

①抽象行政行为，指行政主体针对不特定行政管理对象实施的行政行为。如行政立法（行政法规和规章）和行政规范性文件（具有普遍约束力的决定、命令）。

②具体行政行为，指行政主体针对特定行政管理对象实施的行政行为。如具体行政决定，包括行政处罚决定、行政强制执行决定等，也包括执行和实施这些决定的行为。

（3）羁束行政行为与裁量行政行为

行政行为以受法律规范拘束的程度为标准，分为羁束行政行为和裁量行政行为。

①羁束行政行为，指法律规范对其范围、条件、标准、形式、程序等作了较详细、具体、明确规定的行政行为。行政主体实施羁束行政行为，必须严格依法定范围、条件、标准、形式、程序等办事，很少有自行斟酌、选择、裁量的余地，很少能将自己的评价、判断、权衡参与其间。

②裁量行政行为，指法律规范仅对行为目的、行为范围等原则性问题作规定，行为的具体条件、标准、幅度、方式等由行政机关自行选择、决定的行政行为。

（4）依职权行政行为与应请求行政行为

行政行为以其启动是否需要行政相对人先行申请为标准，分为依职权行政行为与应请求行政行为。

①依职权行政行为，指行政主体直接依法律、法规规定的行政职权，无须以行政相对人先行申请作为启动条件而实施的行政行为。

②应请求行政行为，是指行政行为的启动要以行政相对人的申请为前提条件。相对

人不提出申请，行政主体即不能实施相应行为。

（5）授益行政行为与负担行政行为

行政行为以其对行政相对人利益的不同影响为标准，分为授益行政行为与负担行政行为。

① 授益行政行为，指行政主体依法授予行政相对人权利或免除相对人义务的行为，如行政许可、行政给付等。

② 负担行政行为，指行政主体给行政相对人施加义务或对相对人给予处罚、制裁的行为，如行政征收、行政强制、行政处罚等。

（6）附款行政行为与无附款行政行为

行政行为以有无限制条件为标准，分为附款行政行为与无附款行政行为。

① 附款行政行为，指其效力附有一定条件限制的行政行为。附款行政行为的限制条件通常包括：

1）时间条件，包括始期条件、终期条件。始期条件是行政主体规定行政相对人只能从某一时间起方能作出某种行为；终期条件是行政主体规定相对人至某一时间必须终止某种行为。

2）期限条件，指行政主体规定相对人只能在某一期限内作出某种行为。这种期限可能同时附有一定始期、终期的规定，也可能无始期、终期而仅有期限规定。

3）作为条件指行政主体规定相对人必须作出某种行为，相应行政行为（如批准、许可、授予、免除等）才能生效。附停止条件的行政行为，如防污设施未建好，相应工程即使建好也要停止使用。附解除条件的行政行为，如附属设施到期仍未建好，未满足原批准相应工程上马行为的条件，即解除原批准行为，相应工程必须停止。

4）不作为条件，指行政主体规定相对人不得作出某种行为，否则相应行政行为（如批准、许可、授予、免除等）即失效。例如，行政主体向某夜间娱乐场所发放经营许可证，但附有不得向16岁以下少年儿童开放的不作为条件，一旦违反，行政主体即吊销该许可证。

② 无附款行政行为，指其效力不附有条件限制的行政行为，相应行政行为只要符合法定标准和要求即生效。如男女公民双方登记结婚，只要其符合法定年龄和其他法定条件，行政机关即应发给其结婚证而不能对之附加其他条件。

（7）要式行政行为与非要式行政行为

行政行为以有无法定形式要求为标准，分为要式行政行为与非要式行政行为。

① 要式行政行为，指法律、法规规定必须以某种方式或形式进行的行政行为。如行政机关发送公文必须遵循规定的公文格式，行政机关发送公文的行为即一种要式行政行为。

② 非要式行政行为，指法律、法规未规定具体方式或形式，允许行政机关根据情况自行选择适当方式或形式进行的行政行为。如行政机关的通知行为、指示行为等，不同情况可选择采用书面、口头或其他形式。

2. 答案：（1）行政行为的合法要件的概念

行政行为的合法要件是指评价、判断和认定行政行为合法性的条件或标准。具备这些要件的行政行为具有实质的法律效力，在行政复议和行政诉讼中不致被撤销或确认无效。而不具备这些要件的行政行为即使成立，也仅具形式上的法律效力，行政相对人通过行政复议或行政诉讼等法定途径可请求有关国家机关确认该行政行为违法和撤销该违法行为，或者确认该行政行为无效。

（2）行政行为的合法要件

行政行为的合法要件包括主体、权限、内容和程序合法四个要件，具体如下：

① 行政行为主体合法

行政行为合法首先要求主体合法。主体合法具体有三项要求：

1）行为主体是行政主体。行政行为必须由行政主体作出，无论是其他国家机关还是社会组织、团体、企事业单位，没有法律、法规、规章的授权，都无权作出行政行为。

2）行政行为的实施者以行政主体的名义实施行政行为。行政行为的实施者是行政主体及其工作人员或行政主体委托的组织或其工作人员。审查行政行为主体的合法性，先确定行为是否为行政主体所为，行为实施者是否根据行政主体指派或委托，代表行政主体，以行政主体名义实施相应行为。

3）合议制机关的行为。合议制机关的行为应经过合议程序，通过相应会议的讨论、审议，且相应会议有法定人数出席，相应决定有法定票数通过。合议机关的行为只有依法进行才能保证其主体合法。

② 行政行为权限合法

行政行为权限合法有三项具体要求：

1）行为在行政主体的行政权范围内。行政主体不能行使在法律上不属行政权的权限，不能越位行使立法权和司法权，也不能越位干预企事业单位、社会团体的自治权利。否则为无权限违法。

2）行为不侵越其他行政部门的权限。行政主体的行为不超出本部门的职权而侵越其他行政部门的权限。否则为横向越权违法。

3）行为不侵越上级行政部门的权限。行政主体的行为不得纵向越权，侵越上级行政部门的权限。如公安派出所行使本应由县级以上公安机关行使的拘留和500元以上的罚款的处罚权限。

③ 行政行为内容合法

行政行为内容合法要符合三项要求：

1）行政行为有事实根据且证据确凿。行政行为必须有事实根据，而且此种事实必须证据确凿，不能根据道听途说或想象推理。如行政主体实施行政处罚行为，必须有行政相对人实施了违法行为的事实根据和确凿证据。

2）行政行为正确适用依据。

第一，行政行为的依据包括法律、法规、规章和其他规范性文件。

第二，正确适用依据包括：正确把握法律规范的效力位阶，由高到低依次适用法律规范，低位阶与高位阶相冲突，则只适用高位阶规范；正确选择与相应行政行为相适应的现行有效的法律规范；全面适用法律规范。某一个行政行为，同时由几个法律规范进行调整的，行政主体应同时适用所有有关的规范。

3）行政行为合乎立法目的。行政主体实施行政行为，应是为了实现相应立法所欲达到的目的，而不应以权谋私，通过行政职权的行使去实现自己的某种私利。否则构成滥用职权。

④ 行政行为程序合法

1）行为符合法定方式。行政行为符合法定方式包括符合一般行政程序法的基本法律规则、制度和具体的行政管理法律规定的各种不同行政行为的具体程序、规则和制度。如行政行为公开的规则、制度，公众参与的一般规则。

2）行为符合法定步骤和顺序。行为步骤是指行政行为应该经过的过程、阶段、手续，少进行一道或几道即构成程序违法。行为顺序是指行政行为各步骤的先后顺序。如行政处罚的先调查取证，后裁决。

3）行为符合法定时限。法律规定行政行为的时限，在于保障行政效率，否则可能造成拖延，给国家、社会利益、公民个人、组织的权益造成损害。

3. **答案**：（1）行政行为的含义

行政行为是指行政主体及其工作人员或者行政主体委托的组织或个人实施的产生行政法律效果的行为。其含义可从以下几个方面进行理解：

① 行政行为的主体是行政主体。行政机关和法律、法规、规章授权的组织均是行政主体，委托的组织并未获得行政主体的资格。

② 行政行为是指行政主体作出的产生法律效果的行为，即行政主体的行政行为能对作为行政相对人的个人、组织的权利、义务产生相应影响，这种影响可能对行政相对人是有利的，如颁发证照、发给抚恤金等，也可能对行政相对人是不利的，如行政处罚、行政强制等。

③ 行政行为是指行政主体实施的产生行政法律效果的行为，即行政主体的行为所引起的关系是行政法律关系而非民事法律关系或其他法律关系。行政主体实施的大多数行为是行政性的，是依行政职权实施的，故其

产生的关系属于行政法律关系。但是行政主体实施的有些行为并不具有行政性质，也非依行政职权而为，如行政机关购买办公用品的行为，属于民法调整的范畴，不是行政行为。

④ 行政行为是指行政主体对外实施的产生行政法律效果的行为，即行政行为是行政主体对外部行政相对人实施的影响其权利和义务的行为，不包括行政主体的内部行为。行政行为是行政主体实施的产生行政法律效果的行为，但并不意味着行政行为都是合法的行为。行政主体对行政相对人实施的违法侵权行为同样产生行政法律效果。

（2）行政行为的特征

行政行为相对于民事行为和其他国家机关的行为，主要具有下述特征：

① 公务性。行政行为是公务行为，不以营利为目的，通常是无偿的。但某些行政行为要收取一定费用，如行政机关颁发有关自然资源开发、利用等许可证等要收取一定的费用。

② 从属法律性。行政行为是执行法律的行为，必须从属于法律，任何行政行为的作出都必须有法律根据。法治对公民个人、组织的要求是"法无禁止则可为"。法治对行政机关的要求是依法行政："法无授权不可为""法定职责必须为""法定职权职责依法为"。

③ 裁量性。行政行为虽然必须依法而行，但法律并不能规定全部具体的细节处理，行政机关不能只是机械地按照法律预设的具体路线、途径、方式行事，而应有一定主动性，自行选择和裁量的余地。裁量性和从属法律性是对立统一的关系，并不矛盾。自由裁量要在法律、法规范围内裁量，从属于法律也不是机械地执行法律，而是充分运用其主观能动性，把握相应法律、法规的立法目的，灵活地执行法律。

④ 权力性。行政行为是行政主体代表国家，以国家名义实施的执法行为。行政主体行使其管理职能时享有相应的管理权力和管理手段，包括运用行政强制手段，以保障行政执法目的的实现。

案例分析题

答案：该通知行为是非法的。理由如下：

（1）该市政府办公室只是其所在市政府的内部机构或办事机构，不具有行政主体资格，不具有以自己的名义对外实施行政行为的权利能力和行为能力，不能针对外部相对人实施行政行为，因而，以自己的名义要求全市各行各业各单位和全体市民遵守执行的通知行为是主体不合格的行政行为。

（2）该通知行为是针对外部相对人即单位和市民的，并为其设定了义务，其主体应当是该市人民政府。当然，市政府可委托其办公室实施该行为，但该市政府办公室在实施该行为时依法应以市政府的名义进行而不能以自己的名义进行。因此，该市政府办公室的通知行为，即使有市政府的委托，因未以市政府的名义进行，也是非法的。作为内部机构的市政府办公室，如果有法律、法规和规章的授权，也可以以自己的名义对外实施行政行为，但在这里却没有这项授权。因此，从这一角度上看，市政府办公室的通知行为也是不合法的。

第六章 行政立法

✓ **单项选择题**

1. **答案**：C。本题考查行政立法的性质。
2. **答案**：B。《立法法》第72条规定："国务院根据宪法和法律，制定行政法规。行政法规可以就下列事项作出规定：（一）为执行法律的规定需要制定行政法规的事项；（二）宪法第八十九条规定的国务院行政管理职权的事项。应当由全国人民代表大会及其常务委员会制定法律的事项，国务院根据全国人民代表大会及其常务委员会的授权决定先制定的行政法规，经过实践检验，制定法律的条件成熟时，国务院应当及时提请全国人民代表大会及其常务委员会制定法律。"
3. **答案**：A。执行性立法不可以创设新的法律规则，只能执行已有法律。
4. **答案**：D。本题考查行政立法位阶的效力。
5. **答案**：B。国务院对不适当的部委规章有权予以改变和撤销。
6. **答案**：C。本题考查立法权限。根据《宪法》《地方各级人民代表大会和地方各级人民政府组织法》《立法法》的规定，有权机关改变或撤销法规、规章的权限划分如下：（1）全国人大常委会有权撤销同宪法和法律相抵触的行政法规；（2）国务院有权改变或者撤销不适当的部门规章和地方政府规章；（3）地方人大常委会有权撤销本级人民政府制定的不适当规章；（4）省级人民政府有权改变或撤销下一级人民政府制定的不适当规章；（5）授权机关有权撤销被授权机关制定的超越授权范围或违背授权目的的法规、规章，必要时还可撤销授权。
7. **答案**：D。本题考查行政法规可以设定的内容。ABC项由法律设定。
8. **答案**：A。国务院可以根据特别授权进行行政立法。
9. **答案**：B。应报经国务院备案是程序性规定，不是生效前提。
10. **答案**：C。行政立法根据其权力来源的不同，可分为职权立法与授权立法。职权立法是行政机关直接根据宪法和组织法的授权，为执行相应法律、法规或为行使相应行政管理职权，而进行的行政立法。
11. **答案**：C。根据《行政处罚法》第13条的规定，国务院部门规章可以在法律、行政法规规定的给予行政处罚的行为、种类和幅度的范围内作出具体规定。尚未制定法律、行政法规的，国务院部门规章对违反行政管理秩序的行为，可以设定警告、通报批评或者一定数额罚款的行政处罚。罚款的限额由国务院规定。综上，部门规章仅可以设定警告和小额罚款，故而A、D选项错误。

    B项错误不选。根据《行政强制法》第9条、第10条规定，行政强制措施由法律设定。尚未制定法律，且属于国务院行政管理职权事项的，行政法规可以设定除限制公民人身自由、冻结存款汇款和应当由法律规定的行政强制措施以外的其他行政强制措施。尚未制定法律、行政法规，且属于地方性事务的，地方性法规可以设定查封场所、设施或财物以及扣押财物的行政强制措施。法律、法规以外的其他规范性文件不得设定行政强制措施。综上，部门规章无权设定行政强制措施。

    C项正确应选。《行政许可法》第16条规定，规章可以在上位法设定的行政许可事项范围内，对实施该行政许可作出具体规定。C选项的表述符合上述规定。

12. **答案**：A。关于A选项，根据《规章制定程序条例》第13条第3款规定，年度规章制定工作计划在执行中，可以根据实际情况予以调整，对拟增加的规章项目应当进行补充论证。

    关于B选项，根据《规章制定程序条

例》第 15 条规定，起草规章，应当深入调查研究，总结实践经验，广泛听取有关机关、组织和公民的意见。听取意见可以采取书面征求意见、座谈会、论证会、听证会等多种形式。

关于 C 选项，根据《规章制定程序条例》第 18 条第 3 款规定，规章送审稿的说明应当对制定规章的必要性、规定的主要措施、有关方面的意见及其协调处理情况等作出说明。

关于 D 选项，根据《规章制定程序条例》第 20 条规定："规章送审稿有下列情形之一的，法制机构可以缓办或者退回起草单位：（一）制定规章的基本条件尚不成熟或者发生重大变化的；（二）有关机构或者部门对规章送审稿规定的主要制度存在较大争议，起草单位未与有关机构或者部门充分协商的；（三）未按照本条例有关规定公开征求意见的；（四）上报送审稿不符合本条例第十八条规定的。"

13. 答案：C。关于 A 选项，依据《行政法规制定程序条例》第 8 条第 1 款规定："国务院有关部门认为需要制定行政法规的，应当于国务院编制年度立法工作计划前，向国务院报请立项。"A 选项应该是国务院有关部门而非省政府，故 A 选项错误。

关于 B 选项，依据《行政法规制定程序条例》第 9 条第 1 款规定："国务院法制机构应当根据国家总体工作部署，对行政法规立项申请和公开征集的行政法规制定项目建议进行评估论证，突出重点，统筹兼顾，拟订国务院年度立法工作计划，报党中央、国务院批准后向社会公布。"应根据国家总体工作部署进行汇总研究，而不是根据有关部门报送的立项申请汇总研究；是拟订而非确定年度立法工作计划，还须报党中央、国务院审批。故 B 选项错误。

关于 C 选项，依据《行政法规制定程序条例》第 9 条第 2 款规定："列入国务院年度立法工作计划的行政法规项目应当符合下列要求：（一）贯彻落实党的路线方针政策和决策部署，适应改革、发展、稳定的需要；……"C 选项正确。

关于 D 选项，依据《行政法规制定程序条例》第 10 条第 3 款规定："国务院年度立法工作计划在执行中可以根据实际情况予以调整。"从实际工作角度看，常常是"计划赶不上变化"，也应当容许根据实际情况予以调整，故 D 选项错误。

14. 答案：B。本题考查行政法规的解释。《行政法规制定程序条例》第 31 条规定，行政法规有下列情形之一的，由国务院解释：（1）行政法规的规定需要进一步明确具体含义的；（2）行政法规制定后出现新的情况，需要明确适用行政法规依据的。国务院法制机构研究拟订行政法规解释草案，报国务院同意后，由国务院公布或者由国务院授权国务院有关部门公布。行政法规的解释与行政法规具有同等效力。

第 32 条规定，国务院各部门和省、自治区、直辖市人民政府可以向国务院提出行政法规解释要求。

第 33 条规定，对属于行政工作中具体应用行政法规的问题，省、自治区、直辖市人民政府法制机构以及国务院有关部门法制机构请求国务院法制机构解释的，国务院法制机构可以研究答复；其中涉及重大问题的，由国务院法制机构提出意见，报国务院同意后答复。

由此，行政法规的解释权属于国务院，国务院各部门和最高人民法院都无权解释，A、C 错误。另外对属于行政工作中具体应用行政法规的问题只有省、自治区、直辖市人民政府一级法制机构有权请求国务院法制机构解释，D 错误。

15. 答案：B。本题考查行政行为的分类。
16. 答案：D。行政规范性文件的制定主体还可以是被授权组织，目的还可以是执行政策，范围排除了行政法规和规章，所以选 D。
17. 答案：B。行政规范性文件的制定程序更为简单，注重效率，不必经过会议讨论。
18. 答案：C。C 项应该为内容上的授益性。
19. 答案：A。行政规范性文件需满足"行政性、外部性、普遍约束力、反复适用性"四大特征。A 选项针对不特定对象（全体市民），具有普遍约束力，属于规范性文件；B、C 为具体行政行为，D 为内部文件，均不符合定义。

多项选择题

1. **答案：ABC**。授权立法应遵循的规则是：授权立法的范围仅限于法律相对保留的事项；授权决定应当明确授权的目的、范围；被授权机关即国务院应严格按照授权目的和范围行使该项权力，不得将该项权利转授给其他机关；根据授权制定的法规应当报授权决定规定的机关备案，授权机关有权撤销被授权机关制定的超越授权范围或者违背授权目的的法规，必要时可以撤销授权；成熟后要及时制定法律。

2. **答案：ACD**。B 错，听取意见可以采取召开座谈会、听证会等多种形式。

3. **答案：ABD**。《立法法》第 91 条第 1 款规定："国务院各部、委员会、中国人民银行、审计署和具有行政管理职能的直属机构以及法律规定的机构，可以根据法律和国务院的行政法规、决定、命令，在本部门的权限范围内，制定规章。"

   《立法法》第 93 条第 1 款规定："省、自治区、直辖市和设区的市、自治州人民政府，可以根据法律、行政法规和本省、自治区、直辖市的地方性法规，制定规章。"

   综上所述，规章的制定主体包括：（1）国务院各部、委员会、中国人民银行、审计署和具有行政管理职能的直属机构以及法律规定的机构；（2）省、自治区、直辖市和设区的市、自治州人民政府。

4. **答案：ABCD**。根据《立法法》第 11 条的规定，属于法律绝对保留的立法事项包括：有关犯罪和刑罚、对公民政治权利的剥夺和限制人身自由的强制措施和处罚、民事基本制度等。

5. **答案：CD**。本题考查行政立法的分类。特别授权立法专指根据最高国家权力机关专门的授权决议所进行的授权立法。

6. **答案：ACD**。抽象行政行为，是指特定的国家行政机关在行使行政权过程中，制定和发布普遍性行为规则的行为。具体包括制定法规、规章和发布决定、命令等行为。具体行政行为，是指行政主体针对特定的对象，就特定的事项作出的处理决定。

7. **答案：ABD**。本题考查法律规范冲突时的选择适用。《立法法》第 106 条规定："地方性法规、规章之间不一致时，由有关机关依照下列规定的权限作出裁决：……（二）地方性法规与部门规章之间对同一事项的规定不一致，不能确定如何适用时，由国务院提出意见，国务院认为应当适用地方性法规的，应当决定在该地方适用地方性法规的规定；认为应当适用部门规章的，应当提请全国人民代表大会常务委员会裁决；……"故 A 错误。

   《立法法》第 103 条规定："同一机关制定的法律、行政法规、地方性法规、自治条例和单行条例、规章，特别规定与一般规定不一致的，适用特别规定；新的规定与旧的规定不一致的，适用新的规定。"故 B 错误。

   《立法法》第 108 条规定："改变或者撤销法律、行政法规、地方性法规、自治条例和单行条例、规章的权限是：……（三）国务院有权改变或者撤销不适当的部门规章和地方政府规章；……"故 C 正确。

   《立法法》第 108 条规定："改变或者撤销法律、行政法规、地方性法规、自治条例和单行条例、规章的权限是：……（七）授权机关有权撤销被授权机关制定的超越授权范围或者违背授权目的的法规，必要时可以撤销授权。"故 D 错误。

8. **答案：ABC**。《行政法规制定程序条例》规定：行政法规送审稿直接涉及公民、法人或者其他组织的切身利益的，国务院法制机构可以举行听证会，听取有关机关、组织和公民的意见。因此，行政法规制定过程中的听证并非必需，而是属于国务院法制机构自由裁量的范围，用"应当举行听证"的说法是错误的。

9. **答案：ABCD**。本题考查行政立法程序的内容。

10. 答案：BCD。《规章制定程序条例》第 7 条规定："规章的名称一般称'规定'、'办法'，但不得称'条例'。"实践中，规章有时也采用"实施细则""规则"的名称。《行政法规制定程序条例》第 5 条规定，"行政法规的名称一般称'条例'，也可以称'规定'、'办法'等"。
11. 答案：AC。国家语言文字工作委员会、杭州市人大常务委员会不是职权行政立法主体。
12. 答案：ABD。不可对抽象行政行为提起行政诉讼。
13. 答案：AC。抽象行政行为具有普遍性。B 是具体行政行为。
14. 答案：BC。A 选项错误。《规章制定程序条例》第 15 条第 3 款规定，起草规章可以邀请有关专家、组织参加，也可以委托有关专家、组织起草。

    B 选项正确。《规章制定程序条例》第 16 条第 2 款第 3 项规定，听证会应当制作笔录，如实记录发言人的主要观点和理由。

    C 选项正确。《规章制定程序条例》第 15 条规定，起草规章，应当深入调查研究，总结实践经验，广泛听取有关机关、组织和公民的意见。

    D 选项错误。《规章制定程序条例》第 20 条规定："规章送审稿有下列情形之一的，法制机构可以缓办或者退回起草单位：（一）制定规章的基本条件尚不成熟或者发生重大变化的；……"所以不是必须退回起草单位，还可以缓办。
15. 答案：ABCD。本题考查行政规范性文件的特点。
16. 答案：ABCD。此外常见的形式还有"关于××××的函""关于××××的通知"。
17. 答案：ACD。行政法规有下列情形之一的，由国务院解释：（1）行政法规的规定需要进一步明确具体含义的；（2）行政法规制定后出现新的情况，需要明确适用行政法规依据的。国务院法制机构研究拟订行政法规解释草案，报国务院同意后，由国务院公布或者由国务院授权国务院有关部门公布。

A、C 选项正确。因为行政法规是国务院制定的，这里的行政法规的解释也是国务院作出的，因此，行政法规的解释与行政法规具有同等效力。D 选项正确。B 选项错误，行政法规的制定程序是有严格的法律规范的，"立项、起草、审查、决定、公布、施行、备案"，相对来说比较烦琐，而行政法规的解释程序无须如此，只需国务院各部门和省、自治区、直辖市人民政府向国务院提出行政法规的解释要求即可。
18. 答案：AC。乡政府和法律授权组织可制定文件，但内设机构、议事协调机构无制定权。
19. 答案：AC。违法设定行政许可、超越权限属于重大违法，文件自始无效；未公开征求意见可补正程序，未标注有效期不影响效力。

🔀 不定项选择题

答案：C。《规章制定程序条例》第 28 条规定：审议规章草案时，由法制机构作说明，也可以由起草单位作说明。所以 A 选项错误。

《规章制定程序条例》第 27 条规定：部门规章应当经部务会议或者委员会会议决定。地方政府规章应当经政府常务会议或者全体会议决定。所以 B 选项错误。

《规章制定程序条例》第 30 条第 2 款规定：部门联合规章由联合制定的部门首长共同署名公布，使用主办机关的命令序号。所以 C 选项正确。

《规章制定程序条例》第 31 条第 2 款规定，地方政府规章签署公布后，及时在本级人民政府公报和中国政府法制信息网以及在本行政区域范围内发行的报纸上刊载。不一定在全国范围发行的有关报纸上刊登。所以 D 选项错误。

📚 名词解释

1. 答案：从动态方面看，抽象行政行为是指行政主体针对不特定的人和不特定的事，制定具有普遍约束力的行为规则的行为。从静态方面看，是指行政主体针对不特定的人和不特定的事，制定的具有普遍约束力的行为规则，包括行政法规、行政规章和其他具有普遍约束力的法律文件。具有以下特征：（1）对象的普遍性。抽象行政行为以普遍的、不特定的人或事为行为对象。（2）效力的普遍性和持续性。首先，抽象行政行为具有普遍的效力，它对某一类人或事具有约束力。其次，抽象行政行为具有后及力，它不仅适用于当时的行为或事件，而且适用于以后将要发生的同类行为或事件。（3）准立法性。抽象行政行为在性质上属于行政行为，但它具有普遍性、规范性和强制性的法律特征，并须经过起草、征求意见、审查、审议、通过、签署、发布等一系列程序。（4）不可诉性。抽象行政行为不能成为行政诉讼的直接对象。

2. **答案**：行政立法是国家行政机关依照法律规定的权限和程序，制定行政法规和行政规章的活动。我国的行政立法，是行政性质和立法性质的有机结合。它既具有行政的性质，是一种抽象行政行为，又具有立法的性质，是一种准立法行为。行政立法符合以下条件即有效成立：（1）行政立法经享有相应行政立法权的行政机关讨论决定；（2）行政立法经行政首长签署；（3）行政立法公开发布。

3. **答案**：授权立法是行政主体根据单行法律和法规或授权决议所授予的立法权而进行的立法。授权立法的根据有两类，即宪法和组织法以外的单行法律、法规和最高国家权力机关专门的授权决议。根据单行法律、法规所进行的授权立法一般称为普通授权立法；根据最高国家权力机关专门的授权决议所进行的授权立法称为特别授权立法。

4. **答案**：职权立法是行政主体根据宪法和组织法所赋予的行政立法权进行的行政立法活动。

5. **答案**：创制性立法是行政主体为了填补法律和法规的空白，或者变通法律和法规的个别规定以实现行政职能而进行的立法。其中，为了填补法律和法规的空白而进行的创制性立法，即在还没有相应法律、法规规定的前提下，行政主体运用宪法和组织法所赋予的立法权所进行的立法，称为自主性立法。为了补充法律、法规的规定而进行的创制性立法，称为补充性立法。

6. **答案**：行政规范性文件是国家行政机关为执行法律、法规和规章，对社会实施管理，依法定权限和法定程序发布的规范公民、法人和其他组织行为的具有普遍约束力的文件。具有以下特征：（1）行政规范性文件是一种特殊文件，而不是行政立法。（2）行政规范性文件不是一般文件，而是一种具有普遍约束力的文件。（3）行政规范性文件是行政机关为执行法律、法规、规章，对社会进行管理而实施的一种抽象行政行为。（4）行政规范性文件是行政机关发布的用以对社会进行管理，规范公民、法人和其他组织行为的文件。行政规范性文件可以分为三类：（1）享有行政立法权的行政机关发布的行政规范性文件；（2）不享有行政立法权的国务院工作部门发布的行政规范性文件；（3）不享有行政立法权的地方人民政府发布的行政规范性文件。

7. **答案**：所谓行政指导性文件，就是行政机关对不特定相对人事先实施书面行政指导时所形成的一种行政规范性文件。行政指导所针对的对象可以是特定的也可以是不特定的。其形式可以是书面的也可以是口头的。当行政指导以口头形式进行时，并没有形成一种行政规范性文件。当行政指导针对特定相对人时，即使以书面形式作出，也并没有形成行政规范性文件。然而，当行政机关对不特定相对人，以书面形式进行行政指导并予以公布时，则形成了我们所说的行政规范。

简答题

1. **答案**：（1）编制立法工作计划；（2）起草；（3）征求和听取意见；（4）审查审议；（5）通过；（6）审批和备案；（7）决定和公布。

2. **答案**：行政立法的主体：（1）国务院；（2）国务院各部、各委员会；（3）国务院直属机构；（4）省、自治区、直辖市人民政府；（5）设区的市、自治州的人民政府。

3. **答案**：（1）树立合法性标准，以合法性作为考察行政规范性文件本身性质的标尺。

（2）对于违法的行政规范性文件，人民代表可以在人民代表大会上提出质询。

（3）上级行政机关可以通过备案制度来监控并有权撤销或者改变。

（4）制定机关本身也可以自我纠正。

（5）法院并不具有撤销或者改变行政规范性文件的权力，但是可以通过个案确认合法性，得以引用裁判。

（6）公民个人、法人、其他组织可以对行政复议机关行政规范性文件的合法性提出审查申请。

论述题

1. 答案：（1）行政立法的概念

行政立法是指国家行政机关依法定权限和法定程序制定行政法规和规章的活动。

（2）行政立法的分类

① 职权立法和授权立法

行政立法根据其权力来源的不同，可分为职权立法与授权立法。

1）职权立法，指行政机关直接根据宪法和组织法的授权，为执行相应法律、法规或为行使相应行政管理职权，而进行的行政立法。《立法法》第11条、第72条、第82条、第91条、第93条分别就应由法律、行政法规、地方性法规、规章规定的事项作出了具体规定。

2）授权立法，指行政机关根据国家权力机关的特别授权，就本应由国家权力机关制定法律或地方性法规的事项而进行的行政立法。《立法法》第12条规定："本法第十一条规定的事项尚未制定法律的，全国人民代表大会及其常务委员会有权作出决定，授权国务院可以根据实际需要，对其中的部分事项先制定行政法规，但是有关犯罪和刑罚、对公民政治权利的剥夺和限制人身自由的强制措施和处罚、司法制度等事项除外。"

② 中央行政立法和地方行政立法

行政立法依据行使行政立法权主体的不同，可分为中央行政立法和地方行政立法。

1）中央行政立法，指国务院制定行政法规和国务院各部、委、中国人民银行、审计署和具有行政管理职能的直属机构制定的部门规章。中央行政立法调整全国范围内的普遍性问题和必须由中央统一作出规定的重大问题，如全国性的治安管理问题、环境保护问题、交通问题、资源问题、国家安全问题。

2）地方行政立法，指省、自治区、直辖市和设区的市、自治州的人民政府制定的地方政府规章。地方行政立法调整执行性事务、地方性事务以及城乡建设与管理、环境保护、历史文化保护等方面的事项。

③ 执行性立法和创制性立法

行政立法依其内容不同可分为执行性立法和创制性立法。

1）执行性立法，指对法律、行政法规和地方性法规的具体化和操作化，明确具体法律规范的含义和适用范围。如地方人民政府根据当地的实际情况制定地方政府规章，就国务院行政法规或地方性法规规定实施办法、实施细则。

2）创制性立法，指依据法律、法规或经授权制定行政法规和规章，为公民、法人或其他组织创制新的权利义务规范。如享有行政立法权的地方人民政府依据法律、法规或根据授权制定行政规章。

2. 答案：（1）行政规范性文件的含义

行政规范性文件是指行政法规、规章以外的行政机关发布的规范性文件，不属于行政立法的范畴。

① 行政规范性文件是一种特殊政令。

② 行政规范性文件不是一般政令，它具有普遍约束力。

③ 行政规范性文件是行政机关为执行法律、法规、规章，对社会进行行政管理而实施的一种抽象行政行为。

④ 行政规范性文件是行政机关发布的用以对社会进行行政管理，规范公民、法人和其他组织行为的政令。

（2）行政规范性文件的效力

行政规范性文件的效力体现在行政管理领域和行政诉讼领域。

① 在行政管理领域

1）对行政相对人具有拘束力和执行力。

行政规范性文件一经颁布，所调整的个人、组织必须履行相应义务。违规不履行相应义务，行政执法机关可以依法对其采取强制执行措施，实施行政处罚等。

2）对行政机关本身具有公定力和确定力。

行政规范性文件一经发布，行政机关非经法定程序不得任意撤销、改变、废止。发布规范性文件的行政机关及所属下级行政执行机关在实施具体行政行为时必须遵循相应规定，在作出有关行政决定时必须适用相应规定，否则可能导致相应行为、决定违法而被撤销。

3）既是行政复议机关的审理依据，又是复议客体。

复议机关审理复议案件，不仅要以法律、法规、规章为依据，还要以相应行政规范性文件为依据。行政相对人如认为行政机关的具体行政行为所依据的行政规范性文件不合法，在对具体行政行为申请复议时可一并申请复议。

② 在行政诉讼领域

1）行政诉讼当事人可以以行政规范性文件作为论证相应具体行政行为合法与否的根据。行政相对人认为行政行为所依据的行政规范性文件不合法，在对行政行为提起行政诉讼时，可以一并请求进行规范性文件附带审查。

2）公民、法人或者其他组织认为行政行为所依据的行政规范性文件不合法，在对行政行为提起行政诉讼时，可以一并请求对该规范性文件进行审查。

3）人民法院在审理行政案件中，经审查认为行政行为所依据的行政规范性文件合法，可以在裁判文书中引用；认为不合法则不作为认定行政行为合法的依据，并向制定机关提出处理建议。总之，公民、法人和其他组织在进行各种活动时必须遵守相应行政规范性文件的规定；行政机关在实施具体行政行为时必须依据相应行政规范性文件的规定；人民法院在审查具体行政行为的合法性时，亦应参照合法有效的行政规范性文件的规定。

第七章 授益行政行为

☑ 单项选择题

1. 答案：A。 本题考查行政许可的设定权限和形式，具体可参见《行政许可法》第14条、第15条的规定。

2. 答案：A。 本题考查行政许可的委托，具体可参见《行政许可法》第23条、第24条、第27条等的规定。

3. 答案：B。 本题考查行政许可的期限，参见《行政许可法》第42条的规定。

4. 答案：B。 本题考查行政许可的审查与决定。参见《行政许可法》第34条、第38条、第39条、第41条的规定。

5. 答案：B。 本题考查行政许可。

6. 答案：D。 本题考查行政许可的分类。附义务的行政许可指许可证的持有人在获得许可证的同时还要求承担在一定期限内从事该活动的义务。A、B、C三项则无此义务。

7. 答案：C。 行政处理的效力，是指行政处理行为一经作出所产生的法律上的确定力、拘束力和执行力。拘束力，是指行政处理生效后，相对人对于生效的行政处理行为必须严格遵守、服从、完成应履行的义务，不得违反或拒绝，否则要承担相应的法律后果。行政机关也同样要受其拘束，必须依照行政处理行为的内容履行自己的职责。

8. 答案：A。 专利许可是排他性的许可。

9. 答案：C。 行政许可合理裁量原则的内涵不是确保每个申请人都能获得许可，而是机会平等。

10. 答案：C。 本题考查行政许可的基本原则。《行政许可法》第4条规定了行政许可的"许可法定和依法许可"原则，该原则要求行政机关在实施行政许可时，必须按照法律明确规定的事项依法审查相对人的申请是否符合条件，而不能以法律之外的理由否定相对人的申请。本案中，县市场监督管理局有权审批该饭店的字号，但是不予批准的理由并非法定，故不成立。

11. 答案：C。 本题考查实施行政许可的"申请与受理程序"。《行政许可法》第32条第1款第4项规定："申请材料不齐全或者不符合法定形式的，应当当场或者在五日内一次告知申请人需要补正的全部内容，逾期不告知的，自收到申请材料之日起即为受理。"由此可见，如果行政机关在5日内（5月16日前）告知某甲需要补正的所有材料，则受理之日为申请人补正所有材料之日。本案中，行政机关虽然在5日之后告知，仍然属于在期限内不告知，因此应当以收到申请材料之日，即5月11日为受理之日。

12. 答案：C。 本题考查实施行政许可的"特别程序"。A、B项参见《行政许可法》第53条规定，是正确的；根据该法第55条规定，行政机关应当自受理申请之日起5日内指派两名以上检疫人员进行检疫，故C项错误，D项正确。所以本题选C。

13. 答案：B。 本题考查对行政许可的撤销和注销。参见《行政许可法》第70条第1项、第4项规定。

14. 答案：A。 根据《行政许可法》第58条、第59条规定可知，原则上行政许可不收取任何费用，但法律、行政法规另有规定的，依照其规定。而本案建设用地规划许可证的申请不属于法律、行政法规规定的应收取费用的行政许可，所以A项说法正确。

尽管刘某非该具体行政行为的相对人，但该行政行为的作出对其有直接影响，该影响不以是否具有现实侵害为前提，因此作为该具体行政行为的利害关系人，刘某具有诉讼原告资格。C、D项错误。根据《行政许可法》第47条、第48条规定，刘某作为利害关系人，有被告知听证权利并在听证中提供证据、进行申辩和质证的权利，B项错误。综上，本题选 A。

15. **答案**：B。关于 A 选项，依据《行政许可法》第 29 条第 2 款、第 3 款的规定："申请人可以委托代理人提出行政许可申请。但是，依法应当由申请人到行政机关办公场所提出行政许可申请的除外。行政许可申请可以通过信函、电报、电传、传真、电子数据交换和电子邮件等方式提出。"因此公司可以不到办公场所申请，故 A 选项错误。

关于 B 选项，依据《行政许可法》第 31 条第 1 款的规定，申请人申请行政许可，应当如实向行政机关提交有关材料和反映真实情况，并对其申请材料实质内容的真实性负责……故 B 选项正确。

关于 C 选项，依据《行政许可法》第 32 条第 1 款第 4 项的规定，申请材料不齐全或者不符合法定形式的，应当当场或者在 5 日内一次告知申请人需要补正的全部内容……市规划局应告知补正而非作出不予受理决定，故 C 选项错误。

关于 D 选项，依据《行政许可法》第 58 条第 2 款的规定："行政机关提供行政许可申请书格式文本，不得收费。"故 D 选项错误。

16. **答案**：B。根据《行政许可法》的规定，被许可人以欺骗、贿赂等不正当手段取得行政许可的，应当予以撤销。因此，B 选项正确。

17. **答案**：A。《行政许可法》第 16 条第 3 款规定："规章可以在上位法设定的行政许可事项范围内，对实施该行政许可作出具体规定。"可见，下位法对于上位法设定的许可可以作出细化的规定，A 选项正确。行政机关实施行政许可和对行政许可事项进行监督检查，不得收取任何费用。但是，法律、行政法规另有规定的，依照其规定。可见，实施行政许可，不得收费，除非是法律、行政法规另有规定的才可以收费。规章作为比较低级别的立法文件，不得作出收费的例外规定，B 选项错误。法律、法规授权的具有管理公共事务职能的组织可以在法定授权范围内实施行政处罚。可见，规章作为比较低级别的立法文件无权授权实施行政处罚，C 选项错误。关于行政处罚的追责期限，法律可以作出例外规定，规章不得作出行政处罚追责期限的例外规定，D 选项错误。

✅ 多项选择题

1. **答案**：ABC。关于 A、B 选项，《行政许可法》第 15 条第 2 款规定："地方性法规和省、自治区、直辖市人民政府规章，不得设定应当由国家统一确定的公民、法人或者其他组织的资格、资质的行政许可；不得设定企业或者其他组织的设立登记及其前置性行政许可。其设定的行政许可，不得限制其他地区的个人或者企业到本地区从事生产经营和提供服务，不得限制其他地区的商品进入本地区市场。"故 AB 项当选。

关于 C 选项，《行政许可法》第 14 条第 2 款规定："必要时，国务院可以采用发布决定的方式设定行政许可。实施后，除临时性行政许可事项外，国务院应当及时提请全国人民代表大会及其常务委员会制定法律，或者自行制定行政法规。"可见，国务院可以采用发布决定的方式设定临时性行政许可，而国务院部门无此职权。故 C 项当选。

关于 D 选项，《行政许可法》第 21 条规定："省、自治区、直辖市人民政府对行政法规设定的有关经济事务的行政许可，根据本行政区域经济和社会发展情况，认为通过本法第十三条所列方式能够解决的，报国务院批准后，可以在本行政区域内停止实施该行政许可。"故 D 项不当选。

2. **答案**：BD。本题考查行政处理的特征与形式。

3. **答案**：CD。一般许可、特别许可是按照许可的范围所作的分类；行政许可虽是应申请的行政行为，但仍是单方行政行为。

4. **答案**：CD。本题考查行政给付的特点与形式。

5. **答案**：ABCD。行政给付在我国主要有安置、补助、抚恤、救灾扶贫等形式。

6. **答案**：AC。本题考查办理行政许可的程序。《行政许可法》第 31 条规定："申请人申请行政许可，应当如实向行政机关提交有关材料和反映真实情况，并对其申请材料实质内容的真实性负责。行政机关不得要求申请人提交与其申请的行政许可事项无关的技术资料和其他材料。"故 A 正确。

《行政许可法》第 26 条第 2 款规定："行政许可依法由地方人民政府两个以上部门分别实施的，本级人民政府可以确定一个部门受理行政许可申请并转告有关部门分别提出意见后统一办理，或者组织有关部门联合办理、集中办理。" B 错误，故不选。

《行政许可法》第 47 条第 1 款规定："行政许可直接涉及申请人与他人之间重大利益关系的，行政机关在作出行政许可决定前，应当告知申请人、利害关系人享有要求听证的权利；申请人、利害关系人在被告知听证权利之日起五日内提出听证申请的，行政机关应当在二十日内组织听证。"因此 C 正确。

《行政许可法》第 42 条第 2 款规定："依照本法第二十六条的规定，行政许可采取统一办理或者联合办理、集中办理的，办理的时间不得超过四十五日；四十五日内不能办结的，经本级人民政府负责人批准，可以延长十五日，并应当将延长期限的理由告知申请人。" D 项与此条规定不符，故不选。

7. **答案**：ABD。本题考查行政许可的撤销、撤回、注销。《行政许可法》第 8 条、69 条都规定了这样的原则：已生效的行政许可变更、撤销、撤回，损害被许可人的合法权益的，被许可人可以获得补偿或赔偿，由此可以看出行政许可的撤销和撤回都涉及被许可人的实体权利，A 正确，应选。

第 8 条规定，行政许可所依据的法律、法规、规章修改或者废止，或者准予行政许可所依据的客观情况发生重大变化的，为了公共利益的需要，行政机关可以依法变更或者撤回已经生效的行政许可。由此给公民、法人或者其他组织造成财产损失的，行政机关应当依法给予补偿。B 正确，应选。

第 69 条规定，有下列情形之一的，作出行政许可决定的行政机关或者其上级行政机关，根据利害关系人的请求或者依据职权，可以撤销行政许可：（一）行政机关工作人员滥用职权、玩忽职守作出准予行政许可决定的；……被许可人的合法权益受到损害的，行政机关应当依法给予赔偿……C 中间缺少"被许可人的合法权益受到损害"的条件，即在行政机关和当事人都存在过错时，对于相对人非法获得的利益，不予保护。C 错误，不选。

第 70 条规定，有下列情形之一的，行政机关应当依法办理有关行政许可的注销手续：……（四）行政许可依法被撤销、撤回，或者行政许可证件依法被吊销的……D 正确，应选。

8. **答案**：ACD。本题考查行政处罚和行政许可的异同。《行政许可法》第 20 条规定行政许可机关应当定期对其设定的行政许可进行评价，而《行政处罚法》并没有规定这一制度。

《行政许可法》第 23 条和《行政处罚法》第 19 条均规定法律、法规授权的具有管理公共事务职能的组织可以在法定授权范围内实施行政许可和行政处罚。

《行政处罚法》第 20 条、第 21 条规定了行政机关可以委托依法成立的管理公共事务的事业组织实施行政处罚，而《行政许可法》第 24 条则规定受托机构以行政机关为限。

《行政许可法》第 48 条第 2 款规定行政机关应当根据听证笔录，作出行政许可决定，《行政处罚法》第 44 条规定，行政机关在作出行政处罚决定之前，应当告知当事人拟作出的行政处罚内容及事实、理由、依据，并告知当事人依法享有的陈述、申辩、要求听证等权利。第 62 条规定，行政机关及其执法人员在作出行政处罚决定之前，未依照本法第 44 条、第 45 条的规定向当事人告知拟作出的行政处罚内容及事实、理由、依据，或者拒绝听取当事人的陈述、申辩，不得作出行政处罚决定；当事人明确放弃陈述或者申辩权利的除外。

所以本题的答案是 ACD。

9. 答案：ABD。①②③④⑥⑦⑧是《行政许可法》第4条至第10条分别规定的基本原则。在《行政许可法》的第5章虽然规定了行政许可原则上不得收取任何费用，但是基于以下两个原因：第一，"不收费"没有规定在总则中；第二，更重要的是，行政许可的基本原则必须能够贯穿整个行政许可的全过程或者重要阶段，而收费问题显然不满足这一要求，所以不足以称为基本原则。

10. 答案：ACD。参见《行政许可法》第12条规定。注意：第一，"设定"与第16条"规定"的区别就在于"设定"的首次创设性，从无到有；"规定"则是在某项许可设定的前提和范围内作具体化的可操作性的规定。第二，本条仅仅规定了"可以设定"的事项，但是还需要设定许可的特别法作出规定，不能直接以此条规定要求相对人就某些活动申请行政许可。

11. 答案：ACD。国务院可以在必要时，采用发布决定的方式设定行政许可。参见《行政许可法》第14条第2款规定，故A项正确。地方规章中只有省级地方规章享有行政许可设定权，故珠海市政府无权创设行政许可。参见第15条规定，故B项错误。部门规章和地方规章都享有行政许可规定权。参见第16条规定，故C项和D项都正确。

12. 答案：AB。根据《行政许可法》第20条、第21条两条的规定，省级人民政府可以在两种情况下停止某项行政许可的实施：（1）如果是该省级人民政府自己设定的临时性许可，根据第13条所列方式能够解决的，自己就可以决定修改或者废止该行政许可；（2）如果是行政法规设定的行政许可，省级人民政府要想在本区域停止实施的话，就必须满足经国务院批准且该行政许可是有关经济事务的条件。而本题题干并没有限定属于后一种情况，所以C、D两项是错误的。

13. 答案：AD。参见《行政许可法》第22条、第23条、第24条规定。

14. 答案：BCD。根据《行政许可法》第25条的规定，只有经国务院批准，省、自治区、直辖市人民政府才可以决定一个行政机关行使有关行政机关的行政许可权，而A项由市人民政府决定，是错误的；B、C、D项参见《行政许可法》第26条第2款的规定，要注意的是，该款规定的是"可以"而不是"应当"或"必须"，这与该条第1款的硬性规定不同，因此，D项做法也是合法的。

15. 答案：BD。参见《行政许可法》第29条、第31条规定。第29条并没有规定必须以书面形式提出申请，对于一些简单的行政许可，如在特定区域临时停车的申请，就应该允许相对人口头提出申请；第29条第2款规定申请人可以委托代理人提出行政许可申请，故申请人不一定要亲自到行政机关办公地点。但是依法应当由申请人到行政机关办公场所提出行政许可申请的除外。

16. 答案：ABCD。A、B、C三项分别参见《行政许可法》第29条、第30条、第31条的规定。关键是D项，对于某些行政许可事项的申请，分为若干阶段或事宜，其中某些阶段或事宜必须由申请人亲自参加，比如说申请驾驶执照中参加驾驶资格考试、接受个人身体检查，都是具有人身属性不可代理的；但是对于申请驾照的其他非具有人身属性的申请事宜，申请人仍然可以委托他人代理。故D项是正确的。

17. 答案：CD。A、B参见《行政许可法》第36条的规定；C、D项参见第47条的规定。

18. 答案：AC。参见《行政许可法》第42条第1款的规定。

19. 答案：ABD。A、B项参见《行政许可法》第55条第2款的规定；而第44条规定："行政机关作出准予行政许可的决定，应当自作出决定之日起十日内向申请人颁发、送达行政许可证件，或者加贴标签、加盖检验、检测、检疫印章。"该条并没有但书或例外规定，所以并不能要求行政机关当场在生猪身上加盖检疫印章，故C项错误，D项正确。

20. 答案：BC。A项参见《行政许可法》第46条、第48条的规定，可见只有依职权举行的听证才必须向社会公告，故A项错误；

B、D项参见第48条第1款第3项、第4项的规定；C项参见第48条第2款的规定。

21. 答案：ABC。A、B、C项参见《行政许可法》第46条的规定；D项是第36条规定的行政机关在审查行政许可事项时应当告知利害关系人的条件，并非依职权举行听证的条件。

22. 答案：AD。《行政许可法》没有明确规定行政机关对行政许可的申请，如果在法定期限内未答复申请人，究竟结果如何。但是根据行政法学理论，不能视为准予许可，故A项错误。参见第32条第1款第4项的规定，故B项正确。参见《行政许可法》第50条第2款的规定，故C项正确，D项错误。

23. 答案：AB。参见《行政许可法》第60条规定。注意：（1）负有监督检查之责的上级行政机关不限于上一级行政机关；（2）该条规定并不排除人大、法院对行政机关实施行政许可的监督，只是人大的监督是整体的监督，一般不对个案监督；而法院的监督是事后监督。上级行政机关的监督一般是日常性的、整体与个案、事中与事后相结合的监督。

24. 答案：ABD。本题考查行政许可的注销。《行政许可法》第70条规定，有下列情形之一的，行政机关应当依法办理有关行政许可的注销手续：（1）行政许可有效期届满未延续的；（2）赋予公民特定资格的行政许可，该公民死亡或者丧失行为能力的；（3）法人或者其他组织依法终止的；（4）行政许可依法被撤销、撤回，或者行政许可证件依法被吊销的；（5）因不可抗力导致行政许可事项无法实施的；（6）法律、法规规定的应当注销行政许可的其他情形。故ABD为应选项。C项中，根据《行政许可法》第50条第2款之规定，行政机关逾期未作出是否准予延期决定的，视为准予延续。因此，李某申请延续采矿许可，自然资源管理部门在规定期限内未予答复的，视为准予延续，而非注销许可证件。故正确答案是ABD。

25. 答案：AC。根据《行政许可法》第46条规定，法律、法规、规章规定实施行政许可应当听证的事项，或者行政机关认为需要听证的其他涉及公共利益的重大行政许可事项，行政机关应当向社会公告，并举行听证。据此，A选项正确。根据同法第47条规定，行政许可直接涉及申请人与他人之间重大利益关系的，行政机关在作出行政许可决定前，应当告知申请人、利害关系人享有要求听证的权利。据此，《行政许可法》没有就该种情况对行政机关设定公告的义务，故B选项错误。根据同法第24条规定，行政机关在其法定职权范围内，依照法律、法规、规章的规定委托其他行政机关实施行政许可的，委托机关应当将受委托行政机关和受委托实施行政许可的内容予以公告。据此，C选项正确。根据同法第69条第2款规定，被许可人以欺骗、贿赂等不正当手段取得行政许可的，应当予以撤销，但行政机关无向社会公告的义务。据此，D选项错误。

26. 答案：ABCD。根据《行政许可法》第15条第2款规定："地方性法规和省、自治区、直辖市人民政府规章，不得设定应当由国家统一确定的公民、法人或者其他组织的资格、资质的行政许可；不得设定企业或者其他组织的设立登记及其前置性行政许可。其设定的行政许可，不得限制其他地区的个人或者企业到本地区从事生产经营和提供服务，不得限制其他地区的商品进入本地区市场。"据此AC选项违反行政许可法。根据《行政许可法》第59条规定："行政机关实施行政许可……所收取的费用必须全部上缴国库，任何机关或者个人不得以任何形式截留、挪用、私分或者变相私分。财政部门不得以任何形式向行政机关返还或者变相返还实施行政许可所收取的费用。"故B选项违反了行政许可法。根据《行政许可法》第16条第4款规定："……对行政许可条件作出的具体规定，不得增设违反上位法的其他条件。"D选项中地方性法规规定申请建设工程规划许可证，需安装建设主管部门指定的节能设施，实际上是增设了违反上位法的其他条件，D选项也当选。

27. 答案：BC。听证是《行政处罚法》确立的对影响相对人权益较重的处罚，为避免错误，由行政机关在处罚前听取被处罚人陈述事实、申辩理由的制度。适用听证的行政行为为法定的行政处罚。A 选项所述行政行为属于《行政强制法》调整的对象，虽然标的很大但不是行政处罚，只是行政强制措施，尚无实体处罚，所以不应当举行听证。《行政处罚法》第 63 条规定，行政机关作出责令停产停业、吊销许可证件、较大数额罚款等行政处罚决定之前，应当告知当事人有要求举行听证的权利；当事人要求听证的，行政机关应当组织听证。B 选项交通局吊销某运输公司的道路运输经营许可证属于上述规定中的应告知听证的情形，所以 B 项应选。而 D 项不属于上述情形，D 项不选。《行政许可法》第 47 条第 1 款规定，行政许可直接涉及申请人与他人之间重大利益关系的，行政机关在作出行政许可决定前，应当告知申请人、利害关系人享有要求听证的权利；申请人、利害关系人在被告知听证权利之日起 5 日内提出听证申请的，行政机关应当在 20 日内组织听证。所以 C 项应选。

28. 答案：ABCD。《行政许可法》第 70 条规定："有下列情形之一的，行政机关应当依法办理有关行政许可的注销手续：（一）行政许可有效期届满未延续的；（二）赋予公民特定资格的行政许可，该公民死亡或者丧失行为能力的；（三）法人或者其他组织依法终止的；（四）行政许可依法被撤销、撤回，或者行政许可证件依法被吊销的；（五）因不可抗力导致行政许可事项无法实施的；（六）法律、法规规定的应当注销行政许可的其他情形。"A 项符合第 1 项，B、C 项符合第 4 项，D 项符合第 2 项，所以 A、B、C、D 都为正确选项。

29. 答案：ACD。行政许可的听证按照下列程序进行：（1）行政机关应当于举行听证的 7 日前将举行听证的时间、地点通知申请人、利害关系人，必要时予以公告；（2）听证应当公开举行；（3）行政机关应当指定审查该行政许可申请的工作人员以外的人员为听证主持人，申请人、利害关系人认为主持人与该行政许可事项有直接利害关系的，有权申请回避；（4）举行听证时，审查该行政许可申请的工作人员应当提供审查意见的证据、理由，申请人、利害关系人可以提出证据，并进行申辩和质证；（5）听证应当制作笔录，听证笔录应当交听证参加人确认无误后签字或者盖章。ACD 选项准确。行政许可的听证应当公开，因此，公开是原则，行政机关并不能自行裁量决定。除非有法定理由，如根据《行政许可法》的规定，行政许可的实施和结果，除涉及国家秘密、商业秘密或者个人隐私的外，应当公开。因此，除非有涉及国家秘密、商业秘密或者个人隐私的情况，均应当公开。B 选项错误。

30. 答案：ACD。撤销行政许可的原因，在于该许可授予阶段存在某些违法行为，导致该许可行为成为"可撤销的行政行为"。例如：被许可人以欺骗、贿赂等不正当手段取得行政许可的情形就应当撤销。行政许可的撤销是单独的行政行为，不是行政处罚。行政处罚是指行政机关依法对违反行政管理秩序的公民、法人或者其他组织，以减损权益或者增加义务的方式予以惩戒的行为。行政处罚的目的在于制裁惩戒违法行为人。而本题，肖某本来不符合颁发《林木采伐许可证》的条件，但是肖某通过递交虚假材料骗得《林木采伐许可证》，县综合审批局撤销颁发给肖某的《林木采伐许可证》，属于恢复原状，并不以制裁惩戒为目的，因此，不属于行政处罚。B 选项错误。

不定项选择题

1. 答案：BD。本题综合考查行政许可。①—⑩项分别参见《行政许可法》第 15 条、第 16 条、第 24 条、第 28 条、第 41 条、第 46 条、第 50 条、第 53 条、第 57 条、第 58 条的规定。

2. 答案：C。参见《行政许可法》第 2 条、第 3 条规定。对于申请专利、商标注册的问题，由于专利、商标发明均不以普遍禁止为前提，不同于行政许可对一般禁止的解除，因此不适用《行政许可法》，故 A 项不选。专利权人授予他人专利使用权的许可显然不属于行政行为，故 B 项不符合第 2 条对"行政许可"的定义。第 3 条第 2 款规定："有关行政机关对其他机关或者对其直接管理的事业单位的人事、财务、外事等事项的审批，不适用本法。"故 D 项行为不属于本法所调整的对象。C 项行为的结果虽然是不许可，但行为的性质是行政许可。

3. 答案：ABD。参见《行政许可法》第 8 条规定。

4. 答案：D。参见《行政许可法》第 8 条规定。A 项行政机关依职权吊销了甲的驾驶执照，不符合补偿条件；B、C 项参见第 69 条规定，B 项乙通过贿赂取得的许可被撤销后，其利益不受保护。C 项符合行政机关赔偿的条件，但不适用补偿。

5. 答案：AD。参见《行政许可法》第 14 条、第 15 条的规定。

6. 答案：ABCD。参见《行政许可法》第 15 条、第 17 条、第 18 条、第 19 条、第 20 条规定。

7. 答案：AB。参见《行政许可法》第 26 条第 1 款规定。

8. 答案：AC。A 项参见《行政许可法》第 23 条规定。注意：该条最后一句话是"被授权的组织适用本法有关行政机关的规定"。因此，尽管一般来说行政许可的委托主体是行政机关，但是被授权主体在法律、法规没有相反规定时，也可以委托其他行政机关实施行政许可。所以 C 项也正确。B 项参见第 27 条规定。D 项参见第 24 条第 3 款规定。

9. 答案：D。参见《行政许可法》第 47 条、第 48 条的规定。第 47 条规定的"五日"和"二十日"都是不变期间，故 A 项错误。无论是申请人还是利害关系人要求举行听证的，都不用承担听证费用，以体现便民原则，故 B 项错误。行政机关应当于举行听证的 7 日前将举行听证的时间、地点通知申请人、利害关系人，故 C 项错误。

10. 答案：A。参见《行政许可法》第 57 条的规定。

11. 答案：AB。参见《行政许可法》第 58 条第 1 款、第 2 款规定。注意，规章不能作出行政许可例外收费的规定。

12. 答案：BD。参见《行政许可法》第 69 条的规定。

名词解释

1. 答案：行政给付系指行政主体根据相对人的申请，依据国家法规，考虑相对人的具体条件，而决定无偿给予一定财物的行政行为。这种意义上的行政给付，具有下列法律特征：

   第一，财物性。行政给付表现为行政主体给予相对人一定的财物，以金钱或物质为给付内容。不具有"财物性"的给付不属于这种意义上的行政给付。第二，单向性。国家（通过行政主体）向相对人支付财物，所以具有行政主体针对行政相对人的单向性。第三，无偿性。行政给付是国家针对一些生活困难者或其他需要救助的情况，依据法规给予救助的行为，它是国家福利政策的表现，因而是无偿的。任何对价性的、有偿性的支付均不属行政给付。第四，依申请性。行政给付属于依申请行为而不是依职权行为。

2. 答案：行政许可指特定的行政主体根据行政相对人的申请，经依法审查，作出准予或不准予其从事特定活动之决定的行政行为。

简答题

1. 答案：申请许可证必须具备下列条件：当事人的申请必须向有权颁发许可证的行政机关提出；申请的内容必须是针对法律所不禁止的事项；申请人必须具备从事所申请许可的活动的行为能力；申请人要有明确的申请许可的意思表示。

2. 答案：依申请行政行为，是指行政主体基于行政相对人的申请而作出的行政行为，其具有多种多样的形式；但总的来说主要表现为受理、审核、批准（或拒绝）三个阶段。其程序可归纳为如下几个步骤：

   （1）提出申请，当事人必须以书面形式向行政主体提出申请，并在申请书中列明所申请的内容、理由、有关证明等。

   （2）申请的要件审查与受理，对书面文

件进行形式的审查，符合法定条件的予以受理，所提交材料不全面的，责令补正。

(3) 审核，即审查、核实申请是否符合有关法定条件。

(4) 批准（或拒绝）申请。

(5) 对不予批准的救济程序。根据《行政复议法》和《行政诉讼法》的规定，行政相对人认为符合法定的行政许可条件而提出申请，行政主体拒绝行政许可或者不予答复的可以向行政复议机关申请行政复议，或者向人民法院提起行政诉讼。

3. **答案**：行政给付，亦称行政物质帮助，是指行政主体在公民年老、疾病或丧失劳动能力等情况下，以及在公民下岗、失业、低经济收入或遭受天灾、人祸等特殊情况下，根据申请人的申请，依照有关法律、法规、规章或政策的规定，赋予其一定的物质权益或者与物质有关的权益的具体行政行为。其应遵循的原则主要有：

(1) 公平、公正、平等原则

行政给付，其目的在于赋予特定行政相对人一定的物质权益或者与物质权益有关的权益，应坚持公平、公正的原则，对符合条件的公民一律平等地实施，不允许有差别对待。对于行政给付的申请，行政机关通常只要没有正当的理由便不得拒绝给付。

(2) 信赖保护与持续给付的原则

除一次性或者临时性发放的行政给付外，大多数行政给付是定期性的，应当进行连续的、稳定的供给。有时因情况发生了变化，需要改变有关基准时，应以法律或者行政法规的形式予以规定，对行政方面的改变权应设置适当的限制。

(3) 行政给付与助成性行政指导相结合的原则

狭义的行政给付只是金钱或者实物的支付活动，对于确保人们的生活达到一定水准具有立竿见影的效果。但是，从长远来看，从整个社会协调发展的角度来看，为了达到标本兼治的目的，必须坚持行政给付与助成性行政指导相结合的原则。

(4) 程序规范、透明的原则

行政给付作为行政机关的一种法律行为，须按照一定程序实施。

4. **答案**：行政许可是指行政主体应相对人的申请而赋予其从事某种为法律所一般禁止事项的权利和资格的具体行政行为。它是一种赋权行为、解禁行为、依申请行为、要式行政行为。行政审批有广义和狭义之分，广义的行政审批是指行政机关对行政相对人申请的任意事项进行审查批准的行政活动。狭义的行政审批专指行政许可。行政许可法颁布以前，行政实践中多采用行政审批的提法，所以理论上有人将二者等同起来。其实，二者还是有一定区别的：(1) 行政许可的范围较为狭窄，要求更为严格；就行政许可内容而言，相对人申请的事项是法律、法规、规章作了一般性禁止的事项或活动。(2) 行政审批还可能发生在行政主体之间或行政主体与行政公务人员之间，而行政许可只能发生在行政主体与行政相对人之间。

论述题

1. **答案**：行政许可是行政机关根据行政相对人的申请，以书面证照或其他方式允许相对人从事某种行为，确认某种权利，授予某种资格和能力的行为。行政许可具有如下特点：第一，许可行为的主体是行政机关，而不是其他公民、法人或组织。一般的社会团体、自治协会向其成员颁发资格证书及许可性文件的行为不是行政许可行为。公民、法人之间允许对方从事某种活动的行为也不能称为行政许可。第二，行政许可是为实施行政管理的目的而为的。许可制度是世界各国普遍使用的对社会和经济进行管理的主要制度。第三，行政许可的内容是国家一般限制或禁止的活动。许可行为是对符合条件的对象解除限制或禁止的活动。许可行为是对符合条件的对象解除限制或禁止，允许其从事某项活动、享有特定权利和资格的行为。第四，行政许可是依据相对人申请而作出的行政行为，被称为被动性行为。第五，许可的相对人既可以是公民，也可以是法人和其他组织。

第六，许可事项必须有明确的法律规定。许可是建立在普遍限制和禁止基础上的解禁行为。因而，对大多数人而言，它是限制公民法人活动自由的行为。

行政许可程序是指有关许可证的申请、审查、核发、拒绝、修改、更换、中止、废止、撤销、转让、收费等一系列步骤过程及规则的总称。行政许可程序具体包括：(1) 申请程序。公民、法人或其他组织向行政机关提出许可申请，必须履行法定的申请程序。申请程序应包括下列要素：申请人有明确的意思表示；申请应当在一定期限内提出。(2) 审查处理程序。许可机关收到申请后，依照法定标准对申请人和申请事项进行全面审核。主要包括以下几个方面：①申请人资格审查；②申请书及附录材料的形式要件审查；③申请事项的实质要件审查；④有关资格的许可还须审查申请人是否通过规定考核或确认然后才发放许可证；⑤核实申请内容。行政许可的审查期限。审查期限是许可程序的重要环节，只有在规定的期限内决定是否发放许可证才能确保行政效率和相对人利益。行政许可机关对申请人提出的申请审查之后，一般可能作出两种决定，一是不予批准、拒绝核发许可证及其他证照；二是予以批准、决定发放许可证和其他证照。(3) 变更程序。取得许可的相对人，其活动超出范围的应向许可机关申请变更许可内容。许可机关在监督检查的过程中发现相对人的活动明显超越许可范围的，亦可主动变更之。这种变更实际上是对原许可证的修改，一般需行政许可机关审查后重新核发许可证。(4) 注销程序。许可证持有人违反要求不再适宜持有许可证或许可证的有效期限届满或许可活动完成后，该证自然失去效力，发放许可证依据的法律法规被废止撤销后，许可证也自然失效。对于已失效的许可证，应由发放许可证的行政机关予以注销。(5) 吊销程序。吊销许可证一般被视为行政处罚的一种形式，指持证人违反许可证规定的内容，从事违法活动，行政机关撤销其许可证以示惩戒。吊销许可证是一种严厉处罚手段，是终止公民法人某项行为能力的重要措施，应辅之以严格的实质程序要件。

行政许可的作用有两个方面，首先由于它能够有效地限制特殊行业和特殊行为，将其纳入国家监控范围，因而在规范、制约公民、法人行为等方面发挥了重要作用；其次许可制度也存在消极的一面，它可能限制公民、法人的公平竞争权，导致和保护垄断行为。具体而言，行政许可制度的作用体现在以下几个方面：(1) 行政许可制度有利于维持经济秩序，保护国家资源和生态环境。(2) 行政许可制度有利于维护社会秩序和公共安全，保障公民人身财产权利不受侵犯。行政许可制度是防范不法行为、保障公共安全的重要手段。行政机关还可以通过职业许可、资源许可等制度，限制某种特殊活动的从业人数和从业条件，保证某种特殊活动向社会提供符合质量、数量、比例结构合理的服务。此外行政许可制度还可以起到保护公民、法人和其他组织人身权、财产权，抵制各类非法侵害的作用。(3) 行政许可制度对于促进社会经济发展具有重要意义。随着许可证应用领域的扩展，社会的不断变化，许可制度的作用已不仅仅是消极地保护公益免受侵害而是积极地干预经济社会生活，保证国家经济健康发展，促进社会公益事业，为经济上的弱者提供救济。许可制度的作用还表现在为其他管理手段提供有效协助。例如，在有些国家，许可行为还是国家征税纳物的重要手段，一方面可以控制从业数量，另一方面又可以增加财政收入。

2. 答案：《行政许可法》所确立的基本制度和原则，包括在该法总则中予以明确规定的和体现在具体条文中的，归纳起来，主要有以下几个方面：

(1) 依法设定和实施行政许可，建设"有限政府"

行政许可制度的建立须有法律依据，其运行过程不得违背法律，应当按照法律规定的权限、范围、条件和程序进行，纠纷的解决同样必须依照法律进行。所有行政机关都必须依据行政法律规范行使许可权，并以行政法律规范所确定的内容和程序实施对行政事务和社会公共事务的管理。同时，行政相对人也必须遵守行政法律规范，服从行政机关的管理。

《行政许可法》确立了行政许可法定的原则，要求依照法定的权限、范围、条件和程序来设定和实施行政许可。

《行政许可法》对行政许可的范围作出明确界定，在列举可以设定行政许可的六类事项的基础上，确立了进一步限制的原则，即对上述六类事项，如果能通过如下途径予以规范的，可以不设行政许可：①公民、法人或者其他组织能够自主决定的；②市场竞争机制能够有效调节的；③行业组织或者中介机构能够自律管理的；④行政机关采用事后监督等其他行政管理方式能够解决的。

（2）信息公开、公平合理、一视同仁

公开、公平、公正的原则，是现代行政程序法的重要原则，它要求有关行政管理的所有信息，除涉及国家秘密、商业秘密和个人隐私外，都应当公开，行政管理过程中必须充分反映公共利益和个体利益以及个体利益之间的均衡，实现公平、公正的目的价值。

我国《行政许可法》明确规定了公开、公平、公正的原则，并确立了相应的制度。有关行政许可的事项、条件、标准和程序要求的规定应当公布；未经公布的，不得作为实施行政许可的依据。并且，行政许可的实施程序和结果应当公开，接受相对人和社会公众的监督。行政机关实施行政许可，根据其性质，有的必须经过公开招标、拍卖等公平竞争程序，有的必须以经过统一考试为前提，有的必须事先依技术标准和技术规范进行检验、检测、检疫，凡未经过这些法定程序的，所实施的行政许可行为将被有权机关撤销或者确认为无效。

（3）便民第一、办事高效、优质服务

《行政许可法》将便民、高效和优质服务规定为基本原则，并为此确立了一系列相应的规则和制度，使这部法律充满了"亲民"色彩。

①贯彻"精简、统一、效能"原则，相对集中行使行政许可权。《行政许可法》规定，经国务院批准，省、自治区、直辖市人民政府根据精简、统一、效能的原则，可以决定一个行政机关行使有关行政机关的行政许可权。（"一个窗口对外"）（"一站式服务"）（"政府超市"）

②优质服务，遵守时限，申请处理程序化。行政许可必须贯彻效率的原则，严格遵守法律规定的期限。首先，行政机关必须及时受理行政许可申请。其次，行政许可机关应该及时进行实质审查。再次，行政机关应当及时颁发许可证或者执照，同时告知拟拒绝其申请的相对人不予许可的事宜及其理由。最后，行政机关应及时对有关行政许可的纠纷作出处理决定。

③灵活多样的申请方式，规范有序的经费制度。

行政机关实施行政许可和对行政许可事项进行监督检查，不得收取任何费用。

（4）保障相对人的陈述权、申辩权和寻求救济权

公民、法人或者其他组织对行政机关实施行政许可，享有陈述权、申辩权；有权依法要求听证；有权依法申请行政复议或者提起行政诉讼；其合法权益因行政机关违法实施行政许可受到损害的，有权依法要求赔偿。

（5）确立对行政许可相对人的信赖保护原则

公民、法人或者其他组织依法取得的行政许可受法律保护，行政机关不得随意变更、撤销已经生效的行政许可。只有行政许可所依据的法律、法规、规章修改或者废止，或者准予行政许可所依据的客观情况发生重大变化时，为了公共利益的需要，行政机关可以依法变更或者撤回已经生效的行政许可。

（6）规范和约束权力，保障法制统一

《行政许可法》对行政许可设定权和规定权作出严格规定：没有赋予国务院各部委任何行政许可的设定权；对地方政府的许可设定权亦加以严格的限制。尚未制定法律、行政法规的，地方性法规可以设定行政许可；省、自治区、直辖市政府只能在尚未制定法

律、行政法规和地方性法规的情况下,因行政管理急需而设定不超过一年期限的临时性行政许可。下位法规范只能在上位法规范设定行政许可的范围内作出具体规定。

(7)建立监督检查制度,实行民主制约

县级以上人民政府应当建立健全对行政机关实施行政许可的监督制度,加强对行政机关实施行政许可的监督检查。同时,应当建立健全对被许可人的监督检查制度,对公民、法人或者其他组织从事行政许可事项的活动实施有效监督。

第八章　负担行政行为

☑ **单项选择题**

1. **答案**：C。本题考查行政征用的概念。
2. **答案**：C。本题考查行政征收的概念。
3. **答案**：A。吊销驾驶证是行政处罚的行为，其他几项都不是。
4. **答案**：B。本题考查行政征收的概念。
5. **答案**：D。行政拘留是人身自由罚。警告是申诫罚。没收非法财物是财产罚。
6. **答案**：A。行政征收的实施必须以相对方负有行政法上的缴纳义务为前提，是单方行政行为。
7. **答案**：B。《行政处罚法》第72条第1款规定："当事人逾期不履行行政处罚决定的，作出行政处罚决定的行政机关可以采取下列措施：（一）到期不缴纳罚款的，每日按罚款数额的百分之三加处罚款，加处罚款的数额不得超出罚款的数额；（二）根据法律规定，将查封、扣押的财物拍卖、依法处理或者将冻结的存款、汇款划拨抵缴罚款；（三）根据法律规定，采取其他行政强制执行方式；（四）依照《中华人民共和国行政强制法》的规定申请人民法院强制执行。"行政行为具有执行力，行政行为一旦作出，相对人必须履行，相对人不履行该行为，行政机关有权自行强制执行或申请人民法院强制执行。
8. **答案**：B。行政强制执行是个人、组织不履行法定的义务，行政机关依法强制其履行义务的行政行为。行政处罚是国家特定的行政机关依法惩戒违反行政管理秩序的个人、组织的一种单方的行政行为，属于行政制裁范畴。
9. **答案**：B。吊销违法者的经营许可证是典型的行政处罚行为。
10. **答案**：B。行政强制执行措施一般是在对行政行为强制执行的过程中产生，其存在的前提是为了执行已经存在的某项具体行政行为。本题中，扣押物品的行为之前不存在一个具体的行政行为，因此只能认定为一个具体的行政行为，而不是行政强制执行措施。故A选项错误。所谓事实行为，是指国家机关和国家机关工作人员实施的不发生法律效果，或虽发生法律效果，但效果的发生是外界的某种事实状态所致的行为。李某殴打甲的行为，属于事实行为，也属于职务行为，B选项正确。对于违法违规经营的小摊贩，城管局在法律法规规定范围内对相关物品进行扣押，属于合法行为。该扣押行为必须与李某打伤甲的行为予以分开，所以尽管甲被打伤，但是扣押甲物品的行为并不违法。根据《国家赔偿法》规定，行政机关工作人员在行使行政职权时，以殴打等方式造成公民身体伤害或者死亡的，受害人有取得赔偿的权利，赔偿是指"国家赔偿"。本题中，李某在执法过程中打伤甲，属于在行使行政职权过程中致人伤害，按照《国家赔偿法》规定应由李某所在城管局对甲予以赔偿，城管局赔偿后可按《国家赔偿法》相关规定对李某予以追偿。据此，D选项错误。
11. **答案**：D。行政处罚中的警告属于影响声誉的处罚。
12. **答案**：D。开除公职属于行政处分。
13. **答案**：B。行政强制措施与行政强制执行共同点在于：两者都是以强制的方式实现行政目的。
14. **答案**：A。行政强制执行包括间接强制执行与直接强制执行。间接强制执行，是指通过间接手段迫使义务人履行义务或达到与履行义务相同状态的强制措施。间接强制执行又分为代执行和执行罚：（1）代执行，是指义务人不履行义务时，由他人代替其履行，并由义务人支付执行费用的强制执行方式。代执行的义务只能是他人可以代替的作为义务，而其他义务不能使用这一方式。（2）执行罚，又称为"强制金"，是指义务人不履行义务时，执行机关科以新的金钱给付义务，促使义务人履行义务的强制执行方式。据此，滞纳金属于间接强制执行措施。A 项对，B、C、D 项错，直接强制执行，是指针对义务人的人身、财产或行为，直接采取强制手段使义务得到履行或者达到与履行义务相同的状态。据此，强制划拨、查封、强制服兵役均属于直接强制执行措施。

15. 答案：D。A 项错，D 项对，行政强制执行与行政强制措施的区别在于：行政强制执行的目的是义务的履行，因此以义务人不履行义务为前提；而行政强制措施的目的在于使当事人的人身与财产保持一定状态，从而预防、制止违法行为或危险状态的发生，或保全证据等，它不以义务人不履行义务为必要的前提；行政强制执行的主体包括行政机关和人民法院；而行政强制措施的主体只有行政主体。综上所述，本题中公安机关的扣车行为属于行政强制措施。B 错，行政征收，是指行政机关根据法律的规定，强制地、无偿地向行政相对人征收一定数额的金钱或实物的行政行为。C 错，行政处罚，是指享有行政处罚权的行政机关或法律、法规授权的组织，对违反行政法律规范、依法应当给予处罚的行政相对人所实施的法律制裁行为。包括警告、罚款、没收违法所得和没收非法财物，责令停产停业，暂扣或者吊销许可证、执照，行政拘留，法律、行政法规规定的其他行政处罚等。

16. 答案：C。代执行是行政强制执行机关或第三人代替履行行政行为所确立的可代替作为义务，并向义务人征收必要费用的强制执行措施，本题属典型的代执行。行政处罚包括人身罚、财产罚、申诫罚。财产罚有罚款与没收两种，行为罚有责令停产停业、吊销许可证、营业执照。行政收费是行政征收之一种，如公路养路费、港口建设费、教育费附加等属行政收费。行政强制执行中分间接强制与直接强制，间接强制包括代执行与执行罚。直接强制包括人身强制，如强制拘留、强制传唤、强制隔离等，财产强制如通知银行强制划拨、强制销毁等。故 A、B、D 项不对。

17. 答案：D。本题考查的是行政处罚中没收非法财物的范围。本题中刘某用于购买毒品的 3000 元属于非法财物，而 1 万元余款则属于张某所有，故应当返还。

18. 答案：C。本题考查的是水上当场收缴罚款后的处理程序。《行政处罚法》第 71 条规定，执法人员当场收缴的罚款，应当自收缴罚款之日起 2 日内，交至行政机关；在水上当场收缴的罚款，应当自抵岸之日起 2 日内交至行政机关；行政机关应当在 2 日内将罚款缴付指定的银行。故本题答案为 C。

19. 答案：B。本题考查行政处罚的种类。参见《行政处罚法》第 9 条规定。责令停产停业是针对营利性组织违反行政法律规范的一种行为罚。A 项责令限期治理和 D 项责令退还土地，是行政机关督促违法行为人自行主动纠正违法行为，不是行政处罚；C 项责令赔偿损失是行政机关促使违法行为人对自己的违法行为向受害人承担民事责任，也不属于行政处罚。

20. 答案：A。本题考查行政处罚的设定，参见《行政处罚法》第 10 条规定。

21. 答案：D。本题考查行政处罚的设定。参见《行政处罚法》第 16 条规定。

22. 答案：B。本题考查行政拘留的实施机关。参见《行政处罚法》第 18 条规定。

23. 答案：C。本题考查行政处罚的实施机关。参见《行政处罚法》第 20 条第 4 款。值得一提的是，该文件中的"授权"实为"委托"。

24. 答案：D。本题考查行政处罚的管辖。参见《行政处罚法》第 25 条第 2 款规定。

25. 答案：C。本题考查"一事不再罚"原则的含义。参见《行政处罚法》第 29 条规定。

26. 答案：D。根据《行政处罚法》第 13 条第 1 款的规定可知，国务院部门制定的规章可以在法律、行政法规规定的给予行政处罚的行为、种类和幅度的范围内作出具体规定。据此，本题中的规章超出了行政法规规定的行政处罚范围，因此违法。

27. 答案：D。除法律、法规、规章外的其他规范性文件都不得对行政处罚加以创设。据此，行政机关制定的除行政法规和规章外的其他规范性文件均没有行政处罚设定权。

28. 答案：A。参见《行政处罚法》第 35 条规定。

29. 答案：C。《行政处罚法》第 22 条规定："行政处罚由违法行为发生地的行政机关管辖。法律、行政法规、部门规章另有规定的，从其规定。"据此，行政处罚地域管辖权的划分原则是违法行为发生地的行政机关管辖。

30. 答案：D。《行政处罚法》第 36 条："违法行为在二年内未被发现的，不再给予行政处罚……法律另有规定的除外。前款规定的期限，从违法行为发生之日起计算；违法行为有连续或者继续状态的，从行为终了之日起计算。"据此，本题中的违法情形已超过追诉时效，市场监督管理机关对此行为不再给予行政处罚。

31. 答案：C。《行政处罚法》第 57 条第 2 款规定："对情节复杂或者重大违法行为给予行政处罚，行政机关负责人应当集体讨论决定。"

32. 答案：A。根据《行政处罚法》第 68 条、第 69 条规定，当场收缴罚款的情形有以下三种：（1）100 元以下罚款；（2）不当场收缴事后难以执行的；（3）在边远、水上、交通不便地区，当事人向指定的银行缴纳罚款确有困难，经当事人提出的，行政机关及其执法人员当场收缴罚款。

33. 答案：A。参见《行政处罚法》第 70 条规定。

34. 答案：C。根据《行政处罚法》第 19 条规定，行政处罚授权必须是法律、法规的明确授权，不包括规章；接受授权的组织必须具有管理公共事务的职能；接受授权的组织应在法定授权范围内实施行政处罚。据此，C 项表述错误，ABD 三项表述正确。

35. 答案：B。参见《行政处罚法》第 72 条规定。

36. 答案：B。参见《行政处罚法》第 61 条第 1 款规定。

37. 答案：D。本题考查行政处罚的设定。《行政处罚法》第 10 条至第 16 条。

38. 答案：B。本题考查行政处罚的程序及执行。《行政处罚法》第 45 条规定，当事人有权进行陈述和申辩。行政机关必须充分听取当事人的意见，对当事人提出的事实、理由和证据，应当进行复核；当事人提出的事实、理由或者证据成立的，行政机关应当采纳。行政机关不得因当事人申辩而加重处罚。第 51 条规定，违法事实确凿并有法定依据，对公民处以 200 元以下、对法人或者其他组织处以 3000 元以下罚款或者警告的行政处罚的，可以当场作出行政处罚决定。法律另有规定的，从其规定。第 68 条规定，依照本法第 51 条的规定当场作出行政处罚决定，有下列情形之一的，执法人员可以当场收缴罚款：（1）依法给予 100 元以下的罚款的；（2）不当场收缴事后难以执行的。

39. 答案：B。《行政处罚法》第 42 条规定，行政处罚应当由具有行政执法资格的执法人员实施。执法人员不得少于两人，法律另有规定的除外。执法人员应当文明执法，尊重和保护当事人合法权益。

40. 答案：D。当场处罚的收据应由省、市、自治区财政部门统一制发；使用非法定部门制发的罚款收据当事人有权拒绝处罚并有权予以检举，见《行政处罚法》第 70 条、第 77 条。

41. 答案：C。《行政处罚法》第 4 条规定，公民、法人或者其他组织违反行政管理秩序的行为，应当给予行政处罚的，依照本法由法律、法规或者规章规定，并由行政机关依照本法规定的程序实施。没有法定依据或者不遵守法定程序的，行政处罚无效。

42. 答案：C。《行政处罚法》第 81 条规定，行政机关违法实行检查措施或者执行措施，给公民人身或者财产造成损害、给法人或者其他组织造成损失的，应当依法予以赔偿，对直接负责的主管人员和其他直接责任人员依法给予处分；情节严重构成犯罪的，依法追究刑事责任。

43. 答案：D。参照《行政处罚法》第 63 条规定。

44. 答案：D。罚款收缴原则是罚、收分离。

45. 答案：A。参照《行政处罚法》第 64 条规定。

46. 答案：D。参照《行政处罚法》第 67 条、第 71 条、第 72 条规定。

47. 答案：D。《行政处罚法》第 73 条第 1 款规定，当事人对行政处罚决定不服，申请行政复议或者提起行政诉讼的，行政处罚不停止执行，法律另有规定的除外。

48. 答案：C。本题考查行政处罚决定程序中的证据保全措施。C 项对，《行政处罚法》第 56 条规定："行政机关在收集证据时，可以采取抽样取证的方法；在证据可能灭失或者以后难以取得的情况下，经行政机关负责人批准，可以先行登记保存，并应当在七日内及时作出处理决定，在此期间，当事人或者有关人员不得销毁或者转移证据。"AB 错，AB 两项表述中的封存和扣押属于对财产的行政强制执行措施，其直接目的是防止当事人转移、隐匿财产，而不是收集和保全证据。D 错，D 项表述中的提存是民法中的术语，是指由于债权人的原因无法交付标的物时，债务人以将标的物提交有关机关保存的形式偿还债务，从而消灭债权债务关系的民事法律制度，与证据保全无关。

49. 答案：D。本题考查行政处罚成立与无效。行政处罚的"成立与否"与"有效与否"是两个不同的概念。行政处罚不成立，是指行政处罚不具备法定的成立要件，不对外发生法律效力。一个行政处罚成立后并不一定导致其就有效。《行政处罚法》第 4 条规定："公民、法人或者其他组织违反行政管理秩序的行为，应当给予行政处罚的，依照本法由法律、法规、规章规定，并由行政机关依照本法规定的程序实施。"据此，本题中③、④两项所列情形是行政行为无效的法定情形。《行政处罚法》第 45 条第 1 款规定："当事人有权进行陈述和申辩。行政机关必须充分听取当事人的意见，对当事人提出的事实、理由和证据，应当进行复核；当事人提出的事实、理由或者证据成立的，行政机关应当采纳。"《行政处罚法》第 62 条规定："行政机关及其执法人员在作出行政处罚决定之前，未依照本法第四十四条、第四十五条的规定向当事人告知拟作出的行政处罚内容及事实、理由、依据，或者拒绝听取当事人的陈述、申辩，不得作出行政处罚决定；当事人明确放弃陈述或者申辩权利的除外。"综上所述，本题中①、②两项所列情形是法律所规定的行政处罚决定不成立的条件。

50. 答案：B。本题考查行政拘留、行政诉讼被告。

51. 答案：A。A 选项中张某违章驾车属于违法行为，暂扣执照属于《行政处罚法》中法定的处罚种类，据此 A 选项正确。B 选项中该企业没有违法行为，注销营业执照也不属于法定行政处罚的种类。C 选项中传染病患者同样不存在违法行为，卫生行政部门出于公共安全的考虑对其强制隔离应归属于行政强制。D 选项中该食品生产者虽有违法行为，但是责令召回不属于法定的处罚种类。据此只有 A 选项正确。

52. 答案：C。市建设局撤销规划许可证是因为该企业营业执照超过有效期限，不符合许可条件，并不是因为该企业的行政违法行为。据此，A 选项不正确。所谓行政强制措施，是指行政机关对公民、法人或者其他组织的人身和财产直接使用国家强制手段采取的处置措施。一般包括行政监管中采取的强制检查措施、防止和制止危害社会行为的强制控制措施、应对突发公共事件的强制措施、行政强制执行中的强制执行措施。国家机关采取强制措施以当事人必须或者应当履行法律义务为重要前提，而本题中建设局既不是对甲公司的财产采取措施，也不是因为甲公司未履行特定义务而撤销许可证，据此，B 选项不当选。行政检查是指行政机关对公民、法人和其他组织履行法律义务的监督检查，其主要目的是获得公民、法人和其他组织履行法律义务的情况和信息，以作为行政机关作出某种行政行为的前提。很明显，该题中撤销规划许可证的行为本身是行政监督检查的结果，而非行政检查。据此，D 选项不当选。具体行政行为具有违法情形及明显不适当的时候，可以撤销。撤销可以是本机关自行撤销，也可以是其他有权机关撤销。据此，建设局依据《行政许可法》第 69 条的规定对不具备许可条件的人准许许可后而予以撤销的行为是行政行为的撤销。C 选项正确。

53. 答案：C。根据《土地管理法》第 77 条第 1 款规定，农村村民未经批准或者采取欺骗手段骗取批准，非法占用土地建住宅的，由县级以上人民政府自然资源主管部门责令退还非法占用的土地，限期拆除在非法占用的土地上新建的房屋。据此，陈某非法占用土地建住宅，应由县自然资源局作出限期拆除决定，镇政府无权作出拆除决定。同时依据该法第 83 条规定，责令限期拆除在非法占用的土地上新建的建筑物和其他设施的，建设单位或者个人必须立即停止施工，自行拆除；对继续施工的，作出处罚决定的机关有权制止。建设单位或者个人对责令限期拆除的行政处罚决定不服的，可以在接到责令限期拆除决定之日起 15 日内，向人民法院起诉；期满不起诉又不自行拆除的，由作出处罚决定的机关依法申请人民法院强制执行，费用由违法者承担。可见，县自然资源局作出限期拆除决定之后，陈某既不履行又不起诉的，应由县自然资源局申请人民法院强制执行，而无权自行强制执行，镇政府更无权强制执行。据此，正确答案为 C。

54. 答案：C。《行政处罚法》第 56 条规定："行政机关在收集证据时，可以采取抽样取证的方法；在证据可能灭失或者以后难以取得的情况下，经行政机关负责人批准，可以先行登记保存，并应当在七日内及时作出处理决定，在此期间，当事人或者有关人员不得销毁或者转移证据。"本条所规定的"先行登记保存"，在行政法理论上，属于行政强制措施。

根据该条中"在此期间，当事人或者有关人员不得销毁或者转移证据"的表述，将饼干先行登记保存，会导致王某在保存期间不能处理该饼干，影响王某的经营活动，对王某权利义务产生了实质影响，故选项 A 错误。根据该条中"经行政机关负责人批准"的表述，选项 B 错误。根据该条中的"在证据可能灭失或者以后难以取得的情况下"的表述，选项 C 正确。根据该条中"七日内"的表述，质监局将饼干先行登记保存的期限为 1 个月，是违法的，故选项 D 错误。

55. 答案：D。本题为选非题。《行政处罚法》第 59 条规定："行政机关依照本法第五十七条的规定给予行政处罚，应当制作行政处罚决定书。行政处罚决定书应当载明下列事项：（一）当事人的姓名或者名称、地址；（二）违反法律、法规、规章的事实和证据；（三）行政处罚的种类和依据；（四）行政处罚的履行方式和期限；（五）申请行政复议、提起行政诉讼的途径和期限；（六）作出行政处罚决定的行政机关名称和作出决定的日期。行政处罚决定书必须盖有作出行政处罚决定的行政机关的印章。"根据该条第 1 款第 5 项规定，选项 A 说法正确。

根据与相对人之间的权益关系的不同，具体行政行为可以分为授益性和负担性具体行政行为。为相对人授予权利、利益或者免除负担义务的，是授益性具体行政行为；为相对人设定义务或者剥夺其权益的，是负担性具体行政行为。某自然资源局责令陈某拆除房屋，恢复土地原状，是为陈某设定义务，故属于负担性具体行政行为。选项 B 说法正确。

《行政诉讼法》第 46 条第 1 款规定："公民、法人或者其他组织直接向人民法院提起诉讼的，应当自知道或者应当知道作出行政行为之日起六个月内提出。法律另有规定的除外。"据此，法律可以对直接起诉的期限作特别规定。

《土地管理法》第 83 条规定："……建设单位或者个人对责令限期拆除的行政处罚

决定不服的，可以在接到责令限期拆除决定之日起十五日内，向人民法院起诉；期满不起诉又不自行拆除的，由作出处罚决定的机关依法申请人民法院强制执行，费用由违法者承担。"该条中"可以在接到责令限期拆除决定之日起十五日内，向人民法院起诉"的表述，表明《土地管理法》对起诉期限有特别规定，结合《行政诉讼法》第46条规定，故C项表述正确。

《土地管理法》第83条中"由作出处罚决定的机关依法申请人民法院强制执行"的表述，表明土地管理部门没有拆除房屋的直接强制执行权。故选项D"可以自行拆除"的表述错误。

选项D即使在《行政强制法》施行后，仍然是错误的。《行政强制法》第13条规定："行政强制执行由法律设定。法律没有规定行政机关强制执行的，作出行政决定的行政机关应当申请人民法院强制执行。"根据该条，行政机关获得直接强制执行权，必须得到法律授权。

《行政强制法》第44条规定："对违法的建筑物、构筑物、设施等需要强制拆除的，应当由行政机关予以公告，限期当事人自行拆除。当事人在法定期限内不申请行政复议或者提起行政诉讼，又不拆除的，行政机关可以依法强制拆除。"该条中"行政机关可以依法强制拆除"的表述，并不意味着，只要是违法建筑，行政机关就获得了直接强制执行权，因为该表述中仍存在"依法"字眼，即行政机关是否具有拆除违法建筑的直接强制执行权，还需看相关法律是否授予。由于《土地管理法》没有赋予土地管理部门拆除房屋的直接强制执行权，故在《行政强制法》施行后，土地管理部门作出的拆除房屋决定，仍只能申请法院强制执行。

56. **答案**：B。A选项，行政处罚是指行政机关或其他行政主体依法定职权和程序对违反法律、行政法规、规章，尚未构成犯罪的相对人给予行政制裁的具体行政行为。

B选项，行政强制措施是指行政机关在行政管理过程中，为制止违法行为、防止证据损毁、避免危害发生、控制危险扩大等情形，依法对公民的人身自由实施暂时性限制，或者对公民、法人或者其他组织的财物实施暂时性控制的行为。行政强制措施强调"暂时性控制"，根据《行政强制法》第2条第2款规定的精神及行政法原理，强制隔离戒毒属于行政强制措施的一种。

C选项，行政强制执行是指在行政相对人拒不履行行政主体所作出并且已经生效的具体行政行为所确定的义务，有关国家机关依法强制该相对人履行该义务，或者由国家机关本身或第三人直接履行或代为履行该义务，然后向义务人征收费用的法律制度。

D选项，行政许可是指在法律一般禁止的情况下，行政主体根据行政相对方的申请，经依法审查，通过颁发许可证、执照等形式，赋予或确认行政相对方从事某种活动的法律资格或法律权利的一种具体行政行为。

综上，本题应选B项。

57. **答案**：A。关于A选项，《行政强制法》第19条规定，情况紧急，需要当场实施行政强制措施的，行政执法人员应当在24小时内向行政机关负责人报告，并补办批准手续。"立即"的表述不应理解为24小时，故而A选项错误。

关于B选项，《行政强制法》第18条规定，实施行政强制措施应当遵守下列规定：（1）实施前须向行政机关负责人报告并经批准；（2）由两名以上行政执法人员实施；（3）出示执法身份证件；（4）通知当事人到场；（5）当场告知当事人采取行政强制措施的理由、依据以及当事人依法享有的权利、救济途径；（6）听取当事人的陈述和申辩；（7）制作现场笔录；（8）现场笔录由当事人和行政执法人员签名或者盖章，当事人拒绝的，在笔录中予以注明；（9）当事人不到场的，邀请见证人到场，由见证人和行政执法人员在现场笔录上签名或者盖章；（10）法律、法规规定的其他程序。其中第7项规定了应当制作现场笔录，所以，B 选项正确不选。

《行政强制法》第 24 条规定，行政机关决定实施查封、扣押的，应当履行本法第 18 条规定的程序，制作并当场交付查封、扣押决定书和清单。故而 C 选项正确不选。

《行政强制法》第 17 条第 3 款规定，行政强制措施应当由行政机关具备资格的行政执法人员实施，其他人员不得实施。与行政处罚不同的是行政强制措施不发生行政委托——由其他不具备行政执法资格的人员去实施，行政机关——行政主体必须事必躬亲行使。所以 D 选项正确不选。

58. 答案：B。行政强制措施，是指行政机关在行政管理过程中，为制止违法行为、防止证据损毁、避免危害发生、控制危险扩大等情形，依法对公民的人身自由实施暂时性限制，或者对公民、法人或者其他组织的财物实施暂时性控制的行为。行政强制措施和行政处罚的区别为是否具有临时性、是否具有制裁性。行政强制措施具有临时性、非处罚性、中间性、程序性；行政处罚则具有惩戒性、制裁性、实体性、最终性、结论性，不具有临时性。

B 选项中的暂扣行为是为了处罚酒后驾车，已经为实体结论，并且期限为 6 个月，不具有临时性，不同于行政强制措施里的暂扣，属于《行政处罚法》第 9 条规定的"暂扣、吊销许可证件"的行政处罚。

A 选项中的"封存"、C 选项中的"扣押"以及 D 选项中的将醉酒者约束至酒醒均为典型的行政强制措施。

59. 答案：B。《行政强制法》第 42 条规定，实施行政强制执行，行政机关可以在不损害公共利益和他人合法权益的情况下，与当事人达成执行协议。执行协议可以约定分阶段履行；当事人采取补救措施的，可以减免加处的罚款或者滞纳金。执行协议应当履行。当事人不履行执行协议的，行政机关应当恢复强制执行。B 选项正确，其他均为干扰项。A 选项申请法院强制执行的应当是一个行政决定，不能是一个行政强制执行过程中的和解协议。C 选项以甲为被告提起民事诉讼，肯定错误，在行政法制度中对行政行为没有履行不可能通过民事诉讼予以解决。我国目前不存在"官告民"的行政诉讼，D 选项以甲为被告提起行政诉讼显然错误。

60. 答案：A。关于 A 选项，依据《行政强制法》第 26 条第 3 款规定："因查封、扣押发生的保管费用由行政机关承担。"故 A 选项错误。

关于 B 选项，依据《行政强制法》第 18 条规定："行政机关实施行政强制措施应当遵守下列规定：……（七）制作现场笔录……"B 选项正确。

关于 C 选项，依据《行政强制法》第 24 条第 1 款规定："行政机关决定实施查封、扣押的，应当履行本法第十八条规定的程序，制作并当场交付查封、扣押决定书和清单。"C 选项正确。

关于 D 选项，依据《行政强制法》第 23 条规定，查封、扣押限于涉案的场所、设施或者财物，不得查封、扣押与违法行为无关的场所、设施或者财物。D 选项正确。

61. 答案：B。县政府的通知在外在形式上并未贴封条，也没有进行封存，不属于查封，A 选项错误。县政府并未将沈某的船舶转移他处扣留，不属于扣押，C 选项错误。县政府的通知要求沈某将船只驶向指定地点并限期不得驶离，该行为的主要目的在于预防危害的发生，属于行政强制措施，D 选项错误。

多项选择题

1. 答案：BD。本题考查行政行为的成立、生效与合法要件。《行政处罚法》第 51 条规定："违法事实确凿并有法定依据，对公民处以二百元以下、对法人或者其他组织处以三千元以下罚款或者警告的行政处罚的，可以当场作出行政处罚决定。法律另有规定的，从其规定。"第 52 条第 1 款规定："执法人员当场作出行政处罚决定的，应当向当事人出示执法证件，填写预定格式、编有号码的行政处罚决定书，并当场交付当事人……"第 70 条规定："行政机关及其执法人员当场收缴罚款的，必须向当事人出具国务院财政部门或者省、自治区、直辖市人民政府财政部门统一制发的专用票据；不出具财政部门统一制发的专用票据的，当事人有权拒绝缴纳罚款。"第62条规定："行政机关及其执法人员在作出行政处罚决定之前，未依照本法第四十四条、第四十五条的规定向当事人告知拟作出的行政处罚内容及事实、理由、依据，或者拒绝听取当事人的陈述、申辩，不得作出行政处罚决定；当事人明确放弃陈述或者申辩权利的除外。"据此，本题中的处罚行为不仅仅是程序违法，因执法人员拒绝听取当事人的陈述、申辩，已经导致该行政处罚决定依法不能成立。既然不满足成立的法定形式要件，则法律上尚不存在该具体行政行为，也就谈不上违法或无效这些进一步的判定，总之在此情形下，相对人有权拒绝接受处罚，也可以在接受处理后提起诉讼或复议。

2. 答案：ABC。根据《行政处罚法》第63条规定：行政机关作出责令停产停业、吊销许可证件、较大数额罚款等行政处罚决定之前，应告知当事人有要求举行听证的权利。

3. 答案：ABCD。这几项费用均属于行政征收的范围。

4. 答案：ABCD。从《行政处罚法》第30条、第31条规定可以看出。

5. 答案：AB。行政机关采取查封、扣押措施后，应当及时查清事实，在规定的期限内作出处理决定。对违法事实清楚，依法应当没收的非法财物予以没收；法律、行政法规规定应当销毁的，依法销毁；应当解除查封、扣押的，作出解除查封、扣押的决定。据此可见，应当销毁的，依法销毁。火腿已经超过保质期，禁止出售，依法应当销毁，不能用于拍卖抵缴罚款，C选项错误。实施行政强制执行，行政机关可以在不损害公共利益和他人合法权益的情况下，与当事人达成执行协议。执行协议可以约定分阶段履行；当事人采取补救措施的，可以减免加处的罚款或者滞纳金。据此可见，若超市确实履行缴纳罚款有困难的，行政机关可以与其达成执行协议，分期缴纳罚款。从法理上解释，这种执行方式社会效果更好。如果市场监督管理局在当事人缴纳罚款确有困难的情况下强制执行，可能导致超市破产、员工下岗，社会效果反而不好。所以，D选项"罚款不可以分期缴纳"这种表述过于绝对。

6. 答案：AB。行政处罚决定书只有送达给被处罚人才生效。对于拒绝受领的相对人，送达机关或公务员可采取留置的方法予以处理。留置送达的，视为相对人已经受领。无法留置送达的，可以通过公告送达后生效。

7. 答案：BC。本题中的处罚决定违法，因为市场监督管理机关无管辖权，并且调查程序违法，应当有两个以上的调查人员。

8. 答案：AC。本题考查行政奖励的范围。

9. 答案：BC。吊销执照、行政拘留是行政处罚。

10. 答案：AC。行政强制执行的前提是个人、组织不履行行政义务，所以A、C项对。

11. 答案：ACD。本题考查行政强制执行措施的实施。这是根据行政法学理论上的总结。需注意的是，实施强制措施过程中不能和解。

12. 答案：AD。行政强制的分类。

13. 答案：AB。行政强制执行的具体方式。

14. 答案：BD。A项中即时强制的采取在某些情况下不以义务的不履行为前提；C项所列的是行政强制执行的程序。

15. 答案：AB。本题考查考点"行政处罚的设定"。参见《行政处罚法》第10条第1款、第11条第1款、第12条第1款、第13条第2款规定，只有法律和行政法规能够设定吊销企业营业执照的行政处罚。

16. 答案：AC。本题考查考点"行政处罚的设定"。参见《行政处罚法》第14条第2款。

17. 答案：AC。本题考查考点"行政处罚的实施机关"。A项参见《行政处罚法》第17条规定，是正确的。B项参见第19条规定，规章不能授权具有管理公共事务职能的组织实施行政处罚权，故B项错误。C项参见第20条的规定，是正确的。具有管理公共事务职能的组织未经依法授权或委托，不具有实施行政处罚的权力，故D项错误。注意：在行政处罚实施机关的规定上，规章可以规定"委托"，但是不能"授权"。

18. 答案：ACD。本题考查考点"行政处罚的实施机关"。参见《行政处罚法》第20条规定。根据该条规定，行政机关不得自主委托其他组织或者个人实施行政处罚，故A项错误。规章可以成为行政机关委托行政处罚实施权的依据，故B项正确。受委托组织不得再委托其他任何组织或者个人实施行政处罚，故C项错误。委托行政机关对受委托的组织实施行政处罚的行为的后果承担法律责任，就是说受委托组织不能独立对实施行政处罚的后果承担法律责任，但是并不是排除其所应该承担的责任，故D项错误。所以本题选ACD。

19. 答案：ACD。本题考查考点"行政处罚的实施机关"。参见《行政处罚法》第21条规定。

20. 答案：AC。本题考查考点"行政处罚的管辖"。参见《行政处罚法》第22条规定，"行政处罚由违法行为发生地的行政机关管辖……"甲在C县非法购买假酒，又在A县非法销售假酒，因此违法行为发生地在A县和C县，自然应该由这两个县的行政机关管辖，跟B县没有关系，也并不由A、C县的共同上级行政机关管辖。

21. 答案：ABD。本题考查考点"行政处罚的适用"。参见《行政处罚法》第32条规定。本案中，甲虽然明知是赃物而购买，但是后来主动承认错误及时改正，故派出所可以对其从轻或免予处罚。"家人劝说"在法律上并不能构成对甲"主动认错"的否定。所以除了C选项以外，其余选项都是错误的。

22. 答案：AD。《行政处罚法》第22条规定："行政处罚由违法行为发生地的行政机关管辖。法律、行政法规、部门规章另有规定的，从其规定。"

23. 答案：AD。《行政处罚法》第18条第2款、第3款规定："国务院或者省、自治区、直辖市人民政府可以决定一个行政机关行使有关行政机关的行政处罚权。限制人身自由的行政处罚权只能由公安机关和法律规定的其他机关行使。"据此，有权决定一个行政机关行使另一个行政机关行政处罚权的主体是国务院和经国务院授权的省、自治区、直辖市人民政府。

24. 答案：ABCD。《行政处罚法》第59条第1款规定，行政机关依照本法第57条的规定给予行政处罚，应当制作行政处罚决定书。行政处罚决定书应当载明下列事项：（1）当事人的姓名或者名称、地址；（2）违反法律、法规或者规章的事实和证据；（3）行政处罚的种类和依据；（4）行政处罚的履行方式和期限；（5）申请行政复议、提起行政诉讼的途径和期限；（6）作出行政处罚决定的行政机关名称和作出决定的日期。

25. 答案：AD。《行政处罚法》第74条第2款、第3款规定："罚款、没收违法所得或者没收非法财物拍卖的款项，必须全部上缴国库，任何行政机关或者个人不得以任何形式截留、私分或者变相私分……财政部门不得以任何形式向作出行政处罚决定的行政机关返还罚款、没收的违法所得或者返还没收非法财物的拍卖款项。"

26. 答案：ABCD。《行政处罚法》第57条第2款规定，对情节复杂或者重大违法行为给予行政处罚，行政机关的负责人应当集体讨论决定。第63条规定，行政机关作出责令停产停业、吊销许可证件、较大数额罚款等行政处罚决定之前，应当告知当事人有要求举行听证的权利；当事人要求听证的，行政机关应当组织听证。当事人不承担行政机关组织听证的费用。第64条规定，听证依照以下程序组织：（1）当事人要求听证的，应当在行政机关告知后五日内提出；（2）行政机关应当在听证的七日前，通知当事人举行听证的时间、地点……（5）当事人可以亲自参加听证，也可以委托一至二人代理……

27. 答案：ABCD。本题考查行政处罚的基本内容。

28. 答案：ABCD。《行政处罚法》第57条规定，调查终结，行政机关负责人应当对调查结果进行审查，根据不同情况，分别作出如下决定：

（1）确有应受行政处罚的违法行为的，

根据情节轻重及具体情况，作出行政处罚决定；

（2）违法行为轻微，依法可以不予行政处罚的，不予行政处罚；

（3）违法事实不能成立的，不予行政处罚；

（4）违法行为涉嫌犯罪的，移送司法机关。

对情节复杂或者重大违法行为给予行政处罚，行政机关的负责人应当集体讨论决定。其四个答案都正确。

29. 答案：ABCD。本题考查行政征收的主体资格。

30. 答案：AC。本题对比行政征收和行政征用的关系，其二者既有相同点也有不同点。

31. 答案：ABCD。本题考查强制执行措施的种类。

32. 答案：AB。《行政处罚法》第20条规定，行政机关依照法律、法规或者规章的规定，可以在其法定权限内委托符合本法第21条规定条件的组织实施行政处罚。行政机关不得委托其他组织或者个人实施行政处罚。委托行政机关对受委托的组织实施行政处罚的行为应当负责监督，并对该行为的后果承担法律责任。受委托组织在委托范围内，以委托行政机关名义实施行政处罚；不得再委托其他任何组织或者个人实施行政处罚。

33. 答案：ABCD。参照《行政处罚法》第44条、第45条、第63条规定。

34. 答案：BD。本题考简易程序。《行政处罚法》第51条规定，"违法事实确凿并有法定依据，对公民处以二百元以下、对法人或者其他组织处以三千元以下罚款或者警告的行政处罚的，可以当场作出行政处罚决定……"故B对。简易程序可以一人作出，故D对。第52条第1款规定，"执法人员当场作出行政处罚决定的，应当向当事人出示执法证件，填写预定格式、编有号码的行政处罚决定书……"故AC错。

35. 答案：BCD。本题考查行政处罚的执行。A错，应是每日按罚款数额的3%加处罚款。依据《行政处罚法》第72条规定：当事人逾期不履行行政处罚决定的，行政机关可以：（一）每日按罚款数额的3%加处罚款，加处罚款的数额不得超出罚款的数额；（二）根据法律规定，将查封、扣押的财物拍卖或者将冻结的存款划拨抵缴罚款；（三）根据法律规定，采取其他行政强制执行方式；（四）依照《行政强制法》的规定申请人民法院强制执行。故BCD对，A错。

36. 答案：ABD。本题考查行政处罚程序。《行政处罚法》第44条规定："行政机关在作出行政处罚决定之前，应当告知当事人拟作出的行政处罚内容及事实、理由、依据，并告知当事人依法享有的陈述、申辩、要求听证等权利。"行政处罚时不必表明上级机关的意见，故C不对。

37. 答案：BCD。《行政处罚法》第21条规定："受委托组织必须符合以下条件：（一）依法成立并具有管理公共事务职能；（二）有熟悉有关法律、法规、规章和业务并取得行政执法资格的工作人员；（三）需要进行技术检查或者技术鉴定的，应当有条件组织进行相应的技术检查或者技术鉴定。"

38. 答案：ABC。本题考查行政处罚的管辖、适用、违法主体的确定。关于A，根据《行政处罚法》第22条的规定："行政处罚由违法行为发生地的行政机关管辖。法律、行政法规、部门规章另有规定的，从其规定。"第25条第2款的规定："对管辖发生争议的，应当协商解决，协商不成的，报请共同的上一级行政机关指定管辖……"本案中，路面被污染的沿途三个区都是违法行为发生地，所在地的执法机关都有管辖权。如果因管辖权发生争议，应当报请共同上级指定管辖，因此A说法正确，应当选。关于B，根据《行政处罚法》第32条的规定："当事人有下列情形之一，应当从轻或者减轻行政处罚：（一）主动消除或者减轻违法行为危害后果的……"因此，B说法正确，应当选。本案中的司机作为运输公司的工作人员，其行为属于职务行为，其行为后果应由公司承担，因此，本案的违法行为人应当为该运输公司，而不是该司机。所以，C说法正确，应当选；D 说法错误，不应选。

39. 答案：ABD。根据《行政强制法》规定及相关原理，行政机关在行政管理过程中实施的扣留，不管是扣留人身还是财物，均属于行政强制措施，故 A、B 项正确。根据《行政强制法》及相关原理，行政机关在行政管理过程中拍卖以抵缴罚款，该拍卖属于行政强制执行，故 C 项错误，D 项正确。

40. 答案：AC。所谓行政处罚，是指行政机关在行政管理过程中，对违反行政管理秩序的相对人实施的惩罚性措施。简言之，行政处罚是对违法行为的行政制裁。一公司所建房屋违反规划，规划局向该公司发出《拆除所建房屋通知》，该通知显然是责令拆除违法建筑物的行政处罚决定书。根据《行政强制法》第 35 条的规定，行政机关作出强制执行决定前，应当事先催告当事人履行义务。《关于限期拆除所建房屋的通知》显然是强制执行决定作出前的催告书，故 A 项正确，B 项错误。《拆除所建房屋通知》既然是行政处罚决定，当然可诉，故 C 项正确。根据《行政处罚法》第 51 条的规定，只有罚款、警告的案件才可能适用简易程序当场作出处罚决定。故 D 项错误。

41. 答案：CD。AB 两项属于行政强制执行的方式。

42. 答案：BCD。A 项属于行政强制措施的种类。

43. 答案：AC。B 应改为 24 小时，参见《行政强制法》第 19 条规定。

44. 答案：BC。行政机关在作出行政强制决定之前，应当先催告当事人履行义务；当事人有权对催告书进行陈述和申辩。

45. 答案：ABD。A 选项正确，《行政强制法》第 24 条规定，查封、扣押的实施应当遵守《行政强制法》第 18 条的规定。《行政强制法》第 18 条规定了行政强制措施实施的一般程序，其中规定了应当通知当事人到场。

B 选项正确，《行政强制法》第 24 条第 3 款规定，查封、扣押清单一式二份，由当事人和行政机关分别保存。

C 选项错误，根据《行政强制法》第 26 条第 3 款规定，因查封、扣押发生的保管费用由行政机关承担。

D 选项正确，根据《行政强制法》第 26 条第 1 款规定，对查封、扣押的财物，行政机关应当妥善保管，不得使用或毁损，造成损失的，应当承担赔偿责任。综上，本题选 ABD。

46. 答案：ABD。《行政强制法》第 50 条规定，行政机关依法作出要求当事人履行排除妨碍、恢复原状等义务的行政决定，当事人逾期不履行，经催告仍不履行，其后果已经或者将危害交通安全、造成环境污染或者破坏自然资源的，行政机关可以代履行，或者委托没有利害关系的第三人代履行。因此 A 选项说法不准确。

《行政强制法》第 51 条规定，代履行应当遵守下列规定：（1）代履行前送达决定书，代履行决定书应当载明当事人的姓名或者名称、地址，代履行的理由和依据、方式和时间、标的、费用预算以及代履行人；（2）代履行 3 日前，催告当事人履行，当事人履行的，停止代履行；（3）代履行时，作出决定的行政机关应当派员到场监督；（4）代履行完毕，行政机关到场监督的工作人员、代履行人和当事人或者见证人应当在执行文书上签名或者盖章。D 选项混淆前两项的规定，错误当选。

代履行的费用按照成本合理确定，由当事人承担。但是法律另有规定的除外。因此 B 选项费用均应当由负有义务的当事人承担说法不准确。故 B 项当选。

C 选项符合《行政强制法》"代履行不得采用暴力、胁迫以及其他非法方式"的要求，正确不选。

47. 答案：ABC。关于 A、C 选项，《行政处罚法》第 18 条规定："……国务院或者省、自治区、直辖市人民政府可以决定一个行政机关行使有关行政机关的行政处罚权。限制人身自由的行政处罚权只能由公安机关和法律规定的其他机关行使。"故 A、C 项正确。

关于 B 选项，《行政许可法》第 25 条规定："经国务院批准，省、自治区、直辖市人民政府根据精简、统一、效能的原则，可以决定一个行政机关行使有关行政机关的行政许可权。"故 B 项正确。这里没有作出例外规定，D 项错误。

48. 答案：AC。关于 A 选项，根据《行政强制法》第 24 条第 1 款，行政机关决定实施查封、扣押的，应当履行本法第 18 条规定的程序，制作并当场交付查封、扣押决定书和清单。故 A 项正确。

关于 B 选项，法律对行政强制措施未规定听证程序。故 B 项错误。

关于 C 选项，根据《行政强制法》第 26 条第 1 款，对查封、扣押的场所、设施或者财物，行政机关应当妥善保管，不得使用或者损毁；造成损失的，应当承担赔偿责任。故 C 项正确。

关于 D 选项，根据《行政强制法》第 8 条第 1 款，公民、法人或者其他组织对行政机关实施行政强制，享有陈述权、申辩权；有权依法申请行政复议或者提起行政诉讼；因行政机关违法实施行政强制受到损害的，有权依法要求赔偿。《行政诉讼法》第 12 条第 1 款第 2 项也规定，对限制人身自由或者对财产的查封、扣押、冻结等行政强制措施和行政强制执行不服的，属于行政诉讼的受案范围。故 D 项错误。

49. 答案：BCD。《行政强制法》第 13 条规定："行政强制执行由法律设定。法律没有规定行政机关强制执行的，作出行政决定的行政机关应当申请人民法院强制执行。"根据上述对行政强制执行方式的设定，行政强制执行属于法律绝对保留事项，除法律之外的其他规范性文件均不得设定，所以 B、C、D 项均无权设定。注意行政强制措施称"种类"，行政强制执行称"方式"。

50. 答案：AC。A 选项正确。《行政强制法》第 52 条规定："需要立即清除道路、河道、航道或者公共场所的遗洒物、障碍物或者污染物，当事人不能清除的，行政机关可以决定立即实施代履行；当事人不在场的，行政机关应当在事后立即通知当事人，并依法作出处理。"

B 选项错误。根据《行政诉讼法》第 56 条第 1 款规定："诉讼期间，不停止行政行为的执行。但有下列情形之一的，裁定停止执行：（一）被告认为需要停止执行的；（二）原告或者利害关系人申请停止执行，人民法院认为该行政行为的执行会造成难以弥补的损失，并且停止执行不损害国家利益、社会公共利益的；（三）人民法院认为该行政行为的执行会给国家利益、社会公共利益造成重大损害的；（四）法律、法规规定停止执行的。"本选项中并没有出现例外情况，所以并不停止执行行政行为。依据行政法公理，行政行为具有确定力、拘束力、执行力，一般情况下相对人提起行政诉讼、申请行政复议并不停止执行行政行为。

关于 C 选项，《行政强制法》第 43 条第 1 款规定："行政机关不得在夜间或者法定节假日实施行政强制执行。但是，情况紧急的除外。"本题中的"紧急防汛期……"当属但书的除外情形，应当实施强制执行。所以，C 选项正确。

D 选项错误。《行政强制法》第 42 条第 1 款规定："实施行政强制执行，行政机关可以在不损害公共利益和他人合法权益的情况下，与当事人达成执行协议。执行协议可以约定分阶段履行；当事人采取补救措施的，可以减免加处的罚款或者滞纳金。"但题干中明确说明"在紧急防汛期""需要立即清除该建筑物""林某无法清除"，可见，通过与林某签订执行协议分阶段清除的方式，显然与本题所述紧急情形不相适应，在防汛形势紧迫，且林某无法自行清除的情况下，防汛指挥机构应立即组织清除。

51. 答案：ACD。被处罚人不服行政拘留处罚决定，申请行政复议、提起行政诉讼的，可以向公安机关提出暂缓执行行政拘留的申请。公安机关认为暂缓执行行政拘留不致发生社会危险的，由被处罚人或者其近亲属提出符合条件的担保人，或者按每日行政拘留 200 元的标准交纳保证金，行政拘留的处罚决定暂缓执行。温某仅提起了行政诉讼，未满足全部条件，其中，最重要的保证金或者保证人没有提出。B 选项错误。

52. 答案：ACD。市场监督管理局暂扣尚未出售的猪肉，属于"控制危险扩大"类型的行政强制措施，防止未经检验检疫的猪肉进一步流通到市场销售进而引起食品安全事件，目的具有预防性，属于行政强制措施。A 选项准确。李某酒后驾车，违反了交通管理秩序，公安局暂扣其机动车驾驶证 6 个月，是对违反交通管理秩序的李某给予终局性的（非临时性）、明确性（附了期限 6 个月）的制裁和惩戒，性质为行政处罚，B 选项错误。公安局民警约束醉酒的吴某到酒醒为止属于"避免危害发生"类型的行政强制措施，防止醉酒的吴某产生危害后果，具有预防性。因为醉酒的人自我控制的意识能力下降，容易自伤或者伤人。此外，吴某若酒醒了，公安局应当解除约束措施，具有暂时性，C 选项准确。税务稽查局扣押商品属于"制止违法行为"类型的行政强制措施，防止该公司继续转移财产逃避缴纳税款的法定义务，目的具有预防性，D 选项准确。

53. 答案：ABC。查封、扣押是在调查违法事实过程中实施的，而调查违法事实是行政机关的义务，应由行政机关来承担因查封、扣押发生的保管费用。本题，因扣押发生的保管车辆的停车费用由方某承担是错误的做法，应当由市交通运输局承担。D 选项错误。

54. 答案：BD。按照比例原则的要求，行政机关对扣押的场所、设施或者财物，应当妥善保管，不得使用或者损毁；造成损失的，应当承担赔偿责任。本题，交警大队有权扣押孙某的车辆，但无权扣押车上运载的生猪，而且扣押生猪后，需要妥善保管。所谓妥善保管，就是指交警大队应当采取必要的措施，防止生猪死亡。如果交警大队没有采取必要的措施，导致生猪死亡的，应当承担赔偿责任。B 选项正确，A 选项错误。孙某违法撞坏道路设施应当受到行政处罚，承担相应的法律责任。但是不能因为孙某存在违法行为，行政机关就可以违法地侵害其合法权益。所以，本题中生猪死亡是交警大队未妥善保管财物所导致的，该损失应当由国家承担赔偿责任，而不是由王某自己承担，C 选项错误。按照比例原则的要求，扣押仅限于涉案的场所、设施或者财物，不得扣押与违法行为无关的场所、设施或者财物。生猪属于与违法行为无关的财物，不得扣押，交警大队扣押生猪的行为违反了比例原则"必要性"的要求。而且因担心天气炎热导致生猪死亡，孙某提出待其将车辆驾驶到屠宰场卸下生猪后再实施扣留，显然是对其损害更小的行政管理措施。交警大队在行政管理过程中本应当采取措施处理好 31 头生猪，而不是对孙某的请求不予理睬，放任生猪死亡，从而给孙某造成重大损失，交警大队的行为违反了比例原则，D 选项正确。

名词解释

1. 答案：行为罚也称能力罚，是行政主体限制或剥夺行政违法者某些特定行为能力或资格的处罚。

　　暂扣或者吊销许可证、执照是行政主体限制或剥夺违法者从事某项活动的权利资格的处罚形式。暂扣许可证、执照的特点在于暂时中止持证人从事某种活动资格，待其改正违法行为后或经过一定期限，再发还证件，恢复其资格，允许其重新享有该权利和资格。吊销许可证、执照的特点在于撤销相对人的凭证，终止继续从事该凭证所允许活动的资格。

2. 答案：申诫罚也称为精神罚或影响声誉罚，是行政主体向违法者发出警诫，申明其违法行为，通过对其名誉、荣誉、信誉等施加影响，引起其精神上的警惕，使其不再违法的处罚形式。

3. 答案：听证程序是行政主体为了合理、有效地制作和实施行政决定，公开举行由全部利害关系人参加的听证会。听证的目的在于广泛听取各方面的意见，通过公开、合理的程序形式，将行政决定建立在合法适当的基础上，避免违法或不当的行政决定给行政相对人带来不利或不公正的影响。听证程序具有如下特征：（1）听证是由行政机关主持，并由有关利害关系人参加的程序。（2）听证公开进行。（3）听证程序适用于行政处罚领域，但并非所有的行政处罚案件都可以适用听证程序。（4）听证程序的适用以当事人申请为前提。（5）组织听证是行政机关的法定义务。

4. 答案：行政强制是行政主体为了实现行政目的，对行政相对人的财产、身体以及人身自由等予以强制而采取的措施。具有以下主要特征：（1）行政强制的主体是作为行政主体的行政机关或法律、法规授权的组织；（2）行政强制的对象是拒不履行行政法义务的行政相对人，或对社会秩序及他人人身健康和安全可能构成危害或其本身正处在或将处在某种危险状态下的行政相对人；（3）行政强制的目的是保证法定义务的彻底实现，维护正常的社会秩序，保障社会安全，保护公民的人身权、财产权免受侵害；（4）行政强制行为的法律性质是一种具有可诉性的具体行政行为。

5. 答案：行政调查包括任意调查、强制调查和间接强制任意调查。任意调查，是指在取得行政相对人非强制性协助的基础上进行的调查；强制调查，是指排除行政相对人的抵抗而进行的调查，也属于即时强制；间接强制任意调查，是指以罚则或行政强制措施为保障条件的任意调查。

6. 答案：执行罚也称强制金，是行政强制执行机关对拒不履行不作为义务或不可为他人代履行的作为义务的义务主体，科以新的金钱给付义务，以迫使其履行的强制执行措施。执行罚具有如下特点：（1）执行罚一般只应用于不作为义务和不可为他人代履行的作为义务；（2）执行罚的数额必须由法律、法规明文作出规定，执行机关不能自行其是；（3）执行罚的数额从义务主体应履行义务之日起，按日数计算，并可反复适用。

7. 答案：行政强制措施，是指行政机关在行政管理过程中，为制止违法行为、防止证据损毁、避免危害发生、控制危险扩大等情形，依法对公民的人身自由实施暂时性限制，或者对公民、法人或者其他组织的财物实施暂时性控制的行为。

8. 答案：行政强制执行，是指行政机关或行政机关申请人民法院，对不履行行政决定的公民、法人或者其他组织，依法强制履行义务的行为。

简答题

1. 答案：行政强制执行，系指国家行政机关或者行政机关申请人民法院，对于在规定期限内拒不履行行政决定的当事人，依法采用有关强制手段，迫使其履行义务，或者达到与履行义务相同状态的行为。

司法强制执行，又称为民事执行、民事强制执行，是指人民法院的执行组织依照法律规定的程序和方式，运用国家的强制力量，在负有义务的一方当事人拒不履行义务时，强制其履行义务，从而实现生效法律文书内容的一种诉讼活动。

行政强制执行与司法强制执行的区别主要有：

（1）主体不同，行政强制执行的主体是行政机关，司法强制执行的主体是人民法院；（2）依据不同，行政强制执行的依据是已生效的具体行政行为文书，司法强制执行的依据是各种已生效的法律文书（包括行政文书和司法文书）；（3）实施主体依据不同，行政机关依职权而实施的，人民法院应当事人的执行申请而实施的。

2. 答案：行政征收和行政征用是两个密切联系的概念。一般认为政府对相对财产无偿取得是行政征收，而依政府单方有偿取得则是行政征用。两者区别表现在：

（1）概念不同，行政征收，是指行政主体根据法律规定，以强制方式无偿取得行政相对人财产所有权的一种具体行政行为，行政征用是指行政主体为了公共利益的需要，依照法定程序强制征用行政相对人财产或劳务的一种具体行政行为，法律后果是财产所有权从相对人转向国家，行政主体暂时取得了被征用方财产的使用权，不发生财产所有权的转移；（2）行为标的不同，行政征收标的一般限于财产，行政征用标的还可能包括劳务；（3）能否获得补偿不同，行政征收是无偿的，行政征用一般是有偿的。

3. **答案**：(1) 实施前须向行政机关负责人报告并经批准；(2) 由两名以上行政执法人员实施；(3) 出示执法身份证件；(4) 通知当事人到场；(5) 当场告知当事人采取行政强制措施的理由、依据以及当事人依法享有的权利、救济途径；(6) 听取当事人的陈述和申辩；(7) 制作现场笔录；(8) 现场笔录由当事人和行政执法人员签名或者盖章，当事人拒绝的，在笔录中予以注明；(9) 当事人不到场的，邀请见证人到场，由见证人和行政执法人员在现场笔录上签名或者盖章；(10) 法律、法规规定的其他程序。（参见《行政强制法》第18条）

4. **答案**：有下列情形之一的，终结执行：(1) 公民死亡，无遗产可供执行，又无义务承受人的；(2) 法人或者其他组织终止，无财产可供执行，又无义务承受人的；(3) 执行标的灭失的；(4) 据以执行的行政决定被撤销的；(5) 行政机关认为需要终结执行的其他情形。

5. **答案**：代履行是指当事人拒绝履行或者没有能力履行义务时，行政机关决定由行政机关或者第三人代替当事人履行义务，履行费用由当事人承担。代履行是与执行罚、直接强制执行并列的一种行政强制执行方式。代履行的核心是义务的替代履行，对当事人而言是作为义务转化为金钱给付义务，对行政机关而言是通过代履行，避免了强制手段的使用，实现了行政管理目的，恢复了行政管理秩序。其特征有：(1) 行政机关依法作出要求当事人履行排除妨碍、恢复原状等义务的行政决定。(2) 当事人逾期不履行，经催告仍不履行。(3) 其后果已经或者将危害交通安全、造成环境污染或者破坏自然资源。(4) 行政机关可以代履行，或者委托没有利害关系的第三人代履行。

论述题

1. **答案**：行政处罚是指特定的行政主体依法对违反行政管理秩序而尚未构成犯罪的行政相对人所给予的行政制裁。

    行政处罚具有下列特征：第一，制裁性。行政处罚以行政相对人违反行政管理秩序行为的存在为前提，是行政主体对有违反行政法律规范行为相对人的一种惩罚，因而具有行政制裁性。第二，处分性。行政处罚与行政命令、行政确认等不同，它是对相对人权利与义务的一种处分。如罚款决定，其法律效果是导致相对人一定数量的财产被剥夺；行政拘留决定，意味着相对人的人身自由权在一定的期限内被剥夺。第三，不利性。行政处罚不是中性行为，而是不利行为，即对行政相对人造成一种不利的后果。第四，法定性。行政处罚作为一种特定的行政行为，其结果是导致相对人权利被剥夺，因而必须依法设定。根据《行政处罚法》的规定，行政处罚的机关、种类、范围、程序等都必须是法定的。

    行政处罚的原则是：我国《行政处罚法》在第1章总则部分不仅确立了行政处罚法的指导思想，还设立了行政处罚法的基本原则。这对于指导和规范国家行政机关实施行政处罚具有直接而积极的意义。

    (1) 行政处罚法定原则。它要求实施行政处罚的主体及其职权法定，行政处罚的种类法定，行政处罚的依据法定，行政处罚的程序法定。

    (2) 行政处罚公正、公开原则。它要求：第一，实施行政处罚必须以事实为依据，坚持实事求是；第二，实施行政处罚应当"过罚相当"，即行政处罚必须与违法行为的事实、性质、情节以及社会危害程度相当，同时要求行政处罚的依据及处罚中的有关内容必须公开。

    (3) 行政处罚与教育相结合原则。它要求我们确立以下观念：处罚是手段，而不是目的；教育先行；处罚与教育并行。

    (4) 相对人救济权利保障原则。被处罚人对行政主体实施的行政处罚，拥有获得法律救济的权利，包括陈述权、申辩权、申请行政复议权、提起行政诉讼权和获得行政赔偿权等。

2. **答案**：行政权的行使既要合法，也要合理、适当。适当原则也称为合理性原则，是在合法性基础上对行政机关的更高要求，目的是防止自由裁量走向恣意。合理行政已经成为共识，国务院《全面推进依法行政实施纲要》中就规定：合理行政是依法行政的基本要求，行政机关行使自由裁量权应当符合法律目的，排除不相关因素的干扰；所采取的措施和手段应当必要、适当；行政机关实施行政管理可以采用多种方式实现行政目的的，应当避免采用损害当事人权益的方式。（1）设定行政强制应当适当。这是对法律、法规的立法机关提出的要求，要求设定行政强制时，应当保持谨慎的态度，在维护公共秩序和保护公民权利之间掌握平衡，既不能规定过多强制，将强制当作包治良药，也不能因噎废食，忽视了强制的作用，对行政管理实际需求视而不见。依法具有行政强制设定权的立法机关，应当根据要达到的行政目的和具体情况，在是否设定行政强制、设定什么样的行政强制、什么情况和条件下设定行政强制等问题上遵循适当原则，发挥立法智慧，作出合理判断。（2）实施行政强制应当适当。这是对行政强制的实施机关提出的要求，要求在行政管理过程中，在选择执法方式和执法时机时，应当根据实际情况全面考虑，对行政强制应当持慎重态度，不得动辄采取行政强制。具体而言：①情节轻微的，能不实施就不实施。比如，《行政强制法》第16条规定。②查封、扣押、冻结的财物价值应当适当。比如，《行政强制法》第23条、第29条规定。③行政机关在依法强制执行时，所选择的强制手段应当适当。应当优先使用间接强制手段，包括代履行和执行罚。在代履行和执行罚无法实现行政目的时，才适用直接强制执行。在实施直接强制执行时，也应当遵循适当原则，选择适当的强制手段。《行政强制法》并没有对直接强制执行的手段作出统一规定，在多种强制手段都可以实现行政目的的情况下，行政机关应当选择对当事人损害最小的方式。（3）对适当原则的具体理解。适当原则是行政法领域中的一项普遍原则，在行政强制领域中，也称比例原则。所谓比例原则，是指行政机关在可以采用多种方式实现某一行政目的的情况下，应当采用对当事人权益损害最小的方式，这样做才是适当和合理的。根据比例原则，在强制手段和非强制手段都能达到行政管理目的时，应当采用非强制手段，不得采用强制手段；在实施强制手段时，在达到行政目的的前提下，应当采用对当事人损害最小的措施。

案例分析题

1. 答案：（1）县城区建设管理所强行拆除洪某房屋的行为是违法行为。

首先，县城区建设管理所没有权力强行拆除洪某的违章建筑。强行拆除洪某的违章建筑属于行政强制执行行为，在我国，行政强制执行的实施机关有两种：一是有行政强制执行权的行政机关。二是在行政管理相对人拒绝履行义务时，可以申请人民法院强制执行。行政机关要实施行政强制执行必须享有行政强制执行权，否则应申请人民法院强制执行。本案中，县城区建设管理所没有行政强制执行权，因而其所实施的行为违法。

其次，县城区建设管理所实施的行政强制执行行为程序上也是违法的。行政强制执行行为直接影响着行政管理相对方的权益，因此必须严格遵守法定程序。本案中，县城区建设管理所既没有对强行拆除决定进行复核、通知当事人到场，也没有对当事人的合法财产采取妥善保管，这些都不符合行政强制执行程序的要求。

（2）县城区建设管理所应当赔偿给洪某合法权益造成的损失。

县城区建设管理所虽然无权进行行政强制执行，但其行为属于执行职务。行政机关执行职务的行为违法造成公民、组织损失的，应当由行政机关进行行政赔偿。

2. 答案：（1）行政处罚简易程序是指行政机关或法律、法规授权的组织对于违法事实清楚、证据确凿、情节简单的轻微的违法行为，当场给予较轻处罚所适用的比较简单的程序。第一，简易程序的适用条件。《行政处罚法》第51条规定，违法事实确凿并有法定依据，对公民处以200元以下、对法人或者其他组织处以3000元以下罚款或者警告的行政处罚的，可以当场作出行政处罚决定。可见简易程序的适用条件有三个方面：首先，违法事实确凿，证据充分，不需要进一步调查；其次，处罚有法定依据，法无明文规定不处罚；最后，适用于小数额罚款和警告处罚，即对公民处以 200 元以下罚款或者警告，对法人或者其他组织处以 3000 元以下罚款或者警告。只有这三个方面的条件同时具备，才能适用简易程序。第二，简易程序的基本内容。根据《行政处罚法》的规定，适用简易程序进行行政处罚必须依下列程序进行：①表明身份，即出示有效证件，表明合法的执法身份。②确认违法事实，说明处罚理由，即必须有证据证明违法事实的存在，并向当事人说明处罚的事实根据和法律根据。③听取当事人的陈述和申辩，如当事人提出的事实、理由和证据成立，执法人员应当采纳。④当场制作行政处罚决定书，即当场填写预定格式、编有号码的行政处罚决定书。处罚决定书应载明当事人的违法行为、行政处罚依据、罚款数额、时间、地点以及行政机关名称，并由执法人员签名或盖章。⑤送达，即执法人员按照法律规定将行政处罚决定书当场交付当事人。⑥备案，即执法人员适用简易程序作出行政处罚决定，必须向所属行政机关备案，备案的内容应与行政处罚决定书所载内容相同。

（2）本案中，诸某对秦某与高某分别处以 100 元的罚款，显然不符合简易程序的适用条件，不应当场处罚。另外，诸某的行为有如下几处不符合简易程序的要求：①没有出示有效证件表明自己合法的执法人员身份；②没有向被处罚人说明处罚的事实根据和法律依据；③没有告知当事人依法享有的权利，没有听取当事人的陈述和申辩；④没有填写当场行政处罚决定书；⑤如果处以 20 元以上的罚款，又不属于"不当场收缴事后难以执行的"情况，不应当场收缴罚款；⑥没有出具省级财政部门统一制发的罚款收据。

第九章 行政机关的其他行为

单项选择题

1. **答案**：B。行政合同是一种双方行政行为。
2. **答案**：B。邀请发价方式的基本内容和程序是行政主体基于政治、经济、技术等方面的原因，提出一定的条件，邀请相对人发价，然后由行政主体综合各方面的因素，选择最为恰当的相对人与之缔结合同。它与招标方式的区别是邀请发价不一定和要价最低的相对人缔结合同，行政主体有较大的自由选择权。
3. **答案**：B。行政指导的突出特点在于其没有强制力，行政相对人无须遵守；且行政指导的作出无须有严格具体的法律依据。但对违法给管理相对人造成损害的行政指导，行政机关也须承担法律责任；行政指导应公开进行。
4. **答案**：D。行政合同纠纷通常经行政诉讼途径解决。
5. **答案**：D。本题考查行政机关在行政合同中享有的权利。
6. **答案**：A。B、C、D项三项中的合同是民事合同。
7. **答案**：B。本题考查相对方在行政合同中的特殊义务。
8. **答案**：B。国有土地使用权出让合同以公法上的效果发生为目的，A、C、D项则为一般的民事合同。
9. **答案**：B。本题考查行政合同的特征。
10. **答案**：D。在相对人无过错的情况下解除合同，应赔偿或补偿相对人因此所受的损失；变更、解除合同，只可在国家行政管理确有需要的情况下进行；而B项是一般合同当事人的权利。
11. **答案**：B。本题考查行政机关在行政合同中的权利、义务的特殊性。

多项选择题

1. **答案**：AD。B项描述的是任意性调查，而直接强制性调查和间接强制性调查均有命令性、强制性和执行性；且C项中要求的法律依据只是直接强制性和间接强制性行政调查所必需的。
2. **答案**：ABCD。行政合同的履行原则包括：（1）实际履行原则；（2）本人亲自履行原则；（3）全面、适当、及时履行原则；（4）诚实信用原则。
3. **答案**：ACD。行政合同中行政机关的义务有：（1）依法履行合同的义务；（2）按照合同的约定对合同相对人履行合同提供优惠的义务；（3）给予相对一方当事人以损失补偿的义务；（4）损害赔偿的义务；（5）按照合同约定支付价金的义务。
4. **答案**：ABCD。本题考查行政合同与一般合同特点的对比。
5. **答案**：ABD。本题考查在行政合同的履行、变更或解除中，行政主体享有的权利。
6. **答案**：ABCD。本题考查在行政合同中，相对方享有的权利。
7. **答案**：CD。行政合同的订立是行政主体和行政相对人在协商的基础上意思表示达成一致的结果，但是双方的地位并非完全平等，行政主体在行政合同关系中享有一定优益权。
8. **答案**：ABD。本题考查政府采购的当事人、政府采购合同的履行。

《政府采购法》第21条规定："供应商是指向采购人提供货物、工程或者服务的法人、其他组织或者自然人。"A项错误，应选。第22条第2款规定："采购人可以根据采购项目的特殊要求，规定供应商的特定条件，但不得以不合理的条件对供应商实行差别待遇或者歧视待遇。"B项错误，应选。第24条第1款规定："两个以上的自然人、法人或者其他组织可以组成一个联合体，以一个供应商的身份共同参加政府采购。"C 项正确，不选。第 48 条第 1 款规定："经采购人同意，中标、成交供应商可以依法采取分包方式履行合同。"所以并不是绝对不可以分包，D 项错误，应选。

9. 答案：ABD。行政机关单方面解除行政合同的情形有：相对人不按规定履行合同，行政机关作为制裁解除合同；因政策的变化该合同的履行已无意义，行政机关单方面解除合同；因客观情况的影响，行政机关为公共利益单方面解除合同等。

10. 答案：ABCD。本题考查行政指导的定义和特征。

11. 答案：BC。本题考查行政应急措施。《重大动物疫情应急条例》第 31 条规定："对受威胁区应当采取下列措施：（1）对易感染的动物进行监测；（2）对易感染的动物根据需要实施紧急免疫接种。"B、C 项正确，应选。A、D 项是对"疫区"可以采取的措施，不选。

12. 答案：AC。行政确认是要式、羁束的行为，但不是创设权利，而是对已有权利的肯定。

名词解释

1. 答案：行政指导，是指行政机关在其职责范围内为实现一定行政目的而采取的符合法律精神、原则、规则或政策的指导、劝告、建议等不具有国家强制力的行为。它既是现代行政法中合作、协商的民主精神发展的结果，也是现代市场经济发展过程中对市场调节失灵和政府干预双重缺陷的一种补救方法。具有以下特征：（1）行政指导是行政主体的社会管理行为。只有具有行政主体资格的行政机关和法律法规授权的组织才能实施行政指导行为。（2）行政指导适用的范围极其广泛，其方法多种多样。（3）行政指导属于"积极行政"的范畴。（4）行政指导是符合现代法治原则的一种具有行政活动性质的行为。（5）行政指导是一种柔性的不具有法律强制力的行为。（6）行政指导是不直接产生法律后果的行为。

2. 答案：行政指导的正当性原则指行政指导必须最大限度保障行政相对人对行政指导的可接受性。（1）行政指导的正当性必须以其合法性为前提。（2）正当性体现了行政指导是一种以理服人的"软性"行政活动，行政指导过程本身也应当是一个说理的过程。（3）正当性可约束行政主体在实施行政指导过程中滥用自由裁量权。

3. 答案：行政指导的自愿性原则指行政指导应为行政相对人认同和自愿接受。因为行政指导是一种行政主体以行政职权实施的，以期产生法律效果的行政行为，对行政相对人不具有法律上的约束力。

4. 答案：行政指导的必要性原则指行政主体采取行政指导比实施行政行为可能会产生更好的客观效果的一种主观认识。行政主体行使行政职权的基本目的在于维持正常的社会秩序，促进社会的全面进步。

5. 答案：行政合同的法定原则指行政合同订立、履行、变更和解除都必须遵守相应的行政法律规范，行政主体不得在法律规定的范围外实施行政合同行为。主要表现在：（1）行政主体运用行政合同来处理不适于以行政行为方式处理的行政事务。（2）行政主体在行政合同履行过程中的行政优益权必须依法行使，依法行政的法律原则同样适用于行政合同。（3）当法律规定不明确时，行政主体基于行政自由裁量权订立的行政合同，目的必须是实现公共利益，符合法律规定。

6. 答案：行政合同依法成立之后，行政主体和行政相对一方必须根据行政合同规定的权利和义务全面履行行政合同的所有条款。行政合同的全面履行是行政合同依法成立的必然结果，并构成了行政合同法律效力的核心内容和行政合同消灭的主要原因。

7. 答案：在行政合同履行过程中，如果私人利益与公共利益发生冲突，则行政主体为了维护公共利益，可以依据行政优益权变更或者解除行政合同。主要表现在：（1）行政主体认为行政合同的继续履行将产生不利于社会公共利益的发展，则行政主体有权变更或者解除行政合同。（2）行政主体对行政合同的履行有监督权，在必要时可对行政相对人采取强制或者制裁措施。（3）行政相对一方了维护自己的合法权益，有依法提起行政复议或者行政诉讼的权利。（4）作为变更或者解除行政合同理由的公共利益内涵的最终确定权不在行政主体，而在法律的规定和法院依法律原则、精神所作的解释。

8. 答案：行政合同的当事人必须按照合同约定的标的履行，不能任意变更标的或者用违约金和损失赔偿的方法代替合同的履行。行政合同的签订是为了公共利益，而公共利益是不可替代的，必须得到实现。因此，出于公共利益的需要，双方当事人有能力履行的，行政合同就必须实际履行。

9. 答案：由行政主体事先设定行政合同的标底，行政相对方根据预定的程序进行竞投，行政主体对竞投标书进行比较之后，选择最优者订立行政合同。

10. 答案：行政主体基于政治、经济、科技等方面的原因，在招标时不一定与要价最低的相对方缔结合同，而是邀请其认为适当的人发价，故而行政主体有在参加投标的企业中选择合同当事人的自由。

11. 答案：行政主体根据行政合同的内容，与事先选择好的行政相对方就行政合同的内容协商一致后订立行政合同的一种方式。协议适用于行政合同的内容具有较强专业性的情况，因此，其公开程度较低。

12. 答案：行政规划也称行政计划，是指行政主体在实施公共事业及其他活动之前，综合地提出有关行政目标，事前制定出规划蓝图，以作为具体的行政目标，并进一步制定为实现该综合性目标所必需的各项政策性大纲的活动。具有以下特征：（1）综合性；（2）法定性；（3）广泛的裁量性。

简答题

1. 答案：行政协议，在行政活动中更常被称为行政合同、行政契约，是指行政主体与相对人之间为执行公共事务，实现行政管理目标，适用行政法规则，依双方一致的意思表示，设立权利和义务，且有较多特殊性的履行机制的协议。

行政协议具有以下特征：（1）必有一方行政机关；（2）双方当事人地位不同；（3）目的在于实施国家行政管理目标；（4）双方当事人意思表示一致为成立要件；（5）行政机关享有行政优先权；（6）采取多种法律救济手段。其中许多特征与民事协议有所不同。

2. 答案：行政指导的原则是实施行政指导所必须遵循的基本准则。行政指导的原则主要有：（1）正当性原则。行政指导必须最大限度地保障行政相对人对行政指导的可接受性。（2）自愿性原则。行政指导应为行政相对人认同和自愿接受。（3）必要性原则。行政主体采取行政指导比实施行政行为可能会产生更好的客观效果的一种主观认识。

3. 答案：行政确认，是指行政主体依法对行政相对人的法律地位、法律关系或者有关法律事实进行甄别，给予确定、认可、证明（或者否定）并予以宣告的具体行政行为。其特征主要有：

第一，行政确认行为的主体是行政主体。

第二，行政确认行为是行政主体实施的行政行为。

第三，行政确认行为是对行政相对人的法律地位、权利义务的认定（肯定性或否定性认定）。

第四，行政确认是要式行政行为。

第五，行政确认是羁束性行政行为。

行政确认主要有如下五种具体形式：

（1）确定。确定是指对个人或者组织法律地位与权利义务的确定，如颁发土地使用证、宅基地使用证与房屋产权证书，以确定相对人的财产所有权。

（2）认定（认证）。认定是指对个人或者组织已有的法律地位、权利义务以及确认事项是否符合法律要求的承认和肯定。

（3）证明。证明是指行政主体向其他人明确肯定被证明对象的法律地位、权利义务或者某种情况。

（4）登记。登记是指行政主体应申请人申请，在政府有关登记簿册中记载相对人的某种情况或者事实，并依法予以正式确认的行为。

（5）鉴证。鉴证是指行政主体对某种法

律关系的合法性予以审查后，确认或者证明其效力的行为。

💬 论述题

答案： 行政合同是一种富有弹性和灵活性的行政管理形式，虽由双方当事人协商意思表示一致而成立，但又保留了行政主体必要的行政优先权，它是行政命令、行政处罚、行政强制等管理手段的重要补充形式，在行政管理实践中得到广泛的适用，起到十分重要的作用。主要表现在：

（1）从行政主体方来说，订立行政合同既可以更好地行使行政职能，保证行政管理目标的顺利、迅速实现，又可以因行政合同的权利义务关系明确而避免行政主体之间互相扯皮、推诿，杜绝不负责任的作风。

（2）从相对方来说，订立行政合同既可以使他们更好地发挥主动性、创造性，又可以使行政合同争议发生后，控告有门，解决有据。

对行政合同当事人双方来说，既可提高行政效益，又可多创社会财富。

第十章 行政司法

多项选择题

1. **答案**：AD。行政裁决形式多样，不少是须应当事人的申请才能作出的，当事人不申请就不能主动进行裁决。
2. **答案**：BCD。行政裁决的对象是当事人之间发生的与行政管理活动密切相关的、与合同无关的民事纠纷。
3. **答案**：AB。专利争议的复审、商标争议的裁决属于专门行政机关裁决的范畴。
4. **答案**：ABCD。本题考查行政裁决公正、平等原则的内涵。

名词解释

答案：行政机关适用准司法程序裁决法律、法规授权行政机关处理的特定争议案件的制度，是中国特色社会主义行政司法最基础的形式。

简答题

答案：根据目前法律的规定，行政裁决归纳起来有以下三种：

（1）权属纠纷裁决是行政主体对平等主体之间因涉及与行政管理相关的某一财物的所有权、使用权的归属而发生的争议所作出的确定性裁决。

（2）侵权纠纷裁决是作为平等主体一方当事人涉及行政管理的合法权益受到另一方侵犯时，当事人依法申请行政主体进行制止，行政主体就此争议作出的制止侵权行为的裁决。

（3）损害赔偿纠纷的裁决是指行政主体对在平等主体之间因涉及与行政管理相关的合法权益受到侵害而引起的赔偿争议所作的裁决。

第十一章 行政应急

✅ 单项选择题

1. **答案**：B。行政应急所针对的突发事件主要包括自然灾害、事故灾难、公共卫生事件和社会安全事件。A 选项"地震引发的重大自然灾害"属于自然灾害，C 选项"疫情引发的公共卫生事件"属于公共卫生事件，D 选项"经济纠纷引发的大规模群体性事件"属于社会安全事件。而 B 选项"某企业违规排放造成的局部环境污染"，通常可通过常规的环境监管执法处理，不属于典型的突发事件类型，故答案选 B。

2. **答案**：C。应急性原则是行政应急权力行使的首要原则，在突发事件等紧急状态下，行政机关必须迅速、果断地采取措施应对危机，以维护公共利益和社会秩序。合法性原则、比例原则和救济原则虽然也是行政应急中重要的原则，但应急性原则强调应对紧急情况的及时性和紧迫性，是首要遵循的，因此选 C。

3. **答案**：A。在行政应急状态下，政府限制公民某些权利的正当性基础在于公共利益优先。当突发事件威胁到公共利益和社会秩序时，为了保障大多数人的利益，不得不对部分公民的权利进行一定限制，并非基于政府权力至上、公民自愿让渡或法律默认许可，所以选 A。

4. **答案**：C。行政应急程序虽然具有非常规性，但并非无须遵循任何法定程序，也不能完全突破正常行政程序的规定，更不能仅考虑应急效果而忽视程序正义。行政应急程序应当遵循最低限度的正当程序要求，如保障相对人的知情权、参与权等，以确保应急措施的合法性和合理性，因此选 C。

5. **答案**：C。行政机关在行政应急过程中采取的应急措施，若造成公民合法权益损害，公民有权依法获得适当补偿。这体现了行政应急中的救济原则，公民不能自认倒霉，也无须直接向法院提起行政诉讼要求赔偿；同时公民可以主动申请补偿，并非只能等待政府主动补偿，所以选 C。

6. **答案**：B。行政应急终止的条件是突发事件的威胁和危害得到控制或者消除，只有在此时，才表明应急状态已结束，无须再继续采取应急措施。突发事件得到初步控制并不意味着威胁和危害已消除，应急措施实施完毕但威胁和危害仍存在时也不能终止，上级政府要求终止也需以突发事件的威胁和危害得到控制或者消除为前提，故答案选 B。

7. **答案**：D。行政应急保障措施是为了应对突发事件、保障公共利益和社会秩序而采取的措施。对物资进行统一调配、实施交通管制、强制隔离密切接触者都属于常见的行政应急保障措施。而提高企业税收税率与应对突发事件、保障应急状态下的公共利益和社会秩序并无直接关联，不属于行政应急保障措施，因此选 D。

8. **答案**：B。行政应急中，政府发布的应急命令和决定具有权威性和强制性。为了有效应对突发事件，维护社会秩序，这些命令和决定要求相关主体必须遵守和执行，并非具有临时性、可随意变更性，也不是建议性、引导性或协商性、灵活性的，所以选 B。

9. **答案**：C。行政应急权力的行使主体一般是行政机关。人民法院和人民检察院分别行使审判权和检察权，并非行政应急权力的行使主体；社会组织不具备行政主体资格，一般不能行使行政应急权力。故答案选 C。

10. **答案**：A。在突发公共卫生事件的行政应急中，卫生行政部门采取的强制隔离措施属于行政强制措施。行政强制措施是行政机关在行政管理过程中，为制止违法行为、防止证据损毁、避免危害发生、控制危险扩大等情形，依法对公民的人身自由实施暂时性限制，或者对公民、法人或其他组织的财物实施暂时性控制的行为。强制隔离措施符合行政强制措施的特征，不属于行政处罚、行政许可和行政给付，因此选 A。

多项选择题

1. 答案：ABCD。行政应急具有事件的突发性和紧急性，突发事件往往突然发生且需要立即应对；权力行使的优先性，行政机关在应急状态下可优先行使权力采取措施；程序的非常规性，应急程序不同于常规行政程序；目的的公益性，一切应急措施都是为了维护公共利益和社会秩序。所以 ABCD 选项均正确。

2. 答案：ABCD。行政应急的基本原则包括法治原则，要求应急权力的行使必须有法律依据；比例原则，应急措施应与危害程度相适应；公开原则，保障公众的知情权；救济原则，对公民因应急措施受到的损害给予补偿或赔偿。故 ABCD 均正确。

3. 答案：ABCD。在行政应急状态下，为了应对危机、维护公共利益，公民的人身自由权可能因隔离等措施受到限制；财产权可能因征用等受到影响；言论自由权可能因防止谣言传播等受到一定约束；通信自由权也可能因调查需要等受到限制。所以 ABCD 选项均正确。

4. 答案：ABCD。行政应急终止的程序通常包括有关部门根据实际情况提出终止建议，然后由法定机关决定是否终止，决定终止后要发布终止决定或命令，并做好终止后的相关工作，如恢复正常秩序、对受影响的公民进行善后等，因此 ABCD 选项均正确。

5. 答案：ABCD。行政应急措施的实施应当遵循严格要求，措施的实施主体必须合法，只有法定的行政机关等主体才有权力采取应急措施；必须有法律依据，不能随意采取；应符合比例原则，避免过度侵害公民权益；同时应尽量减少对公民合法权益的损害。所以 ABCD 选项均正确。

6. 答案：ABCD。行政应急法律责任的承担方式包括行政赔偿，当行政机关违法行使应急权力造成损害时需进行赔偿；行政补偿，对合法应急措施造成的损害给予补偿；行政处分，对在应急工作中有失职等行为的行政机关工作人员进行处分；刑事处罚，对于构成犯罪的行为追究刑事责任，故 ABCD 选项均正确。

名词解释

答案：行政应急是指行政机关组织相关力量对可能发生或已经发生的公共危机事件进行预测、监督、控制和协调处理，以期有效地预防、处理和消除危机，减少损失的有关举措。从行政法学的角度看，可将行政应急行为定义为针对战争、内乱、各种恐怖活动、严重的自然灾害或经济危机等紧急情况，由行政机关依据宪法及有关法律予以应急处置的行政行为。

简答题

1. 答案：（1）实施行政应急行为的目的是应对突发事件等特殊问题。行政应急行为必须有明确的危机状态作为前提，这种状态的确定不是行政主体随心所欲进行的，须有法律明确规定；也不能是漫无目的、毫无约束的管理行为，而是应当具有应对突发事件的考量和追求。（2）实施行政应急行为往往会对常态下的法律规定有所突破。区分一个行政行为是行政应急行为还是常态下的行政行为，不仅要判断其是否处于紧急状态下，也不仅要判断其目的是否为应对危机，还要判断其具体行为是否对常态下的法律规定有所突破，如主体、措施、程序等方面的突破。（3）行政应急行为的主体和措施的授权受到严格的法律约束。行政应急行为的授权受到严格约束，而不是行为本身受到严格约束。原则上，只有存在关于突发事件或紧急状态的具体规定时，行政机关才能够行使行政应急权力，作出行政应急行为。但是，考虑到在法律没有具体规定的情形下，有时需要对常态下的法律规范作出突破，即必须作出行政应急行为，而且这种情形在立法中无法全部预料并作出规定，故只能授权给行政主体自行判断并处置危机，但对此授权应严格限制。

2. 答案：（1）有利于保障公民的基本权利与合

法利益。(2) 有利于预防、减少和化解社会安全风险。(3) 有利于提高行政应急行为的效率和效果。(4) 有利于将行政应急行为纳入法治轨道。

3. **答案**：行政应急行为的设定有三种方式：一是在立法中就行政应急行为的条件、主体、内容、程序等事项作出具体的规定，这是广泛适用的方式；二是采取确认和宣布进入应急状态的办法，决定执行应急状态下的法律规范，或对紧急状态下某些事项作出统一具体的规定，如宣布公民某些权利受到限制，或对行政机关作出某些特别授权等；三是授权行政机关判断和确认紧急状态，由行政机关在自身权限范围内决定采取行政应急行为。

第十二章 行政程序

单项选择题

1. 答案：B。本题考查行政程序的种类，根据行政行为的对象是否特定，可分为抽象行政程序和具体行政程序。
2. 答案：D。根据《行政处罚法》第 63 条的规定，行政机关作出责令停产停业、吊销许可证件、较大数额罚款等行政处罚决定之前，应当告知当事人有要求举行听证的权利；当事人要求听证的，行政机关应当组织听证。当事人不承担行政机关组织听证的费用。
3. 答案：D。本题考查行政程序的定义，行政程序是指行政主体的行政行为在时间和空间上的表现形式，即指行政行为所遵循的方式、步骤、顺序以及时限的总和。
4. 答案：A。本题考查行政程序基本原则的保障制度。公正原则的保障制度有回避制度、合议制度、听证制度和调查制度。
5. 答案：D。1946 年美国制定的《联邦行政程序法》就是一部行政程序法法典。
6. 答案：C。行政机关向行政相对人出示证件的目的就在于表明身份，所以选 C。
7. 答案：A。行政处理中的听证，是指作出处理决定之前，通过召开听证会的方式听取行政相对人的陈述、质证、辩论的程序。
8. 答案：B。A 选项，《政府信息公开条例》第 29 条第 2 款规定，政府信息公开申请应当包括下列内容：（1）申请人的姓名或者名称、身份证明、联系方式；（2）申请公开的政府信息的名称、文号或者便于行政机关查询的其他特征性描述；（3）申请公开的政府信息的形式要求，包括获取信息的方式、途径。本题中，申请人为某环保公益组织，其应出示该组织的有效身份证明，而非其负责人的有效身份证明，故 A 选项错误。

B 选项，2008 年《政府信息公开条例》第 13 条规定，除本条例第 9 条、第 10 条、第 11 条、第 12 条规定的行政机关主动公开的政府信息外，公民、法人或者其他组织还可以根据自身生产、生活、科研等特殊需要，向国务院部门、地方各级人民政府及县级以上地方人民政府部门申请获取相关政府信息。故根据旧条例，B 选项正确。2019 年修订后的《政府信息公开条例》删去原条例第 13 条中申请获取相关政府信息应"根据自身生产、生活、科研等特殊需要"的"三需要"条件，据此，《政府信息公开条例》对依申请公开的申请人的范围不再加以限制，故该环保公益组织具有申请信息公开的资格。

C 选项，从题干中无法得知该组织的申请内容是否明确，故无法判断生态环境局的认定和处理是否正确。C 选项错误。

D 选项，《政府信息公开条例》第 13 条规定，除本条例第 14 条（涉及国家秘密等不应当公开的政府信息）、第 15 条（涉及商业秘密、个人隐私等公开会对第三方合法权益造成损害的政府信息）、第 16 条（行政机关的内部事务信息和履行行政管理职能过程中形成的内部行政信息）规定的政府信息外，政府信息应当公开。该组织申请的信息不属于前述不应公开的政府信息，故应当依法予以公开。D 选项错误。

多项选择题

1. 答案：ABCD。本题考查行政程序的基本原则。行政程序的基本原则包括公开原则，公正、公平原则，参与原则，效率原则。
2. 答案：ABC。听证制度是行政程序公正原则的保障。
3. 答案：ABCD。行政程序的基本制度包括听证制度、信息公开制度、行政调查制度、说明理由制度、行政案卷制度和审裁分离制度。
4. 答案：CD。以行政程序适用的范围为标准，可分为内部行政程序和外部行政程序。本题中A、B两项都属于行政主体对外实施行政管理活动所运用或应当遵循的程序。

5. **答案**：AD。行政程序法的作用主要表现在：（1）监督和控制行政权。行政主体作出行政行为，必须履行一定的法定程序，既有利于防止行政主体任意地使行政权、随随便便地实施管理活动，也有利于社会、行政相对人对行政权的行使进行监督和控制。（2）保护相对方合法权益。

6. **答案**：ABC。治安处罚程序是一种行政机关对行政相对人实施的行政管理程序，属于行政执法程序。而行政裁判程序是一种裁判行为，对象是当事人双方的争议或纠纷的程序，它具有准司法的特点。

7. **答案**：ACD。本题考查效率原则的保障制度。

8. **答案**：ACD。裁执分离制度体现的是公正原则，而非公开原则。

9. **答案**：AB。时效制度和简易程序制度是保障行政效率原则的，所以不选。

名词解释

1. **答案**：行政程序的公开原则是指用以规范行政权的行政程序，除涉及国家机密、商业秘密或者个人隐私外，应当一律向行政相对人和社会公开。行政相对人因此可以通过参与行政程序维护自己的合法权益；社会民众因此可以通过公开的行政程序，监督行政主体依法行使行政权力。公开原则应当包括如下主要内容：（1）行使行政权的依据必须公开；（2）行政信息公开；（3）设立听证制度；（4）行政决定公开。

2. **答案**：行政程序的公正、公平原则是指行政主体行使行政权应当公正、公平，尤其是公正、公平地行使行政自由裁量权。行政主体公正、公平地行使行政权力，对于行政主体来说，是树立行政权威的源泉；对于行政相对人和社会来说，既是信任行政权的基础，也是行政权具有执行力量的保证。包括以下内容：（1）行政程序立法应当赋予行政相对人应有的行政程序权利。（2）行政主体所选择的行政程序必须符合客观情况，具有可行性。（3）行政主体所选择的行政程序必须符合规律或者常规，具有科学性。（4）行政主体所选择的行政程序必须符合社会公共道德，具有合理性。（5）行政主体所选择的行政程序必须符合社会一般公正心态，具有正当性。

3. **答案**：行政程序的参与原则是指行政主体在作出行政行为的过程中，除法律有特别规定外，应当尽可能为行政相对人提供参与行政行为的各种条件和机会，从而确保行政相对人实现行政程序权益，同时也可以使行政行为更加符合社会公共利益。这一原则的法律价值是使行政相对一方在行政程序中成为具有独立人格的主体，而不致成为行政权随意支配的、附属性的客体。

4. **答案**：行政程序的效率原则是指行政程序中的各种行为方式、步骤、时限、顺序的设置都必须有助于确保基本的行政效率，并在不损害行政相对人合法权益的前提下适当提高行政效率。行政效率是行政权的生命，没有基本的行政效率，就不可能实现行政权维护社会所需要的基本秩序的功能。但是，过分地强调行政效率，又会损及行政相对人的合法权益。因此，行政程序法的效率原则必须体现如下内涵：其一，提高行政效率不得损害行政相对人的合法权益。其二，提高行政效率不得违反公平原则。

5. **答案**：行政程序的代理制度是指行政程序法律关系主体不履行或无法履行法定义务时，依法由他人代为履行的制度。代理发生的前提是这种法定义务具有可替代性，否则就不能代理。

简答题

1. **答案**：程序公正原则的保障制度包括：

   （1）回避制度，执法人员与当事人有直接利害关系的，应当回避。

   （2）合议制度，即对特定问题，由若干公务员组成一定的会议或委员会，以合议的形式作出行政行为。

   （3）听证制度，即在作出不利于相对方的行政行为前，应给予相对方申辩的机会，并听取相对方的意见。

   （4）调查制度，即查清事实、收集证据

的制度。

2. 答案：行政行为说明理由，是指行政主体在作出对行政相对人合法权益产生不利影响的行政行为时，除法律有特别规定外，必须向行政相对人说明其作出该行政行为的事实根据、法律依据以及进行自由裁量时所考虑的政策、公益等因素。行政行为说明理由就内容而言，包括合法性理由和正当性理由。前者用于说明行政行为合法性的依据，如事实材料、法律规范；后者则用于说明正当行使裁量权的依据，如政策形势、公共利益、惯例公理等。

3. 答案：行政程序是指行政主体的职权行使所涉及的主体、环节、步骤、方式、顺序、期限、信息等诸项因素及其制度化的组合。行政程序具有如下法律特征：（1）法定性与正当性。是指用于规范行政行为的程序一般应通过预设的立法程序法律化，使其具有可控制行政行为合法、正当运作的强制力量。（2）空间性与时间性。行政主体实施行政行为不可能一蹴而就，行政行为需要分环节、有步骤、采取一定方式、持续一定时间地展开，构成一个由主体、环节、步骤、顺序、期限、信息等要素组合的过程。一般来说，环节、步骤、方式等构成了行政程序的空间表现形式，时限、期间、顺序等构成了行政程序的时间表现形式，科学合理的行政程序应当实现空间表现形式与时间表现形式的有效结合。（3）权力性与权利性。行政程序是关于行政权力运行的主体、环节、步骤、顺序、期限、信息等要素的组合，它以维护和保障行政主体及其行为的规范性、公正性、权威性和有效性为主旨，体现了行政程序的权力性特征；同时，行政程序又发挥着维护行政相对人知情、陈述、申辩、质证等程序性权利，保障行政相对人参与行政的功能，这是行政程序权利性的体现。

论述题

答案：行政程序是指行政主体作出行政行为的方式、步骤和时间、顺序的过程。建立公正科学的行政程序制度是行政现代化的重要内容。公正科学的行政程序制度应该包括以下几项制度：

（1）告知制度

告知制度是一种基本的行政程序制度，其具体要求是：行政主体作出影响行政相对人权益的行为，应事先告知该行为的内容，包括行为的时间、地点、主要过程，作出该行为的事实根据和法律根据，相对人对该行为依法享有的权利等。

（2）职能分离制度

职能分离制度直接调整的是行政机关内部机构和人员的关系。该制度要求将行政机关内部的某些相互联系的职能加以分离，使之分别由不同的机关或不同的工作人员掌管和行使。

（3）不单方接触制度

不单方接触制度要求行政主体在处理某一涉及两个或两个以上有利益冲突的当事人的行政事务或裁决他们之间的纠纷时，不能在一方当事人不在场的情况下单独与另一方当事人接触，听取其陈述，接受和采纳其证据等。

不单方接触制度有近似于职能分离制度的价值。职能分离制度是通过行政机关内部分工而对其权力行使进行制约；不单方接触则是通过分隔行政机关与外部当事人的不合理联系而对其权力行使进行制约。

（4）回避制度

回避制度包括三项内容：第一，具有法律规定的某种亲属关系的公职人员不得在同一行政机关任职或者不得在同一行政机关内担任双方直接隶属于同一行政首长的职务或有直接上下级领导关系的职务。此外，公务员如有某种法定亲属关系的人员在某行政机关担任领导职务，其不得在该机关内从事某些特定工作，如人事、财务、审计、监察工作等。此种回避称"任职回避"。第二，一定级别、一定职务的公务员不得在原籍县、乡、镇任职。此种回避称"地区回避"。第三，执行职务的人员在执行公务时，如有关事项与本人有利害关系或者有其他关系可能影响公正处理的，其不得参与该事项的处理。此种回避称"公务回避"。行政程序回避制度中的回避，主要指公务回避。

(5) 记录和决定制度

记录和决定制度的内容是：行政主体作出影响行政相对人权益的行为，其过程应有对应的记录，其最终形成的意见表示应形成书面决定，并送达相对人，为相对人所受领。

(6) 说明理由制度

说明理由制度的内容是：行政主体作出涉及相对人权益的决定、裁决，特别是作出对相对人权益有不利影响的决定、裁决时，必须在决定书、裁决书中说明其事实根据、法律根据或行政主体的政策考虑。除了具体行政行为以外，行政机关在制定行政法规、规章或发布其他规范性文件时，在可能的条件下，也应在有关政府公报中说明其事实和法律根据。

(7) 时效制度

时效制度的内容是：行政主体实施行政行为，特别是涉及相对人权益的行为时，法律、法规要对之确定明确的时间限制。如对行政主体实施行政许可行为时，法律、法规要规定其申请的时限、审查的时限、决定的时限、送达的时限等；对行政主体实施行政处罚或行政处分时，法律、法规要为其规定调查相对人（外部相对人，即公民、法人和其他组织，或内部相对人，即公务员）违法行为的时限，审查违法违纪事实，证据或听证的时限，作出处罚、处分决定的时限，向相对人送达处罚、处分决定书的时限，执行的时限；等等。

(8) 听证制度

听证制度是指行政主体听取行政相对人或者争议当事人意见的制度。听证的对象是相对人或者争议当事人；听证的目的是听取相对人或者当事人的意见。听证制度保障了相对人发表意见的权利，充分体现了参与原则。

(9) 救济制度

救济制度虽然不完全是行政程序制度，但由于其与行政程序紧密相连，是对行政行为违法、不当造成的后果进行补救的制度，故仍在整体上被视为行政程序制度。

(10) 证据排除制度

证据排除制度是行政程序基本制度之一，是指行政主体在调查、听证等程序中对相关事实证明材料进行审查、认定，排除具有法定特征或情形的证据材料在行政程序中的证明作用的制度。证据排除制度是行政证据制度的重要内容，是基于保障行政相对人权利、规范行政权力行使、维护程序正义等考虑而必须遵守的制度规则。证据必须经过审查、认定才能确定其对相关事实的证明作用，证据审查、认定应当侧重于审查其来源、内容和形式、取得的方法等，并遵循证据排除规则。

(11) 行政公开制度

行政公开制度是行政程序基本制度之一，是指行政主体根据职权或者应行政相对人的请求，向行政相对人或社会公众公开行政过程和政府信息，以确保他们的知情权、对行政过程的参与和对行政权的监督。现代行政贯彻公开原则，要求行政过程公开和政府信息公开。行政过程公开是指通过公开行政方式、步骤、期限、顺序等形成开放的行为过程，以防止暗箱操作，为行政相对人参与行政过程、主张程序性权利提供时空条件保障，是行政公开制度的骨架和经脉。政府信息公开则是将与行政行为有关的信息公之于众，保障知情权以促进有效的参与和监督，是行政公开制度的细胞和血液。

第十三章　行政复议

☑ **单项选择题**

1. 答案：C。本题考查"行政复议的基本原则"。行政诉讼属于司法过程，相对于行政复议来说，程序要求更加严格，也更加复杂冗长，而行政复议更方便相对人，故选C。
2. 答案：D。参见《行政复议法》第3条规定。
3. 答案：B。参见《行政复议法》第2条规定。
4. 答案：D。《行政复议法》下的行政复议行为是行政司法行为。
5. 答案：D。行政复议是由行政机关自身解决发生的行政争议的一种制度。
6. 答案：C。本题考查行政复议的性质。行政复议不仅包括合法性审查，而且包括合理性审查。故选C。
7. 答案：C。本题考查行政复议范围中的"行政相关人的合法权益"。尽管该题中甲与乡政府之间的纠纷不能从《行政复议法》第11条的列举中找到对应的规定，但是根据该法第2条规定，公民认为具体行政行为侵犯其合法权益，向行政机关提出行政复议申请，行政机关应当受理。该题中，甲与乡政府的约定是合法的，所以乡政府许诺的10万元奖励是甲合法的利益，如果乡政府违背当初的约定，就损害了甲的合法利益，因此是可以提起行政复议的。
8. 答案：B。参见《行政复议法》第29条规定。
9. 答案：D。参见《行政复议法》第11条、第12条规定。
10. 答案：B。本题考查行政复议的范围。
11. 答案：A。D项错，本题中的情形属于行政确权行为，是具体行政行为，依法属于行政复议的范围，不能提起民事诉讼。

    C项错，《土地管理法》第14条规定，土地所有权和使用权争议，由当事人协商解决；协商不成的，由人民政府处理。单位之间的争议，由县级以上人民政府处理；个人之间、个人与单位之间的争议，由乡级人民政府或者县级以上人民政府处理。当事人对有关人民政府的处理决定不服的，可以自接到处理决定通知之日起30日内，向人民法院起诉。据此，本题中的情形属于行政复议前置，当事人必须先向政府申请复议，对有关人民政府的处理决定不服的，再向人民法院起诉。

    B项错，根据《行政复议法》第23条、第24条的规定，本题中应由县政府作为复议机关，甲应向县政府申请行政复议。
12. 答案：A。参见《行政复议法》第24条的规定。本题中街道办事处是区政府的派出机关，故甲应向区政府申请复议。
13. 答案：A。参见《行政复议法》第19条、第24条规定。
14. 答案：A。受行政机关委托的组织不能够独立地承担法律责任。故在确定被申请人时应当为作出委托的行政机关。
15. 答案：B。参见《行政复议法》第24条、第26条规定。
16. 答案：D。参见《行政复议法》第35条规定。
17. 答案：D。参见《行政复议法》第27条规定。
18. 答案：A。在行政复议中，行政机关和相对人的法律地位平等，但权利和义务并不相同。
19. 答案：A。本题考查行政复议被申请人的确定。

    《行政复议法》第19条规定，公民、法人或者其他组织对行政行为不服申请行政复议的，作出行政行为的行政机关或者法律、法规、规章授权的组织是被申请人。《行政复议法实施条例》第11条规定："公民、法人或者其他组织对行政机关的具体行政行为不服,依照行政复议法和本条例的规定申请行政复议的,作出该具体行政行为的行政机关为被申请人。"本题中,虽然区市场监督管理局和公安局共同对农贸市场进行检查,但因吊销营业执照是市场监督管理局的职权,公安局无权行使市场监督管理职能,因此作出吊销执照处罚决定的行政机关也只能是某区市场监督管理局。据此,该个体户应以某区市场监督管理局为被申请人。

20. 答案:B。A错。C项错,因为行政复议不仅审查具体行政行为的合法性,还可以审查其合理性。D项错,《行政复议法实施条例》第50条规定:"有下列情形之一的,行政复议机关可以按照自愿、合法的原则进行调解:(一)公民、法人或者其他组织对行政机关行使法律、法规规定的自由裁量权作出的具体行政行为不服申请行政复议的;(二)当事人之间的行政赔偿或者行政补偿纠纷。当事人经调解达成协议的,行政复议机关应当制作行政复议调解书。调解书应当载明行政复议请求、事实、理由和调解结果,并加盖行政复议机关印章。行政复议调解书经双方当事人签字,即具有法律效力。调解未达成协议或者调解书生效前一方反悔的,行政复议机关应当及时作出行政复议决定。"据此,行政复议机关可以根据自由裁量权进行调解,但不是必须先行调解。

21. 答案:D。第三人是指同申请行政复议的具体行政行为有利害关系的、申请参加或者由行政机关通知参加行政复议的公民、法人或其他组织。根据《行政复议法实施条例》第10条规定,复议申请人、第三人可以委托1名至2名代理人参加行政复议。据此,A项不当选。根据《行政复议法实施条例》第9条第3款的规定,第三人不参加行政复议,不影响行政复议案件的审理。B项不当选。根据《行政复议法实施条例》第35条规定,行政复议机关应当为申请人、第三人查阅有关材料提供必要条件。据此,C项不当选。根据《行政复议法》第78条,申请人、第三人逾期不起诉又不履行行政复议决定的,依照相同规定处理。据此,D项当选。

22. 答案:A。本题考查行政复议的申请时间。参见《行政复议法》第20条规定。

23. 答案:A。参见《行政复议法》第24条。

24. 答案:B。参见《行政复议法》第47条规定,申请人、第三人在复议过程中有权查阅。

25. 答案:C。参见《行政复议法》第48条规定。

26. 答案:A。依据《行政复议法》第88条规定,行政复议期间的计算和行政复议文书的送达,本法没有规定的,参照《民事诉讼法》相关规定执行。《民事诉讼法》第91条规定了邮寄送达的,以回执上注明的收件日期为送达日期。故A项对。

　　一个大原则是,一般只有在受送达人了解或视为受送达人了解(如留置送达)文书的情况下才能认为送达完成,故本题中B、C、D项都错。

27. 答案:B。当被申请人不履行法定职责时,行政复议机关可以决定其在一定期限内履行。但在本题中,瓜已被抢光,复议机关再作出这样的决定已无实际意义,因此,复议机关应作出确认某派出所的不作为行为违法的决定。

28. 答案:D。参见《行政复议法》第64条。

29. 答案:D。参见《行政复议法》第20条规定。

30. 答案:A。参见《行政复议法》第20条。

31. 答案:A。关于A项,《行政复议法》第20条第1款规定:"公民、法人或者其他组织认为行政行为侵犯其合法权益的,可以自知道或者应当知道该行政行为之日起六十日内提出行政复议申请;但是法律规定的申请期限超过六十日的除外。"A项正确。

　　关于B项,《行政复议法》第22条规定,申请人申请行政复议,可以书面申请,书面申请有困难的,也可以口头申请。《行政复议法实施条例》第18条规定:"申请人书面申请行政复议的,可以采取当面递交、邮寄或者传真等方式提出行政复议申请。有条件的行政复议机构可以接受以电子邮件形式提出的行政复议申请。"故B项错误。

关于C项,《行政复议法实施条例》第50条第1款规定:"有下列情形之一的,行政复议机关可以按照自愿、合法的原则进行调解:(一)公民、法人或者其他组织对行政机关行使法律、法规规定的自由裁量权作出的具体行政行为不服申请行政复议的;(二)当事人之间的行政赔偿或者行政补偿纠纷。"行政处罚往往具有裁量幅度,属于行使自由裁量权作出的具体行政行为,可以适用复议调解。故C项错误。

关于D项,《行政复议法》第41条规定,申请人撤回行政复议申请,行政复议机构准予撤回,行政复议机关决定终止行政复议。D项应是"终止"而非"中止",故而错误。

多项选择题

1. **答案**:ABC。本题考查"行政复议的基本原则"。A、B、C三项是《行政复议法》第3条规定的内容,而D项只是行政复议的一项具体制度。

2. **答案**:ABCD。本题主要考查申请行政复议的条件。参见《行政复议法实施条例》第28条规定。

3. **答案**:AB。参见《行政复议法》第11条规定,因高校给学生颁发毕业证是基于法律、法规的授权,所以,本题中的情形符合行政复议的条件,应当受理。

4. **答案**:ACD。参见《行政复议法》第11条的规定。抚恤金、社会保险金、最低生活保障费属于行政复议的范围,但退休金不属于。

5. **答案**:BC。参见《行政复议法》第13条规定。

6. **答案**:ABD。抽象行政行为,又称"制定行政法律规范的行为",是特定的国家行政机关在行使行政权过程中,制定和发布普遍性行为规则的行为。具体包括制定法规、规章和发布决定、命令等行为;具体行政行为,是指行政主体针对特定的对象,就特定的事项作出的处理决定。具体行政行为对特定对象的权利义务直接产生影响。综上所述,本题中的国家药品监督管理局下达文件是针对某药业公司这一特定对象的,因此,该行为是具体行政行为。

A项对,《行政诉讼法》第12条第1款规定:"人民法院受理公民、法人或者其他组织提起的下列诉讼:……(十二)认为行政机关侵犯其他人身权、财产权等合法权益的。"本题中,下达的文件导致该公司产品大量积压,损失巨大,据此某药业公司可以提起行政诉讼。

B项对、C项错,参见《行政复议法》第13条规定。

D项对,根据《行政复议法》第11条规定,本题中的药业公司可以申请复议。

7. **答案**:ABCD。参见《行政复议法》第14条、《行政复议法实施条例》第10条规定。

8. **答案**:BCD。法律、行政法规、地方性法规、自治条例和单行条例、规章、上级和本级行政机关制定的规范性文件,均可作为行政机关作出具体行政行为的依据,皆可作为行政复议审理的依据。

9. **答案**:CD。参见《行政复议法》第78条规定。

10. **答案**:BD。根据《行政复议法实施条例》第41条、第42条的规定,只有在3种中止复议的情况下,中止满60日的复议才终止:(1)作为申请人的自然人死亡,其近亲属尚未确定是否参加行政复议的;(2)作为申请人的自然人丧失参加行政复议的能力,尚未确定法定代理人参加行政复议的;(3)作为申请人的法人或者其他组织终止,尚未确定权利义务承受人的。不可抗力中止满60日的不能终止复议。据此,A项错误。《行政复议法实施条例》第34条第3款规定:"需要现场勘验的,现场勘验所用时间不计入行政复议审理期限。"据此,B项正确。《行政复议法实施条例》第42条规定了行政复议终止的情形,该条第1款第5项规定:"申请人对行政拘留或者限制人身自由的行政强制措施不服申请行政复议后,因申请人同一违法行为涉嫌犯罪,该行政拘留或者限制人身自由的行政强制措施变更为刑事拘留的。"据此,C项错误。根据《行政复议法实施条例》第 37 条规定："行政复议期间涉及专门事项需要鉴定的，当事人可以自行委托鉴定机构进行鉴定，也可以申请行政复议机构委托鉴定机构进行鉴定……"据此，D 项正确。《行政复议法实施条例》分别规定了行政复议中止和终止的情形，并非所有的复议中止情形满 60 日的，都导致复议终止。

不定项选择题

1. 答案：ACD。参见《行政复议法》第 35 条、《行政诉讼法》第 45 条规定。

2. 答案：ACD。参见《行政复议法》第 11 条、第 13 条规定。

3. 答案：ABD。行政复议和行政诉讼的参加人基本相同。

名词解释

1. 答案：行政复议是指国家行政机关在行使其行政管理职权时，与作为管理对象的相对方发生争议，根据行政相对方的申请，由上一级国家行政机关或者法律、法规规定的其他机关依法对引起争议的具体行政行为进行复查并作出决定的一种活动。行政复议的主要特点有：（1）行政性。行政复议是一种行政行为，其主体只能是国家行政机关。（2）职权性。行政相对方的复议申请只能提交给作出原具体行政行为的行政机关的上级有管辖权的国家行政机关，或者是法律、法规规定的其他行政机关。并且，行政复议机关所进行的行政复议活动绝不能超越其法定的职权范围。（3）监督性。复议机关复查原具体行政行为的过程，实质上就是复议机关对作出原具体行政行为的行政机关实施监督的过程。它是一种层级监督、事后监督、间接监督。（4）程序性。行政复议较一般的行政行为具有更高的程序性要求，其每一环节都须符合法定的实体和形式要件。（5）救济性。行政复议是对行政失误的补救。

2. 答案：行政复议法律关系是指在行政复议中，行政复议机关与复议参加人以及其他参与人之间，为解决行政争议，根据行政复议法律规范而形成的权利义务关系。具有以下特点：（1）它是由在行政复议过程中发生的诸多法律关系构成的统一体；（2）行政复议机关始终是行政复议法律关系的一方当事人；（3）行政复议法律关系是一种监督行政法律关系，其程序性的特点比较明显；（4）行政复议当事人在行政复议中的法律地位平等，但双方的权利和义务并不对等。

3. 答案：行政复议法律关系主体是指在行政复议中享有行政复议权利和承担行政复议义务的组织和个人，包括行政复议机关、行政复议参加人和其他参与人。

4. 答案：行政复议机关是指依照法律的规定，有权受理行政复议的申请，依法对被申请的行政行为进行合法性、适当性审查并作出决定的行政机关。行政复议机关在行政复议中起主导作用，是行政复议活动的核心。具有以下特征：（1）行政复议机关是行政机关，法律法规授权的组织不能成为行政复议机关；（2）行政复议机关是有行政复议权的机关，并不是所有行政机关都有行政复议权；（3）行政复议机关以自己的名义行使行政复议权，并对其行为后果独立承担法律责任。因此，行政复议机关必然是行政主体。

5. 答案：行政复议的申请人是指对行政主体作出的具体行政行为不服，依据法律、法规的规定，以自己的名义向行政复议机关提起行政复议申请的公民、法人或者其他组织。具有以下特征：（1）申请人必须是行政相对人，包括公民、法人或者其他组织以及外国人、无国籍人；（2）申请人是认为被具体行政行为侵害其合法权益的人。

6. 答案：行政复议的被申请人是指具体行政行为被行政复议的申请人指控违法侵犯其合法权益，并由行政复议机关通知参加行政复议的行政主体。被申请人包括行政机关和法律法规授权的组织。具有以下特征：（1）被申请人必须是行政主体；（2）被申请人必须是相应行政行为的行政主体；（3）被申请人必须是相应行政行为受申请人指控并由行政复议机关通知参加行政复议的行政主体。

7. 答案：行政复议程序是申请人向复议机关申

请复议，复议机关作出复议决定的各项步骤、形式、顺序和时限的总称。行政复议程序一般包括五个组成要素：（1）行政复议的申请；（2）行政复议的受理；（3）行政复议的审理；（4）行政复议的决定；（5）行政复议决定的执行。

8. **答案**：行政复议的申请指行政相对人不服行政主体的具体行政行为而向行政复议机关提出撤销或者变更该具体行政行为的请求。申请人应当在法定申请期限内提出复议申请，申请复议应符合法定的条件：（1）申请人是具体行政行为直接侵犯其合法权益的公民、法人或其他组织。（2）有明确的被申请人。（3）有具体的复议请求和事实根据。（4）属于申请复议范围。（5）属于受理复议机关管辖。（6）法律、法规规定的其他条件。

9. **答案**：行政复议的受理是指行政复议机关基于审查申请人所提出的复议申请是否有正当理由而决定是否收案和处理。行政复议的受理是行政复议程序的第二阶段。复议申请有下列情形之一的，应裁决不予受理并告知理由：（1）具体行政行为不涉及复议申请人权益，或者没有具体的复议请求和法律、法规和规章依据及事实依据的；（2）没有明确的被申请人的；（3）不属于申请复议范围和不属于受理复议机关管辖的；（4）复议申请超过法定期限，且无正当理由的；（5）复议申请提出之前，已向人民法院起诉的。

10. **答案**：行政复议的审理是指行政复议机关对受理的行政争议案件进行合法性和适当性审查的过程，是行政复议程序的核心。行政复议机关在审查行政争议案件时，不仅可以对具体行政行为是否合法和适当进行审查，而且必须全面审查具体行政行为所依据的事实和规范性文件。

11. **答案**：行政复议决定是指行政复议机关在对具体行政行为的合法性和适当性进行审查的基础上所作出的审查结论，行政复议决定的内容以行政复议决定书的形式表现出来。行政复议决定的形成标志着行政复议机关对行政争议案件的处理终结。行政复议决定分为：（1）决定维持；（2）决定被申请人补正；（3）决定限期履行；（4）决定撤销、变更。行政复议决定的效力主要体现在其确定力、约束力和执行力上。

简答题

1. **答案**：行政复议管辖是指行政复议机关受理复议申请的权限和分工，即发生某一行政争议后，应由哪一个行政机关来行使行政复议权。

（1）县级以上地方各级人民政府管辖下列行政复议案件：①对本级人民政府工作部门作出的行政行为不服的；②对下一级人民政府作出的行政行为不服的；③对本级人民政府依法设立的派出机关作出的行政行为不服的；④对本级人民政府或者其工作部门管理的法律、法规、规章授权的组织作出的行政行为不服的。除上述规定外，省、自治区、直辖市人民政府同时管辖对本机关作出的行政行为不服的行政复议案件。省、自治区人民政府依法设立的派出机关参照设区的市级人民政府的职责权限，管辖相关行政复议案件。对县级以上地方各级人民政府工作部门依法设立的派出机构依照法律、法规、规章规定，以派出机构的名义作出的行政行为不服的行政复议案件，由本级人民政府管辖；其中，对直辖市、设区的市人民政府工作部门按照行政区划设立的派出机构作出的行政行为不服的，也可以由其所在地的人民政府管辖。

（2）国务院部门管辖下列行政复议案件：①对本部门作出的行政行为不服的；②对本部门依法设立的派出机构依照法律、行政法规、部门规章规定，以派出机构的名义作出的行政行为不服的；③对本部门管理的法律、行政法规、部门规章授权的组织作出的行政行为不服的。

（3）对省、自治区、直辖市人民政府依照《行政复议法》第24条第2款的规定、国务院部门依照《行政复议法》第25条第1项的规定作出的行政复议决定不服的，可以向人民法院提起行政诉讼；也可以向国务院申请裁决，国务院依照本法的规定作出最终裁决。

（4）对海关、金融、外汇管理等实行垂

直领导的行政机关、税务和国家安全机关的行政行为不服的,向上一级主管部门申请行政复议。

(5) 对履行行政复议机构职责的地方人民政府司法行政部门的行政行为不服的,可以向本级人民政府申请行政复议,也可以向上一级司法行政部门申请行政复议。

(6) 公民、法人或者其他组织申请行政复议,行政复议机关已经依法受理的,在行政复议期间不得向人民法院提起行政诉讼。公民、法人或者其他组织向人民法院提起行政诉讼,人民法院已经依法受理的,不得申请行政复议。

2. **答案**:行政复议机关通过对复议案件进行审理,根据不同情况,应当在受理行政复议申请之日起60日内分别作出不同决定,法律另有规定的除外。

(1) 维持决定

维持决定是指行政复议机关作出维持被申请的具体行政行为的决定。对被申请的具体行政行为,复议机关认为事实清楚,证据确凿,适用法律、法规、规章和具有普遍约束力的决定、命令正确,符合法定程序和内容适当的,应当依法作出维持该具体行政行为的复议决定。

(2) 履行决定

履行决定是指行政复议机关责令被申请的行政主体在一定期限内履行法定职责的决定。它主要适用于如下两种情况:其一,被申请的行政主体拒不履行法定职责;其二,被申请人拖延履行法定职责。

(3) 撤销、变更和确认违法决定

此种决定是指行政复议机关经对被申请复议的具体行政行为的审查,认为该行为具有如下情形之一的,依法作出撤销、变更或者确认该行为违法的决定,必要时,可以附带责令被申请人在一定期限内重新作出具体行政行为:①主要事实不清、证据不足的;②适用依据不合法的;③违反法定程序的;④超越职权或者滥用职权的;⑤具体行政行为明显不当的。

(4) 驳回复议申请决定

经审理,复议案件中如有下列情形之一的,复议机关应当作出驳回复议申请的决定:①申请人认为行政机关不履行法定职责申请复议,复议机关受理后发现该行政机关没有相应法定职责或者在受理前已经履行法定职责的,前一种情形下申请人的请求于法无据,后一种情形下责令被申请人履行法定职责已经没有现实基础,所以,复议机关应当作出驳回复议申请决定。②复议机关受理复议申请后,发现该行政复议申请不符合《行政复议法》和《行政复议法实施条例》规定的受理条件的。不符合复议申请条件但已经进入复议程序的,应当从程序上驳回申请人的复议申请。上级行政机关如认为复议机关驳回复议申请的理由不成立的,应当责令其恢复审理,复议机关拒绝上级行政机关的"责令",申请人可以要求上级行政机关监督或者向法院提起履行法定职责之诉。

(5) 赔偿决定

申请人在申请行政复议时一并提出行政赔偿请求的,行政复议机关经审查,如认为符合《国家赔偿法》的有关规定应予赔偿的,应在作出撤销、变更具体行政行为或者确认具体行政行为违法的决定时,同时作出责令被申请人依法给予申请人赔偿的决定。

(6) 对抽象行政行为的处理决定

申请人在申请行政复议时,一并提出对有关抽象行政行为的审查申请的,行政复议机关对该抽象行政行为有权处理的,经过该行为的审查,应当在30日内依法作出处理决定;行政复议机关无权处理的,应当在7日内按照法定程序转送有权处理的行政机关,有权处理的行政机关应当在60日内依法作出处理决定。

3. **答案**:对具体行政行为不服申请行政复议,应当具备如下条件:

(1) 申请人合格。申请人必须是认为具体行政行为侵犯其合法权益的行政相对人。也就是说,只有相对人才能对具体行政行为申请复议。在特殊情况下,申请人资格也会发生转移,即有权申请复议的公民死亡的,其近亲属可以申请复议,有权申请复议的法人或者其他组织终止的，承受其权利的法人或其他组织可以申请复议。

（2）有明确的被申请人。相对人申请行政复议必须指明被申请人，即作出具体行政行为侵犯其合法权益的行政主体。没有明确的被申请人，复议机关可以拒绝受理。如果复议机关受理后认为被申请人不合格，则可依法要求其更换。

（3）有具体的复议请求和事实根据。

（4）属于受理复议机关管辖。申请人必须向有法定管辖权的复议机关提出复议申请。复议机关对不属于自己管辖的复议案件应当告知申请人向有管辖权的复议机关提出申请。

（5）在法定申请期限内提出。

（6）属于收到行政复议申请的行政复议机构的职责范围。

（7）其他行政复议机关尚未受理同一行政复议申请，人民法院尚未受理同一主体就同一事实提起的行政诉讼。

（8）法律、法规规定的其他条件。

论述题

答案：行政复议范围是指行政相对人认为行政机关作出的行政行为侵犯其合法权益，依法可以向行政复议机关请求重新审查的行政行为的范围。行政复议法规定了可申请行政复议的范围和不可申请行政复议的范围。

（1）可以申请行政复议的行政行为：①对行政机关作出的行政处罚决定不服；②对行政机关作出的行政强制措施、行政强制执行决定不服；③申请行政许可，行政机关拒绝或者在法定期限内不予答复，或者对行政机关作出的有关行政许可的其他决定不服；④对行政机关作出的确认自然资源的所有权或者使用权的决定不服；⑤对行政机关作出的征收征用决定及其补偿决定不服；⑥对行政机关作出的赔偿决定或者不予赔偿决定不服；⑦对行政机关作出的不予受理工伤认定申请的决定或者工伤认定结论不服；⑧认为行政机关侵犯其经营自主权或者农村土地承包经营权、农村土地经营权；⑨认为行政机关滥用行政权力排除或者限制竞争；⑩认为行政机关违法集资、摊派费用或者违法要求履行其他义务；⑪申请行政机关履行保护人身权利、财产权利、受教育权利等合法权益的法定职责，行政机关拒绝履行、未依法履行或者不予答复；⑫申请行政机关依法给付抚恤金、社会保险待遇或者最低生活保障等社会保障，行政机关没有依法给付；⑬认为行政机关不依法订立、不依法履行、未按照约定履行或者违法变更、解除政府特许经营协议、土地房屋征收补偿协议等行政协议；⑭认为行政机关在政府信息公开工作中侵犯其合法权益；⑮认为行政机关的其他行政行为侵犯其合法权益。行政相对人认为行政机关的行政行为所依据的下列规范性文件不合法，在对行政行为申请行政复议时，可以一并向行政复议机关提出对该规范性文件的附带审查申请：①国务院部门的规范性文件；②县级以上地方各级人民政府及其工作部门的规范性文件；③乡、镇人民政府的规范性文件；④法律、法规、规章授权的组织的规范性文件。

（2）不属于行政复议范围的有：①国防、外交等国家行为；②行政法规、规章或者行政机关制定、发布的具有普遍约束力的决定、命令等规范性文件；③行政机关对行政机关工作人员的奖惩、任免等决定；④行政机关对民事纠纷作出的调解。

第十四章 国家赔偿与补偿

☑ **单项选择题**

1. 答案：B。根据《国家赔偿法》第 36 条的规定，国家赔偿只赔偿法定条件下的直接损失。A 项中的 2000 元误工费属于间接损失。D 项中的 30 万元属于民事偿债判决应当履行的义务，不属于法院违法执行查封造成的直接损失，这 30 万元即便有问题，最多需要执行回转。至于 C 项中的精神损害赔偿问题，《国家赔偿法》第 35 条只对人身自由权、生命健康权造成侵害且有严重后果的精神赔偿予以支持，本案情形不属于对人身自由权、生命健康权造成侵害，故 C 项不属于赔偿范围。可知本案赔偿数额仅限查封造成屋内财产毁损和丢失的 5000 元。综上，本题选 B。

2. 答案：C。《最高人民法院关于人民法院赔偿委员会适用质证程序审理国家赔偿案件的规定》（以下简称《适用质证程序审理国赔案件规定》）第 3 条第 2 款规定，赔偿请求人或者赔偿义务机关申请不公开质证，对方同意的，赔偿委员会可以不公开质证。A 项错误。

《适用质证程序审理国赔案件规定》第 19 条规定，赔偿请求人或者赔偿义务机关对对方主张的不利于自己的事实，在质证中明确表示承认的，对方无需举证；既未表示承认也未否认，经审判员询问并释明法律后果后，其仍不作明确表示的，视为对该事实的承认。B 项缺少审判员的询问和释明法律后果，错误，不选。

C 项正确。《适用质证程序审理国赔案件规定》第 18 条规定，赔偿委员会根据赔偿请求人申请调取的证据，作为赔偿请求人提供的证据进行质证。这一规定与《最高人民法院关于行政诉讼证据若干问题的规定》（以下简称《行诉证据规定》）第 38 条规定的"当事人申请人民法院调取的证据，由申请调取证据的当事人在庭审中出示，并由当事人质证"精神相一致。

《适用质证程序审理国赔案件规定》第 23 条规定：具备条件的，赔偿委员会可以对质证活动进行全程同步录音录像。该条规定的是"可以"，并非"应当"。故 D 项错误。

3. 答案：D。《国家赔偿法》第 7 条第 3 款规定："法律、法规授权的组织在行使授予的行政权力时侵犯公民、法人和其他组织的合法权益造成损害的，被授权的组织为赔偿义务机关。"

4. 答案：A。《国家赔偿法》第 10 条规定："赔偿请求人可以向共同赔偿义务机关中的任何一个赔偿义务机关要求赔偿，该赔偿义务机关应当先予赔偿。"

5. 答案：D。《国家赔偿法》第 7 条第 4 款规定："受行政机关委托的组织或者个人在行使受委托的行政权力时侵犯公民、法人和其他组织的合法权益造成损害的，委托的行政机关为赔偿义务机关。"

6. 答案：D。本题考查行政赔偿的范围。《国家赔偿法》第 3 条规定："行政机关及其工作人员在行使行政职权时有下列侵犯人身权情形之一的，受害人有取得赔偿的权利：（一）违法拘留或者违法采取限制公民人身自由的行政强制措施的；（二）非法拘禁或者以其他方法非法剥夺公民人身自由的；（三）以殴打、虐待等行为或者唆使、放纵他人以殴打、虐待等行为造成公民身体伤害或者死亡的；（四）违法使用武器、警械造成公民身体伤害或者死亡的；（五）造成公民身体伤害或者死亡的其他违法行为。"《国家赔偿法》第 17 条第 5 项规定了行使侦查、检察、审判职权的机关以及看守所、监狱管理机关及其工作人员违法使用武器、警械造成公民身体伤害或者死亡的应承担赔偿责任。

A 项错，本题中的赵某作为警察，可能

随时随地需要履行职责，属于特殊性质职业，在下班期间仍负有处理突发事件的义务。据此，其阻止斗殴的行为是职务行为。B项错，赵某临时阻止斗殴的行为不是执行侦查任务，不是行使侦查职权，而是行使治安管理职权，不适用《国家赔偿法》第17条规定的刑事赔偿，而应适用《国家赔偿法》第3条规定的行政赔偿。其作为行政机关工作人员违法使用武器致人伤害，依法应由国家承担行政赔偿责任。C项错，国家赔偿的前提是职务行为违法致害，仅是职务行为单独并不构成国家赔偿的理由。D项对，赵某作为行政机关工作人员，在行使职权的过程中，违法使用武器致人伤害，属于国家应予赔偿的情形，赔偿义务机关为公安局。

7. 答案：B。《国家赔偿法》第36条规定："侵犯公民、法人和其他组织的财产权造成损害的，按照下列规定处理：……（八）对财产权造成其他损害的，按照直接损失给予赔偿。"本题中公安局违法行使职权，应赔偿甲修复DVD的费用以及停业检查期间为正常运营所支付的费用。

8. 答案：C。参见《国家赔偿法》第9条规定："赔偿义务机关有本法第三条、第四条规定情形之一的，应当给予赔偿。赔偿请求人要求赔偿，应当先向赔偿义务机关提出，也可以在申请行政复议或者提起行政诉讼时一并提出。"

✓ 多项选择题

1. 答案：ABC。本题是对"国家赔偿责任的特征"的考查。D项错，赔偿程序其实是多元化，受害人可以通过多种渠道获得国家赔偿。

2. 答案：ACD。《最高人民法院关于人民法院执行〈中华人民共和国国家赔偿法〉几个问题的解释》第5条规定："根据赔偿法第十九条①第四款'再审改判无罪的，作出原生效判决的人民法院为赔偿义务机关'的规定，原一审人民法院作出判决后，被告人没有上诉……人民检察院抗诉，原二审人民法院维

持一审判决或者对一审人民法院判决予以改判的，原二审人民法院为赔偿义务机关。"

3. 答案：BC。参见《国家赔偿法》第3条规定，行政机关及其工作人员在行使行政职权时有下列侵犯人身权情形之一的，受害人有取得赔偿的权利：（1）违法拘留或者违法采取限制公民人身自由的行政强制措施的；（2）非法拘禁或者以其他方法非法剥夺公民人身自由的；（3）以殴打、虐待等行为或者唆使、放纵他人以殴打、虐待等行为造成公民身体伤害或者死亡的；（4）违法使用武器、警械造成公民身体伤害或者死亡的；（5）造成公民身体伤害或者死亡的其他违法行为。《国家赔偿法》第4条规定，行政机关及其工作人员在行使行政职权时有下列侵犯财产权情形之一的，受害人有取得赔偿的权利：（1）违法实施罚款、吊销许可证和执照、责令停产停业、没收财物等行政处罚的；（2）违法对财产采取查封、扣押、冻结等行政强制措施的；（3）违法征收、征用财产的；（4）造成财产损害的其他违法行为。依据《国家赔偿法》第35条，A项并不是因限制人身自由、身体受侵害等原因而请求精神损害赔偿，所以不能获得国家赔偿；D项为内部行政行为，相关赔偿标准，《国家赔偿法》未作规定。

4. 答案：ABC。A项，参见《最高人民法院关于人民法院执行〈中华人民共和国国家赔偿法〉几个问题的解释》第2条；B、C项，参见《国家赔偿法》第5条，B项为因公民自己的行为致使损害发生；C项为与行使职权无关的个人行为。D项虽为挟私报复，但以行政机关职权行为的面目出现，应由国家承担赔偿责任。

5. 答案：BC。参见《国家赔偿法》第9条："赔偿义务机关有本法第三条、第四条规定情形之一的，应当给予赔偿。赔偿请求人要求赔偿，应当先向赔偿义务机关提出，也可以在申请行政复议或者提起行政诉讼时一并提出。"参见《国家赔偿法》第13条、第14

---

① 对应现行《国家赔偿法》第21条。

条关于赔偿程序的规定。

6. **答案**：AB。参见《国家赔偿法》第 3 条、第 4 条、第 17 条、第 19 条。

7. **答案**：ACD。只有人身侵害造成全部丧失劳动能力的，才给予其抚养的无劳动能力的人生活费。侵犯人身权导致一级至四级伤残的，视为全部丧失劳动能力；五级至十级伤残的，视为部分丧失劳动能力。本题中，只是造成部分丧失劳动能力，不符合法定条件，B 选项错误。

不定项选择题

1. **答案**：AD。根据《国家赔偿法》第 23 条第 3 款的规定，赔偿义务机关决定不予赔偿的，应当自作出决定之日起 10 日内书面通知赔偿请求人，并说明不予赔偿的理由。A 项正确。

   根据《国家赔偿法》第 24 条第 3 款的规定，赔偿义务机关是人民法院的，赔偿请求人可以依照本条规定向其上一级人民法院赔偿委员会申请作出赔偿决定。本案的适格赔偿义务机关是作出一审判决的县人民法院，无须经过司法复议程序，可直接进入赔偿委员会的决定程序，B 项错误。

   根据《国家赔偿法》第 29 条第 1 款的规定，中级以上的人民法院设立赔偿委员会，由人民法院 3 名以上审判员组成。C 项错误。

   关于 D 项，根据《国家赔偿法》第 30 条第 1 款的规定，赔偿请求人或者赔偿义务机关对赔偿委员会作出的决定，认为确有错误的，可以向上一级人民法院赔偿委员会提出申诉。题目中已经作出假设，如果中级人民法院赔偿委员会作出赔偿决定，赔偿义务机关不服的，应向其上一级法院即省高级人民法院赔偿委员会提出申诉，所以 D 项正确。综上，本题选 A、D。

2. **答案**：C。根据《国家赔偿法》第 17 条第 2 项的规定，对公民采取逮捕措施后，决定撤销案件、不起诉或者判决宣告无罪终止追究刑事责任的，属于国家赔偿范围。故 B 选项错误。《国家赔偿法》第 21 条规定，行使侦查、检察、审判职权的机关以及看守所、监狱管理机关及其工作人员在行使职权时侵犯公民、法人和其他组织的合法权益造成损害的，该机关为赔偿义务机关。对公民采取拘留措施，依照本法的规定应当给予国家赔偿的，作出拘留决定的机关为赔偿义务机关。对公民采取逮捕措施后决定撤销案件、不起诉或者判决宣告无罪的，作出逮捕决定的机关为赔偿义务机关。故 A 项错误。《国家赔偿法》第 12 条第 4 款规定，赔偿请求人当面递交申请书的，赔偿义务机关应当当场出具加盖本行政机关专用印章并注明收讫日期的书面凭证。申请材料不齐全的，赔偿义务机关应当当场或者在 5 日内一次性告知赔偿请求人需要补正的全部内容。故 C 项正确。《国家赔偿法》第 24 条规定，赔偿义务机关在规定期限内未作出是否赔偿的决定，赔偿请求人可以自期限届满之日起 30 日内向赔偿义务机关的上一级机关申请复议。赔偿请求人对赔偿的方式、项目、数额有异议的，或者赔偿义务机关作出不予赔偿决定的，赔偿请求人可以自赔偿义务机关作出赔偿或者不予赔偿决定之日起 30 日内，向赔偿义务机关的上一级机关申请复议。故 D 项错误。

3. **答案**：BCD。本题考查国家赔偿的范围。国家赔偿的范围只包括直接损失，不包括间接损失和可得利益的损失。对于县市场监督管理局的违法扣押行为，某厂只能要求返还扣押的财物。不能履行合同的损失属于可得利益的损失，该厂的名誉损失不属于《国家赔偿法》第 35 条的精神损害赔偿的范围，B 项、C 项应选。至于停产损失，只在被吊销许可证和执照、责令停产停业时适用，而且只赔偿停产停业期间必要的经常性费用开支，某厂并未被吊销许可证和执照或责令停产停业，也并不确定停产的 100 万元是否属于经常性、必要的费用开支，因此 D 项应选。

4. **答案**：C。《国家赔偿法》第 7 条规定，受行政机关委托的组织或者个人在行使受委托的行政权力时侵犯公民、法人和其他组织的合法权益造成损害的，委托的行政机关为赔偿义务机关。

5. **答案**：CD。本题较简单，直接依法条规定答题即可。本题考查赔偿请求人。《国家赔偿法》第6条第2款规定："受害的公民死亡，其继承人和其他有扶养关系的亲属有权要求赔偿。"故C项、D项对。A项错，随着自然人的死亡，权利一般都要移转给其他人。

名词解释

1. **答案**：行政赔偿是指国家行政机关和行政机关工作人员在行使职权时，违法侵犯公民、法人或其他组织的合法权益造成损害的，国家负责向受害人赔偿的制度。行政赔偿的特征是：（1）行政赔偿实质上是一种国家赔偿。（2）行政赔偿的起因是行政侵权行为。（3）行政赔偿的义务主体只能是侵权行政机关。（4）行政赔偿范围以具体行政行为造成的侵权损害为限。（5）行政赔偿的责任形式是损害赔偿。（6）行政赔偿的法律责任主体是行政主体。

2. **答案**：国家赔偿的过错归责原则是指致害行为人存在故意或过失或者致害行为本身存在某种欠缺，从而成为承担赔偿责任的根据。肯定过错归责原则在国家赔偿中的地位，是由其功能与价值所决定的：第一，过错归责原则实现了规范与救济的有机统一；第二，过错归责原则可以从理论上合理解决共同侵权行为和混合过错的责任承担问题。

3. **答案**：国家赔偿的无过错责任原则是指在国家公务活动中，只要有损害结果发生，国家就要承担赔偿责任，而无须考虑致害人的过错。无过错责任原则的理论基础为社会连带主义与公共负担人人平等原则。公务无过错责任的意旨在于将公务危险造成的风险损失由个人承担转为由社会全体人员承担，以实现责任的社会化。无过错责任原则不评判侵权行为引起的原因、性质与内容，不问其是否违法或有无过错，而是从侵权行为的结果着眼，从结果责任出发，实行客观归责。

4. **答案**：危险责任是无过错责任的一种。它是指从事对周围环境有高度危险的作业而造成他人损害时，不论行为人主观上有无过错，都应承担法律责任。行政法上的危险责任是作为过错责任的补充形式而出现的。行政主体对下列三种情况，不承担行政赔偿责任：

（1）所发生的损害是受害人的故意造成的；
（2）从事高度危险性业务的行政主体或行政人能证明损害是由不可抗拒的力量引起的；
（3）损害与高度危险性业务无因果关系。

5. **答案**：行政赔偿请求人是指因行政机关及其工作人员违法执行职务而遭受损害，有权请求国家予以赔偿的人。赔偿请求人既可能是公民，也可能是法人或其他组织。行政赔偿请求人包括：（1）受到行政侵权的公民、法人或其他组织；（2）受害人死亡的，其继承人和其他有扶养关系的亲属；（3）受害的法人或其他组织终止的，承受其权利的法人或其他组织。

6. **答案**：行政赔偿义务机关是指依法履行赔偿义务，接受赔偿请求，支付赔偿费用，参加赔偿诉讼程序的行政机关。行政赔偿义务机关可以包括：（1）行政机关；（2）共同行政赔偿义务机关；（3）法律、法规授权的组织；（4）委托机关；（5）行政赔偿义务机关被撤销后的责任承担者；（6）经行政复议后的赔偿义务机关。

7. **答案**：行政赔偿第三人是指同行政赔偿案件处理结果有法律上的利害关系的，除行政赔偿请求人以外的公民、法人和其他组织。

8. **答案**：行政赔偿程序是指受害人提出赔偿请求，赔偿义务机关履行赔偿义务的步骤、方法、顺序、形式等要求。根据《行政诉讼法》和《国家赔偿法》等法律规定，我国行政赔偿分为两种途径：一种是单独就赔偿问题向行政机关和人民法院提出，另一种是在行政复议、行政诉讼中一并提起。

9. **答案**：行政追偿又称求偿，指国家行政机关向请求人支付赔偿费用或履行赔偿义务后，依法责令有故意或重大过失的公务员或受委托的组织或个人，承担部分或者全部赔偿费用的制度。该制度是国家基于行政机关与工作人员之间的特别权力关系而对公务员等实施的制裁形式。追偿责任构成要件：（1）行政赔偿义务机关已向赔偿请求人，即受到损害的公民、法人或者其他组织支付了赔偿金。（2）行政机关工作人员或者受行政机关委托的组织或者个人违法行使行政职权造成了受害人合法权益的损失并且在主观上有故意或重大过失。

10. **答案**：行政追偿的形式有两种：一是违法行使行政职权的工作人员先向受害人赔偿损失，然后，请求国家折算补偿，即"公务员先赔偿，然后向国家追偿"。二是国家先向受害人赔偿，然后根据法定条件和情况责令致害的行政机关工作人员支付赔偿费用，即"国家先赔偿，然后向公务员追偿"。后一种方式的优点在于受害人能及时得到行政赔偿，避免了因行政机关工作人员个人财力薄弱使受害人很难取得赔偿的问题，有利于保护受害人的合法权益。目前，世界上大多数国家，包括我国，都采用第二种追偿形式。

11. **答案**：法定行政补偿是行政机关以及其他行政主体依照法律、法规和规章的明确规定给予个人、组织的补偿。法定补偿包括三种形式：（1）应否补偿以及补偿的方式与数额均由法律、法规和规章作出明确规定，行政补偿义务机关没有裁量余地，只能严格依法进行；（2）法律、法规或规章明确规定应予补偿，但对如何补偿未作规定，留由行政补偿义务机关自由裁量；（3）法律、法规或规章明确规定应予补偿，并规定了补偿的界限和标准，但行政补偿义务机关在如何补偿方面有一定的自由裁量余地。

12. **答案**：裁量行政补偿是指法律、法规和规章对合法行政行为造成的损害是否应作补偿未作规定，而由当事的行政机关或其他行政主体根据公平合理原则自由裁量作出决定。

简答题

1. **答案**：司法赔偿，是指国家司法机关及其工作人员违法行使职权，侵犯公民、法人或其他组织的合法权益并造成损害，由国家承担赔偿责任的制度。行政赔偿与司法赔偿同属于国家赔偿的组成部分，在许多方面具有一致性，但两者也有区别，主要表现如下：

（1）两者的侵权行为主体不同。行政赔偿的侵权行为主体表现为国家行政机关及其工作人员，还包括法律、法规授权的组织及其工作人员，受委托的组织及其工作人员等。司法赔偿侵权行为主体表现为行使司法职能的国家公安机关、国家安全机关以及军队的保卫部门、国家检察机关、国家审判机关、监狱管理机关及在上述机关工作的人员。

（2）两者发生的基础不同。行政赔偿发生在行政管理活动中，由行政机关及其工作人员违法行使职权所引起。司法赔偿是发生在司法活动中，由司法侵权行为所引起。

（3）两者的追偿条件不同。行政赔偿中追偿的条件是行政工作人员或者受委托的组织、个人有故意、重大过失，采用的是主观标准。在司法赔偿中，追偿的条件是司法人员实施刑讯逼供、殴打或以其他暴力方式伤害公民身体，或违法使用武器、警械，或在审理案件中有贪污受贿、徇私舞弊、枉法裁判行为，采用的主要是客观标准。

（4）两者的程序不同。行政赔偿与司法赔偿完全适用不同的程序。行政赔偿最终可以通过诉讼途径解决，司法赔偿则是通过非诉讼途径进行的。

2. **答案**：国家只有在符合一定条件时才承担侵权赔偿责任，具体来说应当符合下列条件：

（1）主体要件。只有国家机关和国家机关工作人员以及其他组织、个人在法律授权或接受国家机关委托的情况下，才能成为侵权行为的主体，一般公民、法人不能成为国家侵权行为的主体。

（2）行为要件。这一构成要件实际上包含两项内容：一是侵权行为必须是执行职务的行为，二是该执行职务的行为违法。

（3）损害事实要件。损害事实的发生是国家承担侵权赔偿责任的首要条件。

（4）因果关系要件。引起赔偿的损害必须为侵权行为主体的违法执行职务行为所造成，即国家侵权行为与损害事实之间存在因果关系。

3. **答案**：违法归责原则，是指国家赔偿以职务违法行为为归责标准，而不问侵权公务人员过错的有无。目前，采用违法归责原则的典型国家是瑞士和奥地利。

1994年《国家赔偿法》第2条第1款规定："国家机关和国家机关工作人员违法行

使职权侵犯公民、法人和其他组织的合法权益造成损害的，受害人有依照本法取得国家赔偿的权利。"但修改后的《国家赔偿法》对归责原则并未明确，取消了"违法"字眼。目前，国内多数学者赞成立法采用违法归责原则。

具体来说，违法归责原则的优势表现在：

第一，违法归责原则与《宪法》《行政复议法》《行政诉讼法》的规定相协调，与法治原则、依法行政原则相一致。

第二，违法归责原则简单、明了，易于接受，可操作性强。

第三，违法归责原则避免了主观过错原则对主观方面认定的困难，便于受害人及时获得国家赔偿。

第四，违法归责原则以执行职务违法作为承担赔偿责任的前提，排除了对合法行为造成的损害给予赔偿的可能性，有效地区分了国家赔偿责任与国家补偿责任。

这里需要特别指出的是，作为违法归责原则的例外，对司法活动中的错捕实行无过错归责。

尽管学术界通说承认，我国国家赔偿采用的主要是违法归责原则，但由于对"违法"尚无法律规定或立法解释，所以学术界对之存在不同的观点。

4. **答案**：国家赔偿责任的构成要件，是指国家承担赔偿责任所应具备的前提条件。国家赔偿的归责原则，是指在法律上确定国家承担赔偿责任所依据的某种标准，国家只对符合此种标准的行为承担赔偿责任。二者既有联系，又有区别。

（1）联系表现在两者相辅相成，缺一不可。归责原则是责任构成要件的基础和前提，而责任构成要件是归责原则的具体体现，其目的是实现归责原则的功能和价值。

（2）二者也存在区别。第一，归责原则是国家赔偿的核心原则，反映了国家赔偿的价值取向，具有普遍指导意义；国家赔偿的责任构成要件是国家赔偿责任是否成立的具体判断标准，主要作用于国家赔偿案件的审理过程。第二，归责原则只确立了国家承担赔偿责任的主要依据和标准，单凭此标准无法作出国家赔偿责任是否构成的判断；国家赔偿责任的构成要件则构成了国家承担赔偿责任的全部要件，除以归责原则为核心指导外，还包括主体要件、行为要件、结果要件、因果关系要件等。

5. **答案**：在某些情况下，由于损害不是行政机关的行为造成的，或者损害虽发生在行政活动中但由不可抗力造成，因而国家不负赔偿责任。《国家赔偿法》第5条明确规定，在以下三种情况下，国家不承担赔偿责任：

（1）行政机关工作人员行使与职权无关的个人行为。

（2）因公民、法人和其他组织自己的行为致使损害发生的。在该种情形下，虽然受害人受到了某种损害，但损害和行政机关的违法行为没有必然关系，国家不承担赔偿责任。如果损害是由行政机关工作人员行使行政职权的行为和受害人自己的行为共同造成，国家要根据行政机关工作人员行使职权行为过错的大小，部分地承担赔偿责任。

（3）法律规定的其他情形。一般来说包括三类：国家责任的豁免；不符合行政侵权赔偿责任的构成要件；具有民法上的抗辩事由。此处所说"法律"，是全国人民代表大会及其常务委员会制定的规范性文件。

6. **答案**：按照《国家赔偿法》第7条和第8条的规定，行政赔偿义务机关有行政机关和法律、法规授权组织两类，此外还需要就一些特殊的情况进行分析：

（1）行政机关

行政机关作为行政赔偿义务机关具体分五种情况：

①单个行政机关致害时的赔偿义务机关；

②两个以上行政机关共同致害时的赔偿义务机关；

③行政机关委托的组织或个人致害时的赔偿义务机关；

④赔偿义务机关被撤销时的赔偿义务机关；

⑤经行政复议的赔偿义务机关。

（2）法律、法规授权组织

法律、法规授权组织在行使被授予的行政职权时侵犯公民、法人和其他组织的合法权益造成损害的，被授权的组织为赔偿义务机关。

(3) 几类特殊情况

实践中，需要对以下几类行政机关行为致害的赔偿义务机关作进一步的确认：

①派出机关和派出机构

一般来说，派出机关具有行政主体资格，并有独立的财政，可确认其赔偿义务机关资格；而派出机构，无论有无法律的明确授权，由于其财政独立的欠缺，由派出机构所在的行政机关作为赔偿义务机关比较适宜。

②内部机构和临时机构

在行政诉讼中，如果有法律、法规和规章的明确授权，行政机关的内部机构和临时机构可作为行政诉讼的被告；如果没有法律、法规和规章的明确授权，则只能由其所在行政机关作为被告。

③批准机关

当事人不服经上级行政机关批准的具体行政行为，向人民法院提起诉讼的，应当以在对外发生法律效力的文书上署名的机关为被告。

7. **答案**：行政赔偿方式是指国家承担行政赔偿责任的具体形式。我国行政赔偿的方式主要有三种：支付赔偿金、返还财产和恢复原状。

(1) 支付赔偿金，是指赔偿义务机关以货币形式支付赔偿金额，补偿受害人所受损失的方式。

(2) 返还财产，又称返还原物，是指赔偿义务机关将违法所取得的财产返还受害人的赔偿方式。

(3) 恢复原状，是指赔偿义务机关对受害人所受损害的财产进行修复，使之恢复到受损害前的形状和性能的赔偿方式。

除上述三种行政赔偿方式外，承担行政侵权责任的方式还有停止侵害、消除影响、恢复名誉和赔礼道歉等。

8. **答案**：侵犯财产权的形式有多种，与此相应，财产权损害的赔偿方式也有返还财产、恢复原状和支付赔偿金等。严格地说，侵犯财产权的计算标准主要是指支付赔偿金的标准，另外还指返还财产、恢复原状的标准，具体包括以下几种情形：

(1) 对违法取得的财物予以返还，如行政机关违法处以罚款、罚金、追缴、没收财产或者国家规定征收财物、摊派费用等，都可以适用返还财产。

(2) 应当返还的财产受到损害的，予以恢复原状。

(3) 不能返还财产或财产损害不能恢复原状的，支付赔偿金。这一规则的具体内容是：第一，应当返还的财产受损害的，能够恢复原状的恢复原状，不能够恢复原状的，按照损害程度给付相应的赔偿金；第二，应当返还的财产灭失的，给付相应的赔偿金；第三，财产已经拍卖的，给付拍卖所得价款。

(4) 吊销许可证和执照，责令停产停业的赔偿标准。这主要是指赔偿停产停业期间必要的经常性费用开支，包括各种税费、水电费、仓储保管费、职工的基本工资等。

(5) 对财产权造成其他损害的，按照直接损失给予赔偿。

除上述财产权损害外，还有其他损害财产权的情况，如对商标权、专利权造成侵害，不履行保护公民财产权的职责而造成的侵害等。对这类损害，国家赔偿直接损失。

9. **答案**：行政赔偿请求的提出必须符合一定的要件，只有当具备了这些要件时，行政赔偿请求人方可以一定的方式单独提出行政赔偿请求或在行政复议、行政诉讼中一并提出请求。提出行政赔偿请求的要件有：

(1) 请求人必须具有行政赔偿请求权。有行政赔偿请求权的公民死亡的，该请求权转移给其继承人和其他有扶养关系的亲属；有行政赔偿请求权的法人或其他组织终止的，继续承受其权利的法人或其他组织有权请求赔偿。

(2) 必须有明确的行政赔偿义务机关。

(3) 必须在法定期限内提出行政赔偿请求。

(4) 其请求必须是在《国家赔偿法》明确规定的应该赔偿范围之内。

10. **答案**：追偿制度的实质就是行政机关代表国家对有故意或重大过失的行政机关工作人员及受委托的组织和个人行使追偿权。国家行政机关行使行政追偿权的构成条件有：

（1）赔偿义务机关已经向赔偿请求人，即受到损害的公民、法人或其他组织支付了赔偿金。

（2）行政机关工作人员或者受行政机关委托的组织或个人违法行使行政职权造成了受害人合法权益的损失，且其在主观上有故意或者重大过失。

11. **答案**：从我国行政补偿的实践看，行政补偿的方式有直接与间接补偿两种。

直接补偿的方式包括：（1）金钱补偿；（2）返还财产；（3）恢复原状。行政主体在运用直接补偿方式时应以金钱补偿为主，但能够返还财产或恢复原状的，应予返还财产或恢复原状。

间接补偿方式常见的有：（1）在人、财、物的调配上给予优惠；（2）减、免税费；（3）授予某种能给受损失人带来利益的特许权；（4）给予额外的带薪休假、旅游和疗养等；（5）在晋级晋职、增加工资、安排就业、分配住房和解决农转非的户口指标等事情上给予照顾等。

间接补偿方式可与直接补偿方式配合使用。间接补偿方式的存在使行政补偿具有很大灵活性，可以节约国家财力。

论述题

1. **答案**：国家赔偿责任，是指国家机关及其工作人员行使职权，有本法规定的侵犯公民、法人或其他组织的合法权益的情形，造成损害的，受害人有依照本法取得国家赔偿的权利。国家赔偿责任的性质通常在两种意义上使用：国家赔偿责任属于民事责任还是国家责任；国家赔偿责任属于代位责任还是自己责任。

对于前者，主要有以下两种制度及相应理论：（1）国家赔偿责任属于民事责任。这种制度及理论在普通法系国家较流行。按照普通法规定，一切人都受同一法律支配，无论是国家机关的过错还是公民的过错，造成他人损害的，都承担相同的法律责任。（2）国家赔偿责任属于国家责任。国家赔偿制度的理论基础是，确定国家赔偿责任的目的是保护公民、法人和其他组织的合法权益不受国家权力的非法侵害，故将此种责任归属于国家责任更有利于立法目的的实现。我国《行政诉讼法》和《国家赔偿法》的颁布标志着我国从法律上确认了国家赔偿的国家责任性质，从立法上完成了从民事赔偿责任向国家赔偿责任的过渡。

对于后者，国家赔偿责任的性质主要有以下几种学说：

（1）代位责任说。该说认为，国家赔偿是公务员侵权行为造成损害，由国家代为承担赔偿责任。

（2）自己责任说。该说认为，无论公务员有无主观过错，只要损害发生在国家权力运作过程中，由违法行为所引起，国家都要负赔偿责任。

（3）合并责任说。该说认为，国家赔偿责任的性质不能一概而论，应视公务员是否具有公务机关的身份而定。如果公务员具有公务机关的身份，则因其侵权行为所造成的损害，国家所承担的赔偿责任属自己责任；如果公务员不具有公务机关的身份，仅具有受雇人的身份，则其侵权行为所造成的损害，国家所承担的赔偿责任系代位责任。

（4）中间责任说。该说认为，公务员的侵权行为被认定为公务机关的侵权行为时，国家对公务员的侵权行为所造成的损害承担责任，是自己责任。如果公务员在实施侵权行为时主观上具有故意或重大过失，则该行为便失去了公务机关行为的性质，仅为该公务员个人的行为。国家本不应该对这种行为造成的损害承担责任，只是为了保护受害人的权益而承担赔偿责任，这种责任系代位责任。

（5）折中说。该说认为，如果公务员执行职务时实施侵权行为造成损害，其赔偿责任应属国家自己责任；如果从国家赔偿责任的要件观察，须以公务员具有"故意或过失"始能成立,则该责任又具有代位责任的性质。

我国绝大多数学者主张国家赔偿责任为自己责任,我国《行政诉讼法》《国家赔偿法》的颁布,进一步确认了国家赔偿责任的性质是自己责任。

2. 答案: 国家赔偿责任理论基础有不同学说:(1)主权在民学说。这一学说是18世纪资产阶级革命家卢梭首先提出来的。国家同人民之间,不是统治者与被统治者、主人与臣仆的关系,而是委托与被委托的契约关系。国家政府以及官吏不是主权的持有者,他们必须执行和遵守人民制定的法律并接受法律的制约,违法者应承担相应的法律责任。这一理论对揭开封建专制国家被"神化"的外衣、建立国家赔偿制度起到了极其重要的作用。(2)法律面前一律平等的思想。法律面前一律平等的思想是主权在民思想的进一步深入和具体化。当国家公务人员在公务活动中侵犯了公民的合法权利,国家应负赔偿责任时,国家与公民不再是管理者与被管理者之间的权力与服从关系,而是民事法律关系中的平等主体关系,即在国家赔偿制度中,实行的是法律面前一律平等的原则。(3)法律拟制说。该说认为,国家是一个拟制的法人,它和普通的私人一样,对其不法行为应同样承担责任,受同样的法律支配,国家赔偿在性质上与一般的民事责任没有差异。此种理论在普通法系国家较为盛行,并成为赔偿法的依据。(4)公共负担平等学说。公共负担平等学说是法国关于国家赔偿的一个重要理论,是一种纯粹的公法理论,现有逐渐被其他国家接受的趋势。该学说认为,政府的活动是为公共利益而实施的,因而应由社会全体成员平等地分担费用。(5)国家危险责任说。该学说认为,任何人由于某种行为而得到利益时,必须对该行为产生的危险承担责任,任何人均不得只获得利益而不负责任。(6)社会保险说。这一学说将国家视为全社会的保险人,把社会成员向国家纳税视为向保险公司投保,把国家机关及其工作人员的公务行为所造成的侵权损害视为受害人的一种意外灾害。当这种灾害不幸发生时,受害人即可向社会保险人——国家索赔,国家应当同保险公司向投保人支付保险金一样,向受害人支付赔偿费用。上述各种学说从不同角度论证了国家赔偿责任的理论依据,都有一定的合理因素,但也存在不同程度的缺陷。由于各国政治、经济、文化、法律传统等方面的差异,至今没有哪一个学说能够为各国立法和学者所完全接受。有的学者主张确立下述四项理论作为我国国家赔偿制度的理论根据:①任何人都必须对自己的行为负责;②民主观念;③法治观念;④国家有限责任说。有的学者则提出了另外四项理论:①人民主权说;②国家平等说;③权力责任说;④国家有限责任说。总之,建立我国的国家赔偿责任制度,应考虑我国的国体、政体及国家职能诸因素,并应以国家与人民之间的关系为出发点。探讨国家赔偿的理论依据要从多方位把握,包括从国家性质、公平正义的理论、保障国家管理秩序和维护社会稳定等方面予以分析。

3. 答案: 根据损害的性质,行政侵权损害分为物质损害和精神损害两部分,《国家赔偿法》对物质损害和精神损害都有规定。(1)物质损害,是指侵权行为所导致的具有财产形态的价值减少或利益的丧失。物质损害又可分为直接损害和间接损害。直接损害是因侵权行为所导致的现存财产上的权利和利益的数量减少和品质降低。间接损害是指侵权行为阻却了财产上的期待利益。我国行政赔偿以赔偿直接损失为主,原则上不赔偿间接损失。(2)精神损害,是指侵权行为致使受害人心理和感情遭受创伤和痛苦,无法正常进行日常活动的非财产上的损害。精神损害通常由侵犯人身权造成,也不排除因侵犯财产权引起。我国《国家赔偿法》第35条规定了精神损害赔偿:"有本法第三条或者第十七条规定情形之一,致人精神损害的,应当在侵权行为影响的范围内,为受害人消除影响,恢复名誉,赔礼道歉;造成严重后果的,应当支付相应的精神损害抚慰金。"即精神损害赔偿金的主体仅限于自然人,而且属于

第 3 条和第 17 条规定的行为，并要求造成严重后果。

4. **答案**：行政赔偿请求人的确定即资格，是指作为行政赔偿请求人所应具备的条件。确定行政赔偿请求人资格是为了防止相对人滥用行政赔偿请求权，保证行政秩序的稳定和避免司法成本的浪费。按照《国家赔偿法》第 2 条、第 6 条的规定，行政赔偿请求人必须是受行政机关及其工作人员违法行为侵害并造成实际损失的公民、法人和其他组织。具体地说，行政赔偿请求人的资格有以下三项：

（1）行政赔偿请求人必须是行政相对人。当行政机关以行政相对人的身份出现，受到其他行政主体违法行政侵害时，也可成为行政赔偿请求人。

（2）行政赔偿请求人必须是自己的合法权益受到侵害并造成实际损害的人。这里包括四层含义：①请求人受到侵害的权益是合法权益。②请求人必须是自己的合法权益受到侵害的人。③请求人受到损害已经发生。④这里的实际损害是行政相对人认为的"实际损害"。只要行政相对人认为其合法权益受到侵害并造成实际损失即可取得申请人资格。

（3）行政赔偿请求人必须是其所受损害与行政违法行为有因果关系的人。请求人所受损害应由行政违法行为直接引起。这里的行政违法行为包括违法的具体行政行为、事实行为和内部管理行为等。这里的因果关系要求受害人指出损害系由行政机关及工作人员的行政侵权行为所致。

5. **答案**：行政赔偿诉讼是一种独立的特殊形式的诉讼，是人民法院根据赔偿请求人的诉讼请求，依照行政诉讼程序和国家赔偿的基本规则和原则裁判赔偿争议的活动。在起诉条件、审理形式、证据规则及适用程序诸方面有其自身特点：

（1）从起诉条件看，在单独提起赔偿诉讼时，要以行政赔偿义务机关先行处理为前提条件。在一并提起行政赔偿请求时，通常以行政复议或行政诉讼确认行政职权行为违法为赔偿先决条件。

（2）从诉讼当事人看，行政赔偿诉讼中，行政赔偿义务机关为诉讼被告，实行"国家责任，机关赔偿"制度，致害的公务员或行政机关的工作人员不作为诉讼被告。

（3）从审理形式看，行政赔偿诉讼审理过程中，可以适用调解作为结案方式。

（4）从证据规则看，行政赔偿诉讼不完全采取"被告负举证责任"的原则，而是参照民事诉讼规则，要求行政赔偿请求人对其主张进行举证。行政赔偿诉讼原则上适用《行政诉讼法》规定的程序，《行政诉讼法》没有规定的，还可以参照适用相应的民事诉讼程序。

6. **答案**：行政补偿的理论基础是指国家为什么要对合法的行政行为造成的损失给予补偿，其理由或理论依据何在。主要有以下观点：

（1）公共负担平等说。该学说认为，政府的活动是为了公共利益而实施的，因而其成本或费用应由社会全体成员平等分担。

（2）结果责任说。该学说认为，无论行政行为合法或违法，以及行为人有无故意或过失，只要行政活动导致的损害为一般社会观念所不允许，国家就必须承担补偿责任。这是基于结果责任的国家补偿。

（3）特别牺牲说。该学说认为任何财产权的行使者都要受到一定内在的、社会的限制，当财产的征用和限制超出这些内在限制时，即产生补偿问题。

（4）社会保险论。该理论将国家视为全社会的保险人，社会成员向国家纳税，等于向保险公司投保。由于国库收入的主要来源是税收，因此国家补偿社会成员的损失就等于社会集资弥补个人的意外损害。据此，社会成员不管因何原因而使其合法权益受损，均可以向国家寻求救济。

（5）社会协作论。该理论认为人与人之间存在着一种社会协作关系，此关系是国家和法律的基础。社会成员应当为社会的存在和发展牺牲部分权利和自由，而社会则应以其整体的力量保障社会成员的生存和发展，对其合法权益遭受的损失或损害给予救济。

（6）人权保障论。该理论认为，保障人

权是国家的重要任务之一，当公民受到其他公民或组织的侵害，或是受到国家的侵害时，都应得到赔偿，其受到的损失或损害应得到补偿。

社会保险论、社会协作论与人权保障论三种理论虽有一定道理，但也有一定缺陷，根据该理论，对于个人、组织合法权益所遭受的损失或损害不管其形成原因是否与国家有关，国家均应给予同等救济。但不能单靠救济主义原则，而只能根据社会现行的公平意识，区分行政赔偿、行政补偿以及行政救助等各种形式，依照损失或损害的形成原因是否与国家行政机关的公务活动有关，以及这种活动是否具有应予责难的性质，从而对各种损失和损害加以区别对待。公共负担平等说相对于前三种理论，具有灵活性，即并非机械地要求国家对特定个人、组织因国家机关以及其他公务组织的活动所受到的一切损失或损害负责。而且，它还为受损人自负一定责任提供了依据。所以它较符合行政补偿的实际情况。

7. **答案**：行政补偿是指行政主体的合法行政行为给行政相对人的合法权益造成损失，依法由行政主体对相对人所受的损失予以补偿的制度。对于行政补偿可以从行为和制度两个层面来界定，从行为层面上讲，它是行政主体的合法行政行为使相对人的合法权益受到损失，由国家通过行政机关予以补偿救济的行为。从制度层面上讲，它是行政主体的合法行为给相对人合法权益造成损失，由国家通过行政机关予以补偿救济的制度。其主要特征如下：

（1）行政补偿的前提是国家行政主体及其工作人员依法履行职责、执行公务的行为导致特定个人、组织的合法权益受到损失，或特定个人、组织为维护和促进国家、社会公共利益而使自己的利益受到损失。

（2）行政补偿主体是国家，而补偿义务机关是国家行政机关或其他行政主体，任何个人均不负有以自己的名义和财产给付行政补偿的义务，且不发生行政追偿问题。

（3）行政补偿的对象是特定的公民或组织。补偿对象的特定性是行政补偿得以成立的一个要件。社会成员对国家和社会负有平等责任，如果社会成员的合法权益因国家的合法行为平等地受到损失，则不存在行政补偿的问题，只有当个别和少数公民、组织因国家合法行为受到额外损失或特别损失，而其他社会成员却因此获益时，才有行政补偿的必要。

（4）行政补偿的依据具有多样性，除法律、法规外，也可依照政策。

（5）行政补偿可以在实际损失发生之后进行，也可以在实际损失发生之前，依照法律规定或当事人双方的约定预先进行。

（6）行政补偿以个人、组织所受的直接损失为限，合法权益受损的个人、组织不得根据其受损权益大小或国家、社会因之避免损失或获益大小提出超出其现实损失之外的补偿要求。

（7）行政补偿的数额标准，大多采用"公正""相当""适当"等规定。在许多情况下，法律规定的补偿额往往小于直接损失额。

（8）行政补偿的方式是多种多样的，除经济补偿外，还可以是生产、生活和就业方式的优待或优惠。

（9）行政补偿费一般不单独在财政中列支，也不实行集中管理，而由具体行政补偿义务机关分散管理。

案例分析题

1. **答案**：（1）不可以提起行政附带民事诉讼。我国行政诉讼法没有明确规定行政附带民事诉讼制度，《最高人民法院关于适用〈中华人民共和国行政诉讼法〉的解释》（以下简称《行诉解释》）第68条虽然规定被告对平等主体之间民事争议所作的裁决违法，民事争议当事人要求人民法院一并解决相关民事争议的，人民法院可以一并审理。但是不能断定就此确立了行政附带民事诉讼制度，而且本案中的民事争议也并非由行政机关裁决违法所致。

（2）国家赔偿责任的因果关系的学说有

以下几种：第一，条件说。此学说认为凡是导致某种结果发生的条件，都是结果的原因。第二，原因说。此学说认为在造成损害结果的诸多条件中，只有一个或几个重要的条件可以作为损害结果的原因。第三，相当因果关系说。此学说认为某种原因仅在现实特定情形中发生某结果，尚不能断定两者之间存在因果关系。而只有在一般情形中，依照普遍的社会观念和正常人的预见，也能发生同样结果的，才能认定有因果关系。国家机关行使职权具有特殊性，其权力的来源和依法办事的原则均要求其必须以为社会提供优良服务为己任，对自己的违法职务行为导致相对人合法权益的损害，国家都应承担赔偿责任，因此，国家侵权行为的因果关系应适用条件说。本案中某车管局的行为与车主的行为共同造成了他人的损失，与损害之间具有因果关系。

（3）车主承担民事责任后不足部分可以提出国家赔偿的请求。国家赔偿与民事赔偿是互补的关系。在确定赔偿责任时，受害人应向民事侵权人请求赔偿，当从民事侵权人那里得不到赔偿或者得不到完全赔偿时，国家才承担赔偿责任。

2. **答案**：（1）能。因为按照《国家赔偿法》的规定，受害人单独提起行政赔偿请求的必须首先向赔偿义务机关提出，只有在对赔偿义务机关的赔偿决定不服的情况下，才能提起行政复议或向人民法院提起行政赔偿诉讼。本案中赔偿义务机关已经对王某的单独赔偿请求作出了决定，王某对此决定不服可以提起行政赔偿诉讼。

（2）成立。因为郑某的行为是市场监督管理局的行政行为，王某的损失是该行为直接造成的，而且该损失也属于国家赔偿法规定的赔偿范围。所以，市场监督管理行政机关对王某所受到的损失应负赔偿责任。

（3）本案的赔偿义务主体是市场监督管理局。因为按照《国家赔偿法》规定，行政机关及其工作人员行使职权对侵犯公民、法人或其他组织合法权益造成损害的，该行政机关为赔偿义务机关。而对有故意和重大过失的工作人员，赔偿义务机关可以对其行使追偿权，但不能由其直接对受害人进行赔偿。

第十五章 行政诉讼

单项选择题

1. **答案**：A。与民事诉讼、刑事诉讼相比，行政行为合法性审查原则是行政诉讼所独有的基本原则。
2. **答案**：B。ACD 三项是原、被告共同的诉讼权利。
3. **答案**：D。行政诉讼是以人民法院为主导来解决行政争议。

多项选择题

1. **答案**：ACD。ACD 项对，行政诉讼与民事诉讼的区别主要在于：（1）解决的争议性质不相同；（2）适用的实体法律规范不同；（3）行政诉讼中原被告具有恒定性，民事诉讼则不具有；（4）诉讼权利不同；（5）起诉的先行条件不同；（6）在能否适用调解的问题上不同。

   B 项错，民事和行政两种诉讼活动都是在人民法院主持下进行的，许多基本原则如公开审判的制度、回避制度、两审终审制度、合议制度等都是相同的。

2. **答案**：ABCD。本题考查的是行政诉讼法的特征。行政诉讼法是行政程序法的一部分，是行政法的程序法，是通过司法机关来监督行政机关是否依法行政的法律。
3. **答案**：BCD。在行政诉讼中，行政机关和行政相对人的法律地位平等。
4. **答案**：AB。本题考查行政诉讼的特点。行政诉讼需要经公民、法人和其他组织的提起才能开始，人民法院不能依职权主动提起。
5. **答案**：ABCD。《行政诉讼法》第 63 条规定："人民法院审理行政案件，以法律和行政法规、地方性法规为依据。地方性法规适用于本行政区域内发生的行政案件。人民法院审理民族自治地方的行政案件，并以该民族自治地方的自治条例和单行条例为依据。人民法院审理行政案件，参照规章。"
6. **答案**：BD。人民法院的合法性审查只限于行政行为的合法性，一般不审查其合理性。即行政机关在法律、法规授予的行政自由裁量权范围内作出的行政行为是否合理、适当，原则上通过行政复议由行政机关自行判断和处理，人民法院对此不能审查。对于明显不当的行政处罚行为，人民法院可以适用变更判决，原因在于明显不当的处罚行为属于不合法的行政行为范围，它不属于行政处罚行为合理性的判断。针对行政法规、规章或者行政机关制定、发布的具有普遍约束力的决定、命令等抽象行政行为提起的诉讼，不属于人民法院的受案范围。
7. **答案**：ABCD。本题主要考查行政诉讼的特点。行政诉讼和刑事诉讼在案件的性质、起诉的起诉人、审理的目的、适用的实体法律规范和程序法律规范四个方面都存在差异。
8. **答案**：BCD。参见《行政诉讼法》第 54 条规定："人民法院公开审理行政案件，但涉及国家秘密、个人隐私和法律另有规定的除外。涉及商业秘密的案件，当事人申请不公开审理的，可以不公开审理。"
9. **答案**：BCD。A 选项中的受案范围是行政诉讼最富特色的内容之一，不可能适用《民事诉讼法》的相关内容。A 选项中的管辖也是行政诉讼最富特殊性的，如一般地域管辖，永远有管辖权的是最初作出行政行为的行政机关所在地的法院，不是"原告就被告""被告所在地的法院"，这两项原则是民事诉讼的一般地域管辖。所以 A 选项不当选。《行政诉讼法》第 101 条规定，人民法院审理行政案件，关于期间、送达、财产保全、开庭审理、调解、中止诉讼、终结诉讼、简易程序、执行等，以及人民检察院对行政案件受理、审理、裁判、执行的监督，本法没有

不定项选择题

答案：（1）D。在行政诉讼与民事诉讼交叉的场合，一般应遵循先行政后民事的原则。据此，本题中甲应遵循先行后民的原则，先提起行政诉讼。

（2）BC。A项错B、C项对，在行政争议与民事争议的解决交织在一起的情况下，人民法院可以采用行政附带民事诉讼的审理方式，解决行政争议的同时一并解决民事争议。在行政诉讼尚未结案时，甲或乙又就同一个民事争议提起民事诉讼的，受诉法院不应受理。D错，行政诉讼中原、被告具有恒定性，被告行政机关不能提起反诉。

名词解释

1. **答案：** 行政诉讼是指行政相对人与行政主体在行政法律关系领域发生纠纷后，依法向人民法院提起诉讼，人民法院依法定程序审查行政主体的行政行为的合法性，并判断行政相对人的主张是否妥当，以作出裁判的一种活动。具有以下特征：（1）行政诉讼是解决行政纠纷的一种诉讼活动，是发生纠纷的行政相对人一方或多方，请求与纠纷各方没有利害关系的国家机关，按照能确保公正的程序解决纠纷的活动。（2）行政诉讼的原告是行政相对人，即认为行政机关的具体行政行为侵犯了自己合法权益的公民、法人和其他组织。（3）行政诉讼的被告是作出具体行政行为的行政机关或法律、法规授权的组织。

2. **答案：** 行政诉讼法律关系是由行政诉讼法所调整的，以行政诉讼主体诉讼权利义务为内容的一种社会关系。具有以下特征：（1）行政诉讼法律关系是在行政诉讼法调整之下的行政诉讼主体之间的社会关系。（2）行政诉讼法律关系以行政诉讼主体的诉讼权利和义务为内容。

3. **答案：** 行政诉讼法律关系的客体是指行政诉讼法律关系主体诉讼权利和义务所指向的对象。包括以下内容：（1）法院与诉讼当事人之间诉讼权利、义务关系所指向的对象，确定具体行政行为是否合法，从而解决行政纠纷。（2）法院与证人、鉴定人、勘验人、翻译人员等其他诉讼参与人的诉讼权利、义务关系所指向的对象，是查明案件的事实真相。

4. **答案：** 行政诉讼标的是行政诉讼诉的构成要素之一。因发生行政争议，当事人要求法院进行调整的行政关系。当事人提起行政诉讼，要求法院确认和调整这一关系。行政诉讼标的是具体的，而不是抽象的。

5. **答案：** 不适用调解原则是指人民法院审理行政案件不得采用调解作为审理程序和结案方式。可以用调解方式结案的只限于特定案件，如关于行政赔偿、补偿的诉讼。

6. **答案：** 行政诉讼的辩论原则是行政诉讼法的基本原则之一。指双方当事人就具体行政行为是否合法，相互辩驳和论证。辩论贯穿于行政诉讼的全过程，双方当事人以此证明自己的主张成立，人民法院以此查明具体行政行为是否合法。双方当事人的辩论，集中到一点是行政行为合法与违法之争。辩论的特点是：首先，以现存的具体行政行为为对象，即辩论对象的特定性。其次，在诉讼过程中，如行政机关对其行政行为作出了变更，双方当事人则只能就变更后的具体行政行为进行辩论，即辩论内容的可变性。最后，辩论的实质问题是行政行为是否违法和侵权，即辩论的有限性。

简答题

1. **答案：**（1）含义：所谓"起诉不停止执行原则"是指行政诉讼中，原行政决定并不因原告提起诉讼而停止执行。

（2）理由与根据：它是国家行政管理的连续性和不间断性的必然要求，它以国家意志先定力理论为依据。即国家行政机关的决定一经作出，就推定为合法，具有国家决定的法律效力，这样有利于行政机关顺利行使职权；从行政管理实践看，如果行政决定因起诉中断执行，就有可能在起诉情况较多时，使整个行政管理陷于瘫痪，将不利于公共利益，也影响公众的利益。

（3）"原则"的例外。《行政诉讼法》第56条规定："诉讼期间，不停止行政行为的执行。但有下列情形之一的，裁定停止执行：（一）被告认为需要停止执行的；（二）原告或者利害关系人申请停止执行，人民法院认为该行政行为的执行会造成难以弥补的损失，并且停止执行不损害国家利益、社会公共利益的；（三）人民法院认为该行政行为的执行会给国家利益、社会公共利益造成重大损害的；（四）法律、法规规定停止执行的。当事人对停止执行或者不停止执行的裁定不服的，可以申请复议一次。"

2. **答案**：在行政诉讼中不适用调解原则，这是因为：

（1）行政争议是因行政机关行使行政权而引起的，行政权不得转让、放弃或妥协；

（2）行政争议所反映的法律关系是一种管理与被管理、管理与服从关系；

（3）行政诉讼是人民法院对行政行为的合法性审查，而不是合理性审查，无须调解。

3. **答案**：行政诉讼法律关系的主体是行政诉讼权利和行政诉讼义务的承担者，是行政诉讼法律关系最基本的要素。行政诉讼法律关系的主体可分为三类：

（1）法院。法院是行使国家审判权的机关，在行政诉讼中拥有指挥权、审理权和裁判权，它的行为对于诉讼程序的发生、变更或消灭起决定性作用。

（2）行政诉讼参加人。行政诉讼参加人是指行政诉讼当事人以及与当事人诉讼地位相同的人，包括原告、被告、共同诉讼人、第三人和诉讼代理人等。

（3）行政诉讼的其他参与人。行政诉讼的其他参与人指行政诉讼参加人之外的参与行政诉讼的证人、鉴定人、勘验人和翻译人员等。

论述题

答案：行政复议与行政诉讼同为解决行政纠纷的制度。其中行政复议是指公民、法人和其他组织以行政机关的具体行政行为侵害其合法权益为由，依法向有复议权的行政机关申请复议，受理申请的复议机关依照法定程序对引起争议的具体行政行为进行审查并作出裁决的活动。行政诉讼是指公民、法人和其他组织认为行政机关的具体行为侵犯其合法权益依法向人民法院提起诉讼，由人民法院进行审理并作出判决的制度。行政诉讼和行政复议有许多共同之处：（1）两者裁决行政纠纷范围的主要标准一致，即以具体行政行为引起的纠纷为核心；（2）两者裁决权力行使的方式一致，即采取"不告不理"原则，为被动方式；（3）两者在审理行政纠纷过程中所遵守的某些法律制度一致，如不适用调解方式、不停止具体行政行为执行等；（4）两者被引起的根据相同，即都是行政相对人不服具体行政行为而提起的请求。

但是，行政诉讼与行政复议毕竟是两种不同性质的法律制度，相互之间存在一定的差别，主要表现为：（1）行政复议是一种具体行政行为，由行政机关作出并产生行政法上的法律效力，而行政诉讼是一种司法行为，由法院作出并产生司法效果，对同一行政纠纷所作的裁决，按照司法最终原则，以行政诉讼裁决为最终有效裁决；（2）行政复议是依照行政复议的法律作出，虽然是一种准司法程序，但归根结底还是属于行政程序，因而比行政诉讼程序要简单、迅速、灵活、方便，而行政诉讼依照行政诉讼法律作出，是一种完全司法程序，因此比行政复议程序要复杂；（3）虽然行政复议与行政诉讼所解决的行政纠纷范围确立的主要标准一致，但行政复议毕竟是上级行政机关对下级行政机关的监督，同一性质或者隶属关系的行政机关之间的监督。因此，行政复议所能够裁决的行政纠纷范围比行政诉讼要大一些、对具体行政行为合法与合理的审查及决定的方式的能力要强一些。

就某一行政纠纷来说，是通过行政复议程序解决或是通过行政诉讼程序解决，或者两个程序都可经过及其两个程序法律关系如何，各国尚无统一做法。但一般来说，解决该问题须明确两个原则：其一，司法是否为最终效力。一方面，无论是否经过行政程序，以司法裁决为最终有效裁决；另一方面，凡是行政纠纷，原则上均能最后提起行政诉讼，不管其是否经过行政复议的程序。因此，一般以司法最终原则来确立行政诉讼与行政复议的关系。其二，行政复议是否为行政诉讼的前置或必需程序。从各国法律的现状来看，均规定了一定形式的类似于行政复议的制度，如日本按照《行政不服审查法》确立的行政争议制度、美国在行政组织条款中设立的"行政法官"等行政裁判制度、英国的行政裁判所等。但是，由于各国的历史发展，具体国情和制度等因素的不同，有的国家采取行政复议为行政诉讼必需程序，如德国等，也有的国家采取行政复议为诉前选择程序，但提倡和鼓励经过复议程序，如美国、英国、日本等。

我国的行政复议制度，行政诉讼与行政复议在裁决行政纠纷的先后程序关系，表现为下列不同的情况：

第一，行政复议为行政诉讼的必经前置程序。即相对人不服具体行政行为向法院起诉前必须先向复议机关提起行政复议，否则，不得向法院起诉。例如，《海关法》及众多的税务法律、法规等。

第二，行政诉讼与行政复议由行政相对人自行选择，既可以先选择行政复议，若不服还可以再提起行政诉讼，也可以不经复议直接提起诉讼，但选择诉讼后不能回到复议。凡能提起行政诉讼的行政纠纷，均可采用该种情况来处理，而且法律、法规鼓励和提倡先经过行政复议，不服时再提起诉讼。例如，《海关法》第53条、《土地管理法》之规定等。

第三，行政复议决定为终局裁决，行政相对人即使还不服，也不得提起行政诉讼，即复议排斥诉讼。应当注意的是，只有最高权力机关制定的法律规定行政复议为最终裁决的，方可有效排斥行政诉讼救济手段，如《行政复议法》最终裁决的有关规定。

第十六章 行政诉讼受案范围与管辖

☑ **单项选择题**

1. **答案**：D。参见《行政诉讼法》第12条规定。
2. **答案**：D。本题考查的是备案登记行为的性质。房地产管理局的备案登记，只是政府了解社会交易信息，加强宏观调控的手段，对当事人之间权利义务关系并无影响，根据《行诉解释》第1条第2款第10项的规定，对公民、法人或者其他组织权利义务不产生实际影响的行为不属于人民法院行政诉讼受案范围。因此，B项正确，D项不正确。

   《民法典》第502条规定，依法成立的合同，自成立时生效。法律、行政法规规定应当办理批准、登记手续生效的，依照其规定。而根据《城市房地产管理法》第45条的规定，商品房预售合同应当办理备案手续。按照《民法典》合同编的规定，并非所有的登记、备案行为都决定合同的效力，只有那些"法律、行政法规明确规定只有办理登记、备案，合同才生效"的才如此。因此，A项正确。

   《行政诉讼法》第29条第1款规定：公民、法人或者其他组织同被诉行政行为有利害关系但没有提起诉讼，或者同案件处理结果有利害关系的，可以作为第三人申请参加诉讼，或者由人民法院通知参加诉讼。某公司作为商品房预售契约的一方当事人，与该案的审理结果有利害关系，因此其可以以第三人的身份参加诉讼。C项正确。
3. **答案**：B。参见《行诉解释》第12条规定。
4. **答案**：C。本题考查行政许可决定行政诉讼原告资格。《行政许可法》第42条第1款规定："除可以当场作出行政许可决定的外，行政机关应当自受理行政许可申请之日起二十日内作出行政许可决定。二十日内不能作出决定的，经本行政机关负责人批准，可以延长十日，并应当将延长期限的理由告知申请人。但是，法律、法规另有规定的，依照其规定。"A选项说得太绝对，没有考虑延长的情况，故A不选。

   《行政许可法》第57条规定："有数量限制的行政许可，两个或者两个以上申请人的申请均符合法定条件、标准的，行政机关应当根据受理行政许可申请的先后顺序作出准予行政许可的决定。但是，法律、行政法规另有规定的，依照其规定。"故区政府的做法是合法的，B不选。

   《行诉解释》第12条规定："有下列情形之一的，属于行政诉讼法第二十五条第一款规定的'与行政行为有利害关系'：（一）被诉的行政行为涉及其相邻权或者公平竞争权的；（二）在行政复议等行政程序中被追加为第三人的；（三）要求行政机关依法追究加害人法律责任的；（四）撤销或者变更行政行为涉及其合法权益的；（五）为维护自身合法权益向行政机关投诉，具有处理投诉职责的行政机关作出或者未作出处理的；（六）其他与行政行为有利害关系的情形。"区政府对张某的许可可能侵犯李某的公平竞争权，李某有权对该许可行为提起行政诉讼，故选C。

   《行诉解释》第1条第2款第10项规定，对公民、法人或者其他组织权利义务不产生实际影响的行为不属于人民法院行政诉讼受案范围。政府批准建幼儿园的行为不必然影响A幼儿园的权益，故不选D。
5. **答案**：C。参见《行政诉讼法》第12条、第13条规定。
6. **答案**：D。本题考查撤诉后行政机关又作出相同行为的处理。卫生行政部门又以同一事实和理由作出了与原处罚决定相同的决定，为一新的具体行政行为，故潘某可以对卫生行政部门新的处罚决定提起诉讼。

7. 答案：C。对公民、法人或其他组织的权利义务不产生实际影响的行为不属于人民法院的受案范围。除不具强制力的行政指导行为、行政调解行为、重复处理行为外，以下行为也是未对公民、法人或其他组织的权利、义务产生实际影响的行为：（1）尚未成熟的行为。主要是指尚处于行政系统内部、未最终形成的行为。例如，一个需要经过上级机关批准却处于申请批准过程中的行为。（2）程序性的准备行为。例如，行政处理决定作出之前的通知行为、咨询行为、调查行为等。这些行为均依附于其后续的决定行为，本身缺乏独立性，不能单独地影响公民、法人或其他组织的合法权益。

综上所述，本题中市场监督管理局要调查刘某的决定行为是尚未成熟的行为，并未作出具体的行政处理决定，未对刘某产生实际影响，因此不具可诉性，由此引发的争议不属于行政诉讼的受案范围。

8. 答案：B。"法律规定的行政终局裁决行为"中的"法律"应理解为狭义的法律，即全国人民代表大会制定或通过的规范性文件。我国目前有两部法律规定了行政终局裁决。

9. 答案：C。本题中的情形属于"申请行政机关履行保护人身权、财产权等合法权益的法定职责，行政机关拒绝履行或不予答复"，可以提起行政诉讼，人民法院应予受理。

10. 答案：A。本题考查行政复议和行政诉讼的范围。甲是在行使职权的过程中被乙打伤，甲是以行政执法人员，而不是以其私人身份与乙发生了冲突关系，甲的行为是职务行为，属于非平等民事主体间的民事关系，这种冲突关系不是民事意义上的关系。甲的受伤，其医药费、营养费和其他伤残的费用是由国家补偿的，不由乙来赔偿，也就不能转化为甲和乙之间的民事法律关系，所以不应当选B。另外，公安局认定乙的行为构成妨碍公务，乙的行为侵害的是行政机关的执法秩序，从这个角度来讲，甲不但不是行政相对人，也不是利害关系人，因此既不能提起行政复议，也不能提起行政诉讼。因此答案选A。

11. 答案：A。本题中的情形属于滥用行政检查权，是违法的行政检查行为。行政检查是行政主体的行政职责，是指行政主体基于行政职权依法对公民、法人或其他组织是否遵守法律的情况进行的检查。但违法的行政检查行为也会破坏被检查人正常的生活和生产经营秩序，侵犯相对人的人身权和财产权，因而引发的争议属于行政诉讼的受案范围。主要表现为：①行政检查主体没有相应的检查权限；②滥用行政检查权；③未遵守保密义务等。

12. 答案：A。本题考查行政诉讼的受案范围。《行政诉讼法》第12条第1款规定："人民法院受理公民、法人或者其他组织提起的下列诉讼：……（三）申请行政许可，行政机关拒绝或者在法定期限内不予答复，或者对行政机关作出的有关行政许可的其他决定不服的；……（十）认为行政机关没有依法支付抚恤金、最低生活保障待遇或者社会保险待遇的……"本题中吴某一直凭《烈士证书》领取抚恤金，这里的《烈士证书》除具有荣誉证明的作用外，还作为获取一定物质利益（领取抚恤金）的权利凭证，具有某种证照性质。由此，民政局未将《烈士证书》换发给吴某，直接影响到吴某的合法权益。吴某的诉讼表面上是要求取回《烈士证书》，实质上是为了日后能够顺利领取抚恤金。据此，本题中的情形符合《行政诉讼法》第12条关于受案范围的规定，法院应该予以受理。

13. 答案：C。参见《行政诉讼法》第12条、第13条规定。

14. 答案：C。参见《行诉解释》第16条规定。

15. 答案：B。行政诉讼审查的对象是行政机关作出的具体行政行为，抽象行政行为不属于行政诉讼的受案范围。

16. 答案：A。本题考查行政诉讼中被告的确定。《行政诉讼法》第26条第2款规定："经复议的案件，复议机关决定维持原行政行为的，作出原行政行为的行政机关和复议机关是共同被告；复议机关改变原行政行为的，复议机关是被告。"因此王某以市公安局为被告提起行政诉讼是正确的，法院应当决定受理。

17. **答案**：D。关于 A 选项，根据《行诉解释》第 1 条第 2 款第 2 项规定，调解行为以及法律规定的仲裁行为不属于行政诉讼受案范围，A 选项应属于民事诉讼，故错误。

    关于 B 选项，依据《行政诉讼法》第 13 条规定："人民法院不受理公民、法人或者其他组织对下列事项提起的诉讼：……（四）法律规定由行政机关最终裁决的行政行为。"依据《出境入境管理法》第 64 条第 1 款规定："外国人对依照本法规定对其实施的继续盘问、拘留审查、限制活动范围、遣送出境措施不服的，可以依法申请行政复议，该行政复议决定为最终决定。"可见，外国人对出入境边检机关实施遣送出境措施的复议决定不服的，不得再提起行政诉讼，故 B 选项错误。

    关于 C 选项，依据《行政诉讼法》第 13 条规定："人民法院不受理公民、法人或者其他组织对下列事项提起的诉讼：……（三）行政机关对行政机关工作人员的奖惩、任免等决定……"定期考核评为不称职属于内部管理行为，不属于行政诉讼受案范围，故 C 选项错误。

    关于 D 选项，依据《行政诉讼法》第 12 条规定："人民法院受理公民、法人或者其他组织提起的下列诉讼：……（十一）认为行政机关不依法履行、未按照约定履行或者违法变更、解除政府特许经营协议、土地房屋征收补偿协议等协议的……"行政协议属于行政诉讼受案范围，故 D 选项正确。

18. **答案**：D。《行政复议法》第 27 条规定，对海关、金融、外汇管理等实行垂直领导的行政机关、税务和国家安全机关的行政行为不服的，向上一级主管部门申请行政复议。《行政诉讼法》第 15 条规定："中级人民法院管辖下列第一审行政案件：……（二）海关处理的案件；……"第 18 条第 1 款规定："行政案件由最初作出行政行为的行政机关所在地人民法院管辖。经复议的案件，也可以由复议机关所在地人民法院管辖。"

19. **答案**：A。参见《行政诉讼法》第 20 条规定："因不动产提起的行政诉讼，由不动产所在地人民法院管辖。"

20. **答案**：B。参见《行政诉讼法》第 15 条规定："中级人民法院管辖下列第一审行政案件：（一）对国务院部门或者县级以上地方人民政府所作的行政行为提起诉讼的案件；（二）海关处理的案件；（三）本辖区内重大、复杂的案件；（四）其他法律规定由中级人民法院管辖的案件。"

21. **答案**：D。当人民法院和复议机关同时收到时，行政相对人享有选择权。

22. **答案**：D。参见《行政诉讼法》第 19 条规定："对限制人身自由的行政强制措施不服提起的诉讼，由被告所在地或者原告所在地人民法院管辖。"《行诉解释》第 8 条："行政诉讼法第十九条规定的'原告所在地'，包括原告的户籍所在地、经常居住地和被限制人身自由地。对行政机关基于同一事实，既采取限制公民人身自由的行政强制措施，又采取其他行政强制措施或者行政处罚不服的，由被告所在地或者原告所在地的人民法院管辖。"

23. **答案**：D。参见《行政诉讼法》第 20 条规定："因不动产提起的行政诉讼，由不动产所在地人民法院管辖。"

24. **答案**：D。参见《行政诉讼法》第 18 条规定："行政案件由最初作出行政行为的行政机关所在地人民法院管辖。经复议的案件，也可以由复议机关所在地人民法院管辖。经最高人民法院批准，高级人民法院可以根据审判工作的实际情况，确定若干人民法院跨行政区域管辖行政案件。"

25. **答案**：B。本题考查经过复议的行政诉讼案件的管辖。首先确定本案的级别管辖法院。《行政诉讼法》第 26 条第 2 款规定："经复议的案件，复议机关决定维持原行政行为的，作出原行政行为的行政机关和复议机关是共同被告；复议机关改变原行政行为的，复议机关是被告。"《行诉解释》第 22 条规定："行政诉讼法第二十六条第二款规定的

'复议机关改变原行政行为',是指复议机关改变原行政行为的处理结果。复议机关改变原行政行为所认定的主要事实和证据、改变原行政行为所适用的规范依据,但未改变原行政行为处理结果的,视为复议机关维持原行政行为。复议机关确认原行政行为无效,属于改变原行政行为。复议机关确认原行政行为违法,属于改变原行政行为,但复议机关以违反法定程序为由确认原行政行为违法的除外。"根据《行政诉讼法》第15条第1项的规定,可排除A、C。《行政诉讼法》第20条规定:"因不动产提起的行政诉讼,由不动产所在地人民法院管辖。"因此,本案应当适用不动产案件的专属管辖,D不正确。B为正确答案。

多项选择题

1. **答案:AD**。该行为是针对特定对象,影响的是10家粮油商的经营自主权,是可诉的具体行政行为。

2. **答案:ABCD**。能否成为国防行为、外交行为,关键是看该行为是否具有较强的政治性,是否涉及国家主权的运用,不能当然地认为凡是和国防、外交有关的行为皆属国家行为。

3. **答案:BC**。本题考查行政诉讼受案范围。A、B项矛盾,因此只有一项能入选。《刑事诉讼法》规定,对刑事案件的侦查、拘留、执行逮捕、预审,由公安机关负责。本案中,公安机关将王某传唤到公安局,要求其签订还款协议书的行为显然超出了刑事侦查的职权范围,属于以办理刑事案件为名插手经济纠纷,依法属于行政诉讼的受案范围。B项正确,应选。乙公司的财产被公安局扣押,依照《国家赔偿法》的规定,乙公司有权提起行政诉讼,并在提起诉讼时一并提出赔偿请求,C项正确应选。D项的说法不成立,既然基于民事权利,甲、乙两公司之间就是民事纠纷,公安机关无权主动采取强制措施解决民事纠纷。甲公司与王某之间的还款协议书不是在当事人公平自愿的基础上签订的,不具有约束乙公司的效力,所以乙公司的还款行为无效,D项错误,不选。

4. **答案:BCD**。本题考查行政诉讼受案范围。《行诉解释》第1条规定:"公民、法人或者其他组织对行政机关及其工作人员的行政行为不服,依法提起诉讼的,属于人民法院行政诉讼的受案范围。下列行为不属于人民法院行政诉讼的受案范围:(一)公安、国家安全等机关依照刑事诉讼法的明确授权实施的行为;(二)调解行为以及法律规定的仲裁行为;(三)行政指导行为;(四)驳回当事人对行政行为提起申诉的重复处理行为;(五)行政机关作出的不产生外部法律效力的行为;(六)行政机关为作出行政行为而实施的准备、论证、研究、层报、咨询等过程性行为;(七)行政机关根据人民法院的生效裁判、协助执行通知书作出的执行行为,但行政机关扩大执行范围或者采取违法方式实施的除外;(八)上级行政机关基于内部层级监督关系对下级行政机关作出的听取报告、执法检查、督促履责等行为;(九)行政机关针对信访事项作出的登记、受理、交办、转送、复查、复核意见等行为;(十)对公民、法人或者其他组织权利义务不产生实际影响的行为。"本题中,A项中的乙公司对书面答复提起的诉讼即属于驳回当事人对行政行为提起申诉重复处理行为的诉讼,不属于行政诉讼受案范围,故A项不选。

《行政诉讼法》第12条第1款规定:"人民法院受理公民、法人或者其他组织提起的下列诉讼:……(十二)认为行政机关侵犯其他人身权、财产权等合法权益的。"本案中,某区审计局审计后向丙、丁公司发出了丁公司应返还丙公司利润30万元的通知,是侵犯相对人合法权益的行为,属于人民法院行政诉讼的受案范围。故B项应选。

《行政诉讼法》第12条第1款规定:"人民法院受理公民、法人或者其他组织提起的下列诉讼:……(七)认为行政机关侵犯其经营自主权或者农村土地承包经营权、农村土地经营权的……"《行诉解释》第16条第2款规定:"联营企业、中外合资或者合作企业的联营、合资、合作各方,认为联营、合资、合作企业权益或者自己一方合法权益受行政行为侵害的，可以自己的名义提起诉讼。"故C项正确。

《行政诉讼法》第12条第1款规定："人民法院受理公民、法人或者其他组织提起的下列诉讼：……（七）认为行政机关侵犯其经营自主权或者农村土地承包经营权、农村土地经营权的……"某市某区市场监督管理局的做法使该市场内经营的50户工商户的经营自主权受到了侵害，故可诉。D项也应选。

5. **答案**：ABCD。准行政行为是行政主体运用行政权以观念表示的方式作出的间接产生行政法律效果的行为。准行政行为具有下列特征：（1）准行政行为的实施主体为行政机关和法律、法规授权的组织。（2）准行政行为是行政主体以观念表示的方式作出的行为。（3）准行政行为是不直接产生法律效果的行为。（4）准行政行为具有行政行为的预备性、中间性、阶段性特征。准行政行为一般包括：受理、登记、证明、通告、请示、确认、答复、鉴定。

6. **答案**：ACD。B项为人民法院进行的司法拘留。

7. **答案**：AB。本题中，县人民政府发布文件的行为是针对特定的相对人9家屠宰场，侵犯了该9家屠宰场的财产权，具有直接执行力，因此是可诉的具体行政行为，而不是抽象行政行为。

8. **答案**：BC。本题考查行政诉讼的不受理事项。

《行政诉讼法》第13条规定："人民法院不受理公民、法人或者其他组织对下列事项提起的诉讼：（一）国防、外交等国家行为；（二）行政法规、规章或者行政机关制定、发布的具有普遍约束力的决定、命令；（三）行政机关对行政机关工作人员的奖惩、任免等决定；（四）法律规定由行政机关最终裁决的行政行为。"

A项错，题中是"法规"而不是"法律"。根据《行政诉讼法》第13条第4项的规定，只有法律有权授予行政机关最终裁决权，法规无权作出行政终裁的规定。

《行诉解释》第2条第4款规定："行政诉讼法第十三条第四项规定的'法律规定由行政机关最终裁决的行政行为'中的'法律'，是指全国人民代表大会及其常务委员会制定、通过的规范性文件。"据此，即使法规有此类规定，也因越权而不发生法律效力，人民法院仍可受理。

B、C项对，B项表述中的国家制定外交政策的行为属于《行政诉讼法》第13条第1项规定的国家行为；C项表述中的行政机关对其工作人员的免职决定属于《行政诉讼法》第13条第3项规定的内部行政行为，依法皆不在行政诉讼的受案范围内。

D项错，即时强制属于行政强制措施的一种。《行政诉讼法》第12条第1款规定："人民法院受理公民、法人或者其他组织提起的下列诉讼：……（二）对限制人身自由或者对财产的查封、扣押、冻结等行政强制措施和行政强制执行不服的……"据此，即时强制属于人民法院受理的事项。

9. **答案**：BCD。关于A选项，《行政诉讼法》第12条规定："人民法院受理公民、法人或者其他组织提起的下列诉讼：……（十一）认为行政机关不依法履行、未按照约定履行或者违法变更、解除政府特许经营协议、土地房屋征收补偿协议等协议的；……"故A项不当选。

关于B选项，《行政诉讼法》第13条规定："人民法院不受理公民、法人或者其他组织对下列事项提起的诉讼：……（三）行政机关对行政机关工作人员的奖惩、任免等决定；……"故B项当选。

关于C选项，《行政诉讼法》第2条规定："公民、法人或者其他组织认为行政机关和行政机关工作人员的行政行为侵犯其合法权益，有权依照本法向人民法院提起诉讼。前款所称行政行为，包括法律、法规、规章授权的组织作出的行政行为。"行政诉讼属于"民告官"的案件，而C选项属于"官告民"，目前中国不存在这类行政诉讼。故C项当选。

关于D选项，《行政诉讼法》第13条规

定：" 人民法院不受理公民、法人或者其他组织对下列事项提起的诉讼：……（二）行政法规、规章或者行政机关制定、发布的具有普遍约束力的决定、命令；……" D 选项属于抽象行政行为，不能直接提起行政诉讼。故 D 项当选。

10. 答案：ABCD。《行政诉讼法》第 19 条规定，对限制人身自由的行政强制措施不服提起的诉讼，由被告所在地或者原告所在地人民法院管辖。《行诉解释》对"原告所在地"解释为包括原告户籍所在地、经常居住地和被限制人身自由地。

11. 答案：ABCD。参见《行诉解释》第 10 条规定："人民法院受理案件后，被告提出管辖异议的，应当在收到起诉状副本之日起十五日内提出。对当事人提出的管辖异议，人民法院应当进行审查。异议成立的，裁定将案件移送有管辖权的人民法院；异议不成立的，裁定驳回。人民法院对管辖异议审查后确定有管辖权的，不因当事人增加或者变更诉讼请求等改变管辖，但违反级别管辖、专属管辖规定的除外。"

12. 答案：ABCD。《行政诉讼法》第 15 条规定："中级人民法院管辖下列第一审行政案件：（一）对国务院部门或者县级以上地方人民政府所作的行政行为提起诉讼的案件；（二）海关处理的案件；（三）本辖区内重大、复杂的案件；（四）其他法律规定由中级人民法院管辖的案件。"

《行诉解释》第 5 条规定："有下列情形之一的，属于行政诉讼法第十五条第三项规定的'本辖区内重大、复杂的案件'：（一）社会影响重大的共同诉讼案件；（二）涉外或者涉及香港特别行政区、澳门特别行政区、台湾地区的案件；（三）其他重大、复杂案件。"

13. 答案：AB。对于不属于行政诉讼受案范围的案件，应当不予受理或者驳回起诉，而不是将其移送管辖。D 项中将其移送给上级人民法院属于管辖权转移而非移送管辖。

14. 答案：BCD。A 项属于案件的主管，而非行政诉讼的管辖。管辖是指关于不同级别和地方的人民法院之间受理第一审行政案件的权限分工，是涉及行政审判的组织体制、公民的诉权保护等基本问题的重要诉讼法律制度。

15. 答案：AB。参见《行政诉讼法》第 19 条："对限制人身自由的行政强制措施不服提起的诉讼，由被告所在地或者原告所在地人民法院管辖。"

16. 答案：ABD。本题考查对裁定管辖的理解。

17. 答案：ACD。行政诉讼的管辖，是指上下级法院之间和同级法院之间受理第一审行政案件的权限分工，其可以解决的问题包括：（1）人民法院之间审判行政案件的权限与分工；（2）起诉人向哪一个人民法院起诉；（3）行政机关向哪一个人民法院申请执行其具体行政行为。行政诉讼管辖分为级别管辖、地域管辖和裁定管辖三类，其中级别管辖和地域管辖是由法律明确规定的，又称为"法定管辖"。

B 项错，由哪个审判庭负责对行政案件的审理属于行政诉讼主审机构的问题。行政诉讼的主审，是指在拥有管辖权的法院内部应由哪一个审判机构具体负责行政案件的审理。主审不解决不同法院之间的权限分工问题。

18. 答案：ABD。《行政诉讼法》第 21 条规定了选择管辖："两个以上人民法院都有管辖权的案件，原告可以选择其中一个人民法院提起诉讼。原告向两个以上有管辖权的人民法院提起诉讼的，由最先立案的人民法院管辖。"

A 项对，《行政诉讼法》第 19 条规定："对限制人身自由的行政强制措施不服提起的诉讼，由被告所在地或者原告所在地人民法院管辖。"据此，公民对限制人身自由的行政强制措施不服而起诉的行政案件构成选择管辖。

B 项对，C 项错，D 项对。《行政诉讼法》第 18 条第 1 款规定："行政案件由最初作出行政行为的行政机关所在地人民法院管辖。经复议的案件，也可以由复议机关所在地人民法院管辖。"

19. **答案**：ABCD。本题考查行政诉讼的地域管辖。

《行政诉讼法》第18条第1款规定："行政案件由最初作出行政行为的行政机关所在地人民法院管辖。经复议的案件，也可以由复议机关所在地人民法院管辖。"

20. **答案**：CD。现行《行政诉讼法》第26条第2款规定："经复议的案件，复议机关决定维持原行政行为的，作出原行政行为的行政机关和复议机关是共同被告；复议机关改变原行政行为的，复议机关是被告。"本案中，省公安厅维持了没收决定，故应以市公安局和省公安厅为共同被告，A选项错误。所谓行政诉讼第三人，是指与具体行政行为有利害关系的诉讼一方主体。修正后的《行政诉讼法》第29条第1款规定："公民、法人或者其他组织同被诉行政行为有利害关系但没有提起诉讼，或者同案件处理结果有利害关系的，可以作为第三人申请参加诉讼，或者由人民法院通知参加诉讼。"本案中，李某系从田某处购得该问题轿车，若该轿车被认定为走私车，则田某可能承担相关民事、行政甚至刑事责任。据此，田某可以成为本案第三人，B选项错误。修正后的《行政诉讼法》第18条第1款规定："行政案件由最初作出行政行为的行政机关所在地人民法院管辖。经复议的案件，也可以由复议机关所在地人民法院管辖。"故本案既可以由市公安局所在地法院管辖，也可以由省公安厅所在地法院管辖。因此，CD两项均正确。

21. **答案**：BC。所谓行政处罚，是指行政机关在行政管理过程中，对违反行政管理秩序的相对人实施的惩罚性措施。简言之，行政处罚是对违法行为的行政制裁。在本题中，醉酒并非违法行为，故乙县公安局因宋某醉酒而采取的扣留并非行政处罚，A项错误。根据行政法原理，限制人身自由的行政行为，不是行政处罚，就是行政强制措施。故本案中的扣留应属于行政强制措施。

乙县公安局为被告，管辖法院应当是基层法院。根据《行政诉讼法》第19条的规定，对限制人身自由的行政强制措施不服提起的诉讼，由被告所在地或者原告所在地人民法院管辖。根据《行诉解释》第8条的规定，"原告所在地"，包括原告的户籍所在地、经常居住地和被限制人身自由地。本题中的扣留为行政强制措施，故宋某对此不服的，可以由其户籍所在地甲县法院管辖此案，也可由被告乙县公安局所在地乙县法院管辖。故B、C项应选。根据《行政诉讼法》第29条的规定，同提起诉讼的行政行为和处理结果有利害关系的人才可以作为第三人参加行政诉讼。宋某亲戚与被诉的扣留行为不存在法律上的利害关系，即该扣留未影响宋某亲戚的权益和义务，故D项错误。

22. **答案**：BC。B项对，内部行政行为，是指行政机关对行政机关工作人员的奖惩、任免等决定，是行政机关管理其内部事务的行为。根据有关法律的规定，这类行为的监督权，分别由其上一级行政机关、人事机关行使。法院对此不能通过审判程序进行干涉。

对内部行政行为判断标准为：（1）内部行政行为所针对的对象必须是公务员，而不是其他人员；（2）两者必须具有行政隶属关系；（3）决定行为所影响的公务员的权利应限于公务员，基于公务员的身份而享有的权利。如果行政机关的行为对象不是公务员或者决定行为规范到了外部事务，影响到了公务员的其他权利，该决定行为就是可诉的具体行政行为而不是内部行为。

综上所述，本题中市政府的行政处分是内部行为，由此引发的争议不属于行政诉讼的受案范围。

C对，区公安分局根据《治安管理处罚法》的规定，给予甲10日拘留的行为是行政处罚行为，由此引发的争议属于行政诉讼的受案范围。

不定项选择题

1. **答案**：（1）B。行政处罚是指行政机关或其他行政主体依法定职权和程序对违反法律、行政法规、规章，尚未构成犯罪的相对人给予行政制裁的具体行政行为。

行政强制措施是指行政机关在行政管理

过程中，为制止违法行为、防止证据损毁、避免危害发生、控制危险扩大等情形，依法对公民的人身自由实施暂时性限制，或者对公民、法人或者其他组织的财物实施暂时性控制的行为。

行政征收是指行政机关或者法定授权的组织根据法律、法规的规定，向公民、法人或者其他组织无偿收取一定财物的行政行为。行政征收须以公民、法人或者其他组织负有行政法上的缴纳义务为前提，其实质是国家以强制方式无偿取得管理相对人一定的财产所有权。

行政强制执行是指行政相对人拒不履行行政主体所作出的，并且已经生效的具体行政行为所确定的义务，有关国家机关依法强制该相对人履行该义务，或者由国家机关本身或第三人直接履行或代为履行该义务，然后向义务人征收费用的法律制度。

由上可知，本题中三部门共同实施的责令孙某立即停止违法开采的行为非行政处罚，也非行政征收，且此具体行政行为的作出更非在相对人拒不履行义务的前提下进行的强制执行，而是对其行为具有责令改正性质的行政强制措施。综上，本题选 B。

（2）AD。A 选项正确，根据《行政诉讼法》第 12 条、第 13 条关于行政诉讼受案范围的规定，市林业局的致函仅是行政机关之间一种业务上的沟通需要，不具有强制力且尚未对相对人产生实际影响，因此不具有可诉性。同样，县政府的会议纪要仅是行政机关的工作安排，是过程性行为，尚未对相对人产生实际影响，因此也不具有可诉性，B 选项错误。

行政合同也叫行政契约，指行政机关为达到维护与增进公共利益、实现行政管理目标的目的，与相对人经过协商一致达成的协议。因此，三部门之间达成的处理意见，不是与行政相对人达成的，只是一般的共同行政行为，而非订立行政合同，内容上也不涉及相对人民事权利、义务的得丧变更，故而 C 选项说法错误。

三部门的通知行为属于行政强制措施，对相对人刘某产生了实际影响，具有可诉性，故 D 选项正确。综上，本题选 AD。

2. 答案：C。《行政诉讼法》第 12 条规定："人民法院受理公民、法人或者其他组织提起的下列诉讼：（一）对行政拘留、暂扣或者吊销许可证和执照、责令停产停业、没收违法所得、没收非法财物、罚款、警告等行政处罚不服的；（二）对限制人身自由或者对财产的查封、扣押、冻结等行政强制措施和行政强制执行不服的；（三）申请行政许可，行政机关拒绝或者在法定期限内不予答复，或者对行政机关作出的有关行政许可的其他决定不服的；（四）对行政机关作出的关于确认土地、矿藏、水流、森林、山岭、草原、荒地、滩涂、海域等自然资源的所有权或者使用权的决定不服的；（五）对征收、征用决定及其补偿决定不服的；（六）申请行政机关履行保护人身权、财产权等合法权益的法定职责，行政机关拒绝履行或者不予答复的；（七）认为行政机关侵犯其经营自主权或者农村土地承包经营权、农村土地经营权的；（八）认为行政机关滥用行政权力排除或者限制竞争的；（九）认为行政机关违法集资、摊派费用或者违法要求履行其他义务的；（十）认为行政机关没有依法支付抚恤金、最低生活保障待遇或者社会保险待遇的；（十一）认为行政机关不依法履行、未按照约定履行或者违法变更、解除政府特许经营协议、土地房屋征收补偿协议等协议的；（十二）认为行政机关侵犯其他人身权、财产权等合法权益的……"C 选项的依据为上述第 12 条第 1 款第 8 项规定。A 选项为刑事诉讼行为不属于行政诉讼受案范围。关于 B 选项，中国目前不存在"官告民"的行政诉讼类型。D 选项对"市政府发布的征收土地补偿费标准"具有抽象行政行为的性质，不可直接起诉。

3. 答案：（1）ACD。《行政诉讼法》第 19 条规定："对限制人身自由的行政强制措施不服提起的诉讼，由被告所在地或者原告所在地人民法院管辖。"

《行诉解释》第 8 条第 1 款规定，行政诉讼法第19条规定的"原告所在地",包括原告的户籍所在地、经常居住地和被限制人身自由地。

综上所述,本题中的星云区人民法院(被限制人身自由地)、境县人民法院(原告的户籍所在地)、心美区人民法院(被告所在地)均有管辖权。

(2) AD。《行政诉讼法》第21条规定:"两个以上人民法院都有管辖权的案件,原告可以选择其中一个人民法院提起诉讼。原告向两个以上有管辖权的人民法院提起诉讼的,由最先立案的人民法院管辖。"

《行政诉讼法》第23条第2款规定:"人民法院对管辖权发生争议,由争议双方协商解决。协商不成的,报它们的共同上级人民法院指定管辖。"

综上所述,如果原告同时向两个以上有管辖权的人民法院提起诉讼的,原则上哪个法院先立案,该案件就由哪个法院管辖;如果受诉法院就由谁管辖本案产生争议,应当报请共同上级法院指定。

(3) BD。根据前述分析,本题中的运好县人民法院对该案没有管辖权,不应该受理此案。

《行政诉讼法》第22条规定:"人民法院发现受理的案件不属于本院管辖的,应当移送有管辖权的人民法院,受移送的人民法院应当受理。受移送的人民法院认为受移送的案件按照规定不属于本院管辖的,应当报请上级人民法院指定管辖,不得再自行移送。"

《行政诉讼法》第23条第2款规定:"人民法院对管辖权发生争议,由争议双方协商解决。协商不成的,报它们的共同上级人民法院指定管辖。"据此,C项表述"不能再移送,只能受理该行政案件"错误。

综上所述,运好县人民法院如在受理后发现自己无管辖权,可以将该案件移送至境县人民法院。如果境县人民法院认为自己也没有管辖权,应与运好县人民法院协商解决,协商不成的,报请共同上级法院指定。

4. **答案**:A。《行政诉讼法》第18条第1款规定:"行政案件由最初作出行政行为的行政机关所在地人民法院管辖。经复议的案件,也可以由复议机关所在地人民法院管辖。"

《行政诉讼法》第19条规定:"对限制人身自由的行政强制措施不服提起的诉讼,由被告所在地或者原告所在地人民法院管辖。"

综上所述,本题中的情形是扣押财产而不是限制人身自由的行政强制措施,因此,应由最初作出行政行为的行政机关所在地乙市人民法院管辖。

名词解释

1. **答案**:可诉性行政行为是指根据法律的规定能够被人民法院受理并审理的行政行为。具有以下特征:(1) 可诉性行政行为是具有行政管理职能的行政主体实施的具体行政行为;(2) 可诉性行政行为是与行政主体行使行政管理职权有关的行为;(3) 可诉性行政行为是对行政相对人的权利义务产生实际影响的行为;(4) 可诉性行政行为是在现有条件下有行政诉讼可能性的行为;(5) 可诉性行政行为是具有行政诉讼必要性的行为。

2. **答案**:可诉性不作为是指行政主体违反法律的规定未履行作为义务的具体行政行为。具有以下特征:(1) 与可诉性不作为相对应的作为必须具有可诉性。与国家行为、抽象行政行为、内部行政行为、终局裁决行为相对应的不作为不具有可诉性。(2) 可诉性不作为须涉及公民的财产权和人身权,涉及政治权利的不作为如无法律、法规特别规定,不具有可诉性。(3) 可诉性不作为是超过法定期间或者合理期间而不实施一定法定职责的行为。

3. **答案**:终局行政裁决行为是指法律规定由行政机关作出最终决定的行为。目前,我国有些法律赋予了行政机关对于某些行政争议拥有最终裁决权,即由行政机关依法作出最终裁决,当事人不服,只能向作出最终裁决的机关或其上级机关申诉,而不能向人民法院起诉。

4. **答案**:行政诉讼的对象是指法院依法行使审判权所针对的行政机关的行政行为。行政诉讼的内容是具体行政行为的合法性。包含以下三层含义：一是行政诉讼只针对行政机关的行政行为，对立法机关、军事机关的职权行为，行政机关的抽象行政行为，人民法院一般不予审查。行政法律关系中相对方的行为也不是行政诉讼的对象。二是行政诉讼的程度和强度是对行政行为是否合法作出法律评价，行政行为是否适当一般不审查。三是人民法院通过诉讼方式去审查，即相对方认为行政行为违法的，向人民法院提起诉讼，经人民法院受理后，再通过审理行政案件，对所争议的行政行为进行审查。未经起诉的行政行为，人民法院不得依职权主动进行审查。

5. **答案**：行政诉讼管辖是指人民法院之间受理第一审行政案件的职权分工。确定行政诉讼管辖有重要意义：（1）有利于确定同级人民法院之间审理行政案件的具体分工，明确上下级人民法院之间受理第一审行政案件的权限划分。（2）有利于使当事人明确在发生争议后到哪一级的哪一个法院去起诉或应诉。

6. **答案**：裁定管辖是相对法定管辖而言的，由法律直接规定诉讼管辖法院的，称作法定管辖。不是根据法律直接规定，而是由法院作出裁定和决定确定诉讼管辖的，称作裁定管辖。裁定管辖包括移送管辖、指定管辖和管辖权的转移。

7. **答案**：管辖权异议是当事人向受诉人民法院提出的该院对于案件没有管辖权的主张。当事人提出管辖权异议，必须符合下列条件：第一，提出异议的主体是本案的当事人，案件的当事人包括原告、被告。第二，管辖权异议的客体是第一审行政案件的管辖权。第三，被告提出管辖权异议的时间须在收到起诉状副本之日起15日内。

简答题

1. **答案**：我国《行政诉讼法》对行政诉讼的受案范围即人民法院受理行政案件的范围作了明确规定。

（1）人民法院受理公民、法人或者其他组织提起的下列诉讼：

①对行政拘留、暂扣或者吊销许可证和执照、责令停产停业、没收违法所得、没收非法财物、罚款、警告等行政处罚不服的；

②对限制人身自由或者对财产的查封、扣押、冻结等行政强制措施和行政强制执行不服的；

③申请行政许可，行政机关拒绝或者在法定期限内不予答复，或者对行政机关作出的有关行政许可的其他决定不服的；

④对行政机关作出的关于确认土地、矿藏、水流、森林、山岭、草原、荒地、滩涂、海域等自然资源的所有权或者使用权的决定不服的；

⑤对征收、征用决定及其补偿决定不服的；

⑥申请行政机关履行保护人身权、财产权等合法权益的法定职责，行政机关拒绝履行或者不予答复的；

⑦认为行政机关侵犯其经营自主权或者农村土地承包经营权、农村土地经营权的；

⑧认为行政机关滥用行政权力排除或者限制竞争的；

⑨认为行政机关违法集资、摊派费用或者违法要求履行其他义务的；

⑩认为行政机关没有依法支付抚恤金、最低生活保障待遇或者社会保险待遇的；

⑪认为行政机关不依法履行、未按照约定履行或者违法变更、解除政府特许经营协议、土地房屋征收补偿协议等协议的；

⑫认为行政机关侵犯其他人身权、财产权等合法权益的。

除前款规定外，人民法院受理法律、法规规定可以提起诉讼的其他行政案件。

（2）人民法院不受理公民、法人或者其他组织对下列事项提起的诉讼：

①国防、外交等国家行为；

②行政法规、规章或者行政机关制定、发布的具有普遍约束力的决定、命令；

③行政机关对行政机关工作人员的奖惩、任免等决定；

④法律规定由行政机关最终裁决的行政行为。

2. 答案：行政诉讼地域管辖，又称行政诉讼的土地管辖或区域管辖，它是指在同级人民法院之间横向划分其各自辖区内受理第一审行政案件的权限。根据《行政诉讼法》的规定，地域管辖分为一般地域管辖和特殊地域管辖。

（1）行政诉讼一般地域管辖规则。一般地域管辖是指按照最初作出具体行政行为的行政机关的所在地为标准来确定行政案件的管辖法院。

（2）行政诉讼特殊地域管辖规则。特殊地域管辖分为专属管辖和共同管辖两种。①专属管辖。专属管辖是指法律以诉讼标的所在地为标准，强制规定特定的诉讼只能由特定法院进行管辖。《行政诉讼法》第20条规定："因不动产提起的行政诉讼，由不动产所在地人民法院管辖。"②共同管辖。共同管辖是指依照法律规定，两个以上的人民法院对同一行政案件都有管辖权而由原告选择具体管辖法院的管辖。共同管辖主要有以下两种情况：第一，经过行政复议的案件，由最初作出具体行政行为的行政机关所在地或者由复议机关所在地的人民法院管辖。第二，对限制人身自由的行政强制措施不服提起行政诉讼，由被告所在地或者原告所在地人民法院管辖。

3. 答案：行政诉讼的级别管辖是指上下级人民法院之间受理第一审行政案件的分工和权限。

（1）基层人民法院管辖的第一审行政案件。《行政诉讼法》第14条规定："基层人民法院管辖第一审行政案件。"除法律特别规定应由中级人民法院、高级人民法院、最高人民法院管辖的案件外，其余所有第一审案件都由基层人民法院管辖。

（2）中级人民法院管辖下列第一审行政案件：①对国务院部门或者县级以上地方人民政府所作的行政行为提起诉讼的案件；②海关处理的案件；③本辖区内重大、复杂的案件；④其他法律规定由中级人民法院管辖的案件。

（3）高级人民法院管辖的第一审行政案件。《行政诉讼法》第16条规定："高级人民法院管辖本辖区内重大、复杂的第一审行政案件。"

（4）最高人民法院管辖的第一审行政案件。《行政诉讼法》第17条规定："最高人民法院管辖全国范围内重大、复杂的第一审行政案件。"①

论述题

1. 答案：根据《行政诉讼法》第13条和《行诉解释》第1条的规定，下列行为属于不可诉行为：

（1）国家行为。国家行为是指国务院、中央军事委员会、国防部、外交部等根据宪法和法律的授权，以国家的名义实施的有关国防和外交事务的行为，以及经宪法和法律授权的国家机关宣布紧急状态、实施戒严和总动员等行为。

（2）抽象行政行为。抽象行政行为是指行政主体针对不特定行政相对人所作的行政行为。判定一个行为是具体行政行为还是抽象行政行为，应从以下三个方面进行界定：第一，行为所针对的对象是不是确定的。第二，适用效力是"一次性"还是反复适用。第三，能否直接进入执行过程。

（3）内部人事管理行为。行政机关与公民、法人和其他组织之间作为上下级的从属关系的是内部行政法律关系。在内部行政法

---

① 《最高人民法院关于专利、商标等授权确权类知识产权行政案件审理分工的规定》第1条规定："下列一、二审案件由北京市有关中级人民法院、北京市高级人民法院和最高人民法院知识产权审判庭审理：（一）不服国务院专利行政部门专利复审委员会作出的专利复审决定和无效决定的案件；（二）不服国务院专利行政部门作出的实施专利强制许可决定和实施专利强制许可的使用费裁决的案件；（三）不服国务院工商行政管理部门商标评审委员会作出的商标复审决定和裁定的案件；（四）不服国务院知识产权行政部门作出的集成电路布图设计复审决定和撤销决定的案件；（五）不服国务院知识产权行政部门作出的使用集成电路布图设计非自愿许可决定的案件和使用集成电路布图设计非自愿许可的报酬裁决的案件；（六）不服国务院农业、林业行政部门植物新品种复审委员会作出的植物新品种复审决定、无效决定和更名决定的案件；（七）不服国务院农业、林业行政部门作出的实施植物新品种强制许可决定和实施植物新品种强制许可的使用费裁决的案件。"

律关系中，行政机关作出的涉及该行政机关公务员的权利义务的决定，包括奖惩、任免等，都属于内部人事管理行为。区别内部行政行为与外部行政行为主要应以行政行为所涉及的权利义务的不同来划分，要看该行为所涉及的是一个普通公民的权利义务，还是行政机关工作人员所特有的权利义务，如果是行政机关工作人员所特有的权利义务，应当认定为内部行为。

（4）终局行政裁决行为。终局行政裁决行为是指法律规定由行政机关作出最终决定的行为，这里的法律指的是全国人大及其常委会制定、通过的规范性文件。当事人对最终裁决不服，只能向作出最终裁决的机关或其上级机关申诉，而不能向人民法院起诉。拥有终局裁决权的机关并不对所有的事项都拥有终局裁决权，如果拥有终局裁决权的机关超出了终局裁决权的范围，所实施的行为应是可诉的。

（5）公安、国家安全等机关依照刑事诉讼法的明确授权实施的行为。明确授权实施的行为包括两个方面的要求，既要符合授权的范围，也要符合刑事诉讼法授权的目的。

（6）调解行为以及法律规定的仲裁行为。调解和仲裁行为虽然对当事人的权利义务产生一定的影响，但它是在当事人自愿的基础上进行的，对当事人权利义务产生影响的决定因素是当事人的意思表示而不是行政主体的意志。

（7）行政指导行为。

（8）驳回当事人对行政行为提起申诉的重复处理行为。重复处理行为没有给当事人设定新的权利义务，没有形成、变更或消灭行政法律关系，当事人仍受原来行为的拘束，没有提起行政诉讼的必要。

（9）行政机关作出的不产生外部法律效力的行为。

（10）行政机关为作出行政行为而实施的准备、论证、研究、层报、咨询等过程性行为。

（11）行政机关根据人民法院的生效裁判、协助执行通知书作出的执行行为，但行政机关扩大执行范围或者采取违法方式实施的除外。

（12）上级行政机关基于内部层级监督关系对下级行政机关作出的听取报告、执法检查、督促履责等行为。

（13）行政机关针对信访事项作出的登记、受理、交办、转送、复查、复核意见等行为。

（14）对公民、法人或者其他组织权利义务不产生实际影响的行为。行政机关的活动作为一种权力的行使或多或少地都会对相对人的权利义务产生一定的影响，当这种影响还没有达到实际影响相对人权利义务的地步时，救济就没有必要。

2. 答案：行政法上的准行政行为通常指以下四种行为：

（1）受理行为。行政主体受理行政相对人的申请，其他利害关系人可以提起行政诉讼；行政主体不接受行政相对人的申请或不予立案，行政相对人一般都可提起行政诉讼。

（2）通告行为。如果通告只是将事前作出的行政决定的内容告知相对人，没有形成任何权利义务，对通告不服不能提起行政诉讼。如果通告的内容涉及公民的权利义务，而且没有其他可诉行为存在，可以对通告提起行政诉讼。

（3）确认行为。行政主体对行为性质及事实的确认属于确认行为。对于确认行为，一般属可诉性行为。对交通事故的确认属于行政确认行为，是可以提起行政诉讼的。

（4）证明行为。证明行为虽然涉及相对人的权利义务，但不直接创设权利义务，是一种观念上的表示。证明行为包括公证行为和一般证明行为。如果公证行为是行政机关以国家的名义作出的，具有准行政行为的性质，是可诉的。

3. 答案：国家行为，是涉及国家根本制度的维护和国家主权的运用，由国家承担法律后果的政治行为。它的内容和范围是可以不断变化的。国家行为具有以下三个方面的特征：①国家行为是一种政治性的行为。②国家行为的后果由整体意义的国家承担。③国家行为是极其严肃的行为，它的实施关系到国家的整体利益和国际声誉。

从各国的实践看，国家行为通常不属于行政诉讼的受案范围，其原因是：①国家行为有其特殊性，它不仅涉及相对人的利益，而且涉及国家的整体利益和人民的根本利益，关系到国家的荣誉、尊严甚至存亡，在这种情况下，不能因为利害关系人的权益受到损害，而使国家行为无效。②国家行为通常以国家的对内、对外的基本政策为依据，以国际政治斗争的形势为转移，法院很难作出判断。③国家行为的失误通常只由有关领导人承担政治责任，而政治责任的承担只能通过立法机关或议会进行追究。我国领导人承担政治责任，不由法院审理。政府领导人是否称职，由国家权力机关评判，其向人民代表大会及常务委员会负政治责任。

4. **答案：**《行政诉讼法》第 22 条、第 23 条、第 24 条分别规定的移送管辖、指定管辖和管辖权的转移，均属于裁定管辖。

（1）移送管辖

移送管辖是指人民法院对已受理的案件经审查发现不属于本院管辖时，将案件移送给有管辖权的人民法院管辖的一种法律制度。它是无管辖权的人民法院受理了不属于其管辖案件的情况下所采取的一种补救措施，实质上是案件的移送，而不是管辖权的转移。移送管辖必须具备以下三个条件：第一，移送的案件必须是已经受理的案件；第二，移送的人民法院对案件没有管辖权；第三，受移送的人民法院必须有管辖权。

（2）指定管辖

指定管辖是指上级人民法院用裁定的方式，将某一案件交由某个下级人民法院进行管辖的法律制度。根据《行政诉讼法》第 23 条的规定，指定管辖有以下两种情况：一是由于发生了特殊原因，有管辖权的人民法院不能行使管辖权。二是管辖权发生争议，争议的双方法院又协商不成。在这种情况下，应报请它们的共同上级法院指定管辖。

（3）管辖权的转移

管辖权的转移，是指由上级人民法院决定或者同意，把案件的管辖权由下级人民法院移交给上级人民法院。根据《行政诉讼法》第 24 条的规定，管辖权的转移可以分为以下两种情况：①上级人民法院有权审理下级人民法院管辖的第一审行政案件。②下级人民法院对其管辖的第一审行政案件，认为需要由上级人民法院审理或指定管辖的，可以报请上级人民法院决定。

案例分析题

1. **答案：**（1）本案属于行政诉讼受案范围。因为《行政诉讼法》规定"对行政拘留、暂扣或者吊销许可证和执照、责令停产停业、没收违法所得、没收非法财物、罚款、警告等行政处罚不服的"，可以提起行政诉讼，而本案属于拘留行为。

（2）刘父有权提起行政诉讼。因为有权提起诉讼的公民死亡，其近亲属可以提起诉讼。

（3）刘父可以向广州市甲区人民法院、广州市乙区人民法院以及洛阳市某区人民法院中的任一个法院提起行政诉讼。

本案涉及行政诉讼的受案范围、主体管辖等问题。

行政诉讼受案范围是指人民法院受理行政案件、裁判行政争议的范围；对相对人来说是其对行政机关的行为不服，可以向人民法院提起行政诉讼的范围；对行政机关来说就是其行政行为接受人民法院审查的范围。行政诉讼受案范围问题是行政诉讼中极为关键的问题，也是行政诉讼不同于其他诉讼的特点。我国《行政诉讼法》采取概括、列举、排除等方式确定了行政诉讼的受案范围。该法第 2 条规定："公民、法人或者其他组织认为行政机关和行政机关工作人员的行政行为侵犯其合法权益，有权依照本法向人民法院提起诉讼。前款所称行政行为，包括法律、法规、规章授权的组织作出的行政行为。"该法第 12 条第 1 款前 11 项具体列举了可诉的几类行为。第 12 项则概括地规定"认为行政机关侵犯其他人身权、财产权等合法权益的"可以提起行政诉讼。同时该法第 13 条规定了不予受理的几类行为。

对有权提起行政诉讼的公民死亡的，《行政诉讼法》第 25 条规定，"其近亲属可以提起诉讼"。这里的近亲属包括配偶、父母、子女、兄弟姐妹、祖父母、外祖父母、孙子女、外孙子女。

对限制人身自由的行政强制措施不服，《行政诉讼法》第 19 条规定，"由被告所在地或者原告所在地人民法院管辖"。这里的原告所在地应包括原告的住所地、经常居住地和被限制人身自由所在地。

2. **答案**：（1）①不是。该扣押行为是行政强制措施，因之引发的争议依《行政诉讼法》第 12 条第 1 款第 2 项的规定，属于行政诉讼的受案范围。

②该行为具有可诉性。因不可诉的刑事侦查行为不仅要有刑事诉讼法的条文依据，更要满足其授权目的，不然就是可诉的具体行政行为。

（2）不可以。公安机关对万某所采取的拘留行为是有《刑事诉讼法》授权的刑事侦查行为，目的是防止万某逃避侦查和审判，以保障刑事诉讼活动的顺利进行。

3. **答案**：（1）不是。因该行为仅仅是行政处罚行为的程序性准备行为，未对梁某的合法权益产生实际的影响，因而因该行为引发的争议不属于行政诉讼的受案范围。

（2）是。属于强制传唤，是行政强制措施的一种。梁某对之不服所提起的行政诉讼属于行政诉讼的受案范围。

4. **答案**：（1）文华木器厂可以起诉。根据《行政诉讼法》第 12 条第 1 款第 7 项规定，属于侵犯法定经营自主权的行为，属于具体行政行为，具有可诉性。

（2）未逾起诉期间，因为一般的起诉期间为 6 个月（行诉法规定在当事人知道或应当知道行政行为作出之日起 6 个月内可以起诉）。

（3）地区中院应当受理此案，因为根据《行政诉讼法》第 15 条规定："中级人民法院管辖下列第一审行政案件：（一）对国务院部门或者县级以上地方人民政府所作的行政行为提起诉讼的案件；（二）海关处理的案件；（三）本辖区内重大、复杂的案件；（四）其他法律规定由中级人民法院管辖的案件。"

5. **答案**：甲县人民法院对本案享有管辖权。乙县公安局基于同一事实，以涉嫌盗窃为由，对万某作出限制人身自由和扣押财产两个具体行政行为，万某对这两个具体行政行为均不服，向其所在地的甲县人民法院提起诉讼，甲县人民法院对当事人的这两个诉讼可以一并管辖。理由如下：

首先，由原告所在地人民法院一并管辖不违反行政诉讼法有关特殊地域管辖的规定。行政机关基于同一事实对同一当事人作出限制人身自由和扣押财产的两个具体行政行为，从形式上看，收审与扣押财产是两个具体行政行为，但实际上看，它们是紧密联系、相辅相成的，收审的正确与否直接决定着扣押财产的合法性，扣押财产的行为与收审的行为直接相关，收审之诉是主诉，扣押财产之诉是从诉，主诉适用特殊地域管辖规定，从诉也应适用行政诉讼的特殊地域管辖规定。

其次，《行政诉讼法》第 19 条规定："对限制人身自由的行政强制措施不服提起的诉讼，由被告所在地或者原告所在地人民法院管辖。"《行诉解释》第 8 条第 1 款规定，"行政诉讼法第十九条规定的'原告住所地'，包括原告的户籍所在地、经常居住地和被限制人身自由地"。据此条款规定，上述三种地点都被视为"原告所在地"。但上述三种情况并不是平分秋色，任意选择。一般而言，"户籍所在地"与"经常居住地"不一致的，原则上由"经常居住地"法院管辖。如果起诉时原告仍在关押中，原则上应以被限制人身自由所在地法院管辖。就该案件的万某而言，诉讼时，已经被乙县公安局于同年 4 月 27 日解除了"收容审查"，其人身自由已不再受任何限制。因此，万某在其户籍所在地和经常居住地甲县人民法院起诉，完全符合行政诉讼法有关管辖的立法精神。甲县人民法院驳回乙县公安局提出的管辖权异议，是正确的。

第十七章 行政诉讼参加人

✓ 单项选择题

1. **答案**：D。A、B项错，D项对，行政管理的相关人，是指相对人之外的受具体行政行为效力影响的人。具体行政行为具有复效性，复效性是指具体行政行为一经成立、生效，其产生的效力不仅是行为所直接针对的人，对其他人的权利、义务也会产生影响，或加重其负担或使其受益，这里的"其他人"就是行政管理的相关人。本题中的乙处于乡人民政府批准行为的相关人地位，其虽不是该行为的发动者，却受到该行为效力的影响，因此乙享有原告的资格。

   C项错，相邻权，是指相邻近的不动产所有人或利用人之间由法律所规定的权利、义务关系，如采光权、排水权、通风权、截水权等。

2. **答案**：B。根据《行诉解释》第15条第1款规定，合伙企业向人民法院提起诉讼的，应当以核准登记的字号为原告。未依法登记领取营业执照的个人合伙的全体合伙人为共同原告；全体合伙人可以推选代表人，被推选的代表人，应当由全体合伙人出具推选书。

3. **答案**：B。参见《行政诉讼法》第29条第1款："公民、法人或者其他组织同被诉行政行为有利害关系但没有提起诉讼，或者同案件处理结果有利害关系的，可以作为第三人申请参加诉讼，或者由人民法院通知参加诉讼。"

4. **答案**：A。参见《行诉解释》第20条第3款："没有法律、法规或者规章规定，行政机关授权其内设机构、派出机构或者其他组织行使行政职权的，属于行政诉讼法第二十六条规定的委托。当事人不服提起诉讼的，应当以该行政机关为被告。"

5. **答案**：B。参见《行政诉讼法》第26条第2款："经复议的案件，复议机关决定维持原行政行为的，作出原行政行为的行政机关和复议机关是共同被告；复议机关改变原行政行为的，复议机关是被告。"

6. **答案**：D。在行政诉讼中，属于当事人的就是原告、被告和第三人，委托代理人不是当事人。

7. **答案**：A。参见《行政诉讼法》第31条："当事人、法定代理人，可以委托一至二人作为诉讼代理人。下列人员可以被委托为诉讼代理人：（一）律师、基层法律服务工作者；（二）当事人的近亲属或者工作人员；（三）当事人所在社区、单位以及有关社会团体推荐的公民。"

8. **答案**：C。本题考查行政诉讼中被告的确定。

   C项对。《行政诉讼法》第26条第1款规定："公民、法人或者其他组织直接向人民法院提起诉讼的，作出行政行为的行政机关是被告。"可见，行政诉讼中的被告是指作出行政行为的行政主体，本题中强行拆除房屋的行政强制执行行为是区建委实施的，区建委是县级人民政府的工作部门，依法具有行政主体的资格，因而被告应为区建委。

   D项错，某区建委改造建设指挥部不是一级行政机关，只是区建委的内部工作机构，其行为应视为某区建委的行为，故建设指挥部不能作为本案被告。

   A、B项错，市政府与区政府是某区建委的上级行政机关，它们均未对刘某直接行使行政职权，因此不是本案中的被告。

9. **答案**：B。参见《行政诉讼法》第35条：在诉讼过程中，被告及其诉讼代理人不得自行向原告、第三人和证人收集证据。

10. **答案**：C。本题考查对原告起诉被告不适格情形的处理。根据《行诉解释》第26条的规定："原告所起诉的被告不适格，人民法院应当告知原告变更被告；原告不同意变更的，裁定驳回起诉。应当追加被告而原告不同意追加的，人民法院应当通知其以第三人的身份参加诉讼，但行政复议机关作共同被告的除外。"据此，C 说法正确，应当选。

多项选择题

1. **答案**：ABCD。类似于原告地位的第三人主要有以下几种情形：（1）行政处罚案件中的被处罚人或者受害人；（2）行政处罚案件中未起诉的共同被处罚人；（3）行政确权案件中的被确权人或其他主张权利的人；（4）行政许可案件中的被许可人或许可争议人；（5）行政机关裁决的民事纠纷的一方当事人；（6）与行政复议决定有利害关系却未起诉的人。

2. **答案**：ABCD。A、B 项对，《行政诉讼法》第 26 条第 5 款规定："行政机关委托的组织所作的行政行为，委托的行政机关是被告。"据此，受托者的行为一般视为是委托者的行为，受托者一般不具有行政主体资格。如果受托者实施的具体行政行为被诉，委托其行使职权的行政机关是被告。

   C 项对，《行诉解释》第 20 条第 3 款规定："没有法律、法规或者规章规定，行政机关授权其内设机构、派出机构或者其他组织行使行政职权的，属于行政诉讼法第二十六条规定的委托。当事人不服提起诉讼的，应当以该行政机关为被告。"据此，行政委托可以在没有法律依据的情况下进行。

   D 项对，《行诉解释》第 20 条第 2 款规定："法律、法规或者规章授权行使行政职权的行政机关内设机构、派出机构或者其他组织，超出法定授权范围实施行政行为，当事人不服提起诉讼的，应当以实施该行为的机构或者组织为被告。"此处的"超出法定授权范围"应理解为内设机构或派出机构行为时超过了法律、法规或规章授权的幅度，而不是超出授权种类。

3. **答案**：BCD。A 项错，具体行政行为的发动人是相对人的一种，而不是相关人。相对人，是指具体行政行为所直接针对的人，或是具体行政行为的受领人，或是行政行为的发动人（如申请人），均是直接、明显地受具体行政行为影响的人。

   B、C 项对，相关人，是指相对人以外的受具体行政行为效力影响的人。由于具体行政行为具有复效性，即具体行政行为一经成立、生效，效力所及的不仅仅是行为所直接针对的人，对其他人的权利、义务也会产生影响，或加重其负担或使其受益。因此，相关人的存在是因为具体行政行为的复效性。

   D 项对，相关人与具体行政行为之间的联系虽不如相对人那样明显，但是，在合法权益受到具体行政行为损害时与相对人一样享有原告资格。例如，行政处罚案件中的受害人、建筑物建设许可中的相邻权人，相对于行政处罚行为及行政许可行为都是相关人。

4. **答案**：AB。河东县政府下发文件的行为是针对特定的对象作出的，是可诉的具体行政行为。河西县甜酱厂是河东县政府文件的相关人，河东县政府的行为实际上侵犯了河西县甜酱厂的公平竞争权，也侵犯了河东县甜酱批发商、零售商的经营自主权。因此，无论是河西县甜酱厂还是河东县甜酱批发商、零售商对该行为均享有原告资格。

5. **答案**：AC。本题考查法定代表人的确定，参见民事诉讼法以及意见中关于法定代表人的规定。

6. **答案**：BD。参见《行诉解释》第 26 条第 1 款规定："原告所起诉的被告不适格，人民法院应当告知原告变更被告；原告不同意变更的，裁定驳回起诉。"

7. **答案**：BD。公民、法人或者其他组织同被诉行政行为有利害关系但没有提起诉讼，或者同案件处理结果有利害关系的，可以作为第三人申请参加诉讼，或者由人民法院通知参加诉讼。第三人分为原告型、被告型和证人型，所以说第三人不必然站在本诉中的原告和被告其中一方。

8. **答案**：AB。本题考查行政诉讼上诉人的相关规定。

9. **答案**：ABCD。《行政诉讼法》第 25 条第 1 款规定：行政行为的相对人以及其他与行政行为有利害关系的公民、法人或者其他组织，有权提起诉讼。第 49 条第 1 项规定：原告是符合本法第 25 条规定的公民、法人或者其他组织。

10. **答案**：ABCD。《行政诉讼法》第 29 条第 1 款规定："公民、法人或者其他组织同被诉行政行为有利害关系但没有提起诉讼，或者同案件处理结果有利害关系的，可以作为第三人申请参加诉讼，或者由人民法院通知参加诉讼。"

11. **答案**：ACD。本题考查行政诉讼的原告资格。

    ACD 三项表述错误，《行政诉讼法》第 25 条第 1 款规定："行政行为的相对人以及其他与行政行为有利害关系的公民、法人或者其他组织，有权提起诉讼。"据此，行政诉讼原告资格的享有不限于行政相对方。本题中规划范围内的居民已经在该片土地上居住 40 年，市规划局批准房地产企业在该地开发商品房必然对居民利益产生重大影响，居民属于法律上利害关系人，依法应享有原告资格。

    B 项表述正确，在起诉阶段，原告权益是否合法不是法院审查的内容，因而不影响其享有原告的资格。

12. **答案**：AC。本题 D 项考查原告的主体资格问题。无效的具体行政行为不存在公定力问题，自始确定无效，但是并非任何人都可以向法律起诉主张其无效，因为向法院起诉的一个条件是"与行政行为有利害关系"，据此 D 选项不正确。

不定项选择题

答案：（1）B。行政诉讼原告是指认为行政机关和行政机关工作人员的具体行政行为侵犯其合法权益，依照行政诉讼法的规定以自己的名义向法院起诉的公民、法人或者其他组织。

《行诉解释》第 12 条规定："有下列情形之一的，属于行政诉讼法第二十五条第一款规定的'与行政行为有利害关系'：（一）被诉的行政行为涉及其相邻权或者公平竞争权的；（二）在行政复议等行政程序中被追加为第三人的；（三）要求行政机关依法追究加害人法律责任的；（四）撤销或者变更行政行为涉及其合法权益的；（五）为维护自身合法权益向行政机关投诉，具有处理投诉职责的行政机关作出或者未作出处理的；（六）其他与行政行为有利害关系的情形。"相邻权，是指相邻近的不动产所有人或利用人之间由法律所规定的权利、义务关系，如采光权、排水权、通风权、截水权等，相邻权人实际上是处于相关人的地位，有原告的资格。

综上所述，住在教师公寓的老师们作为相关人，批准行为已经侵犯了其相邻权。尽管这种损害是大楼建成之后才发生，但是这种损害的发生是必然的，故可以不必等到损害实际发生才起诉。

（2）A。《行诉解释》第 30 条第 1 款规定："行政机关的同一行政行为涉及两个以上利害关系人，其中一部分利害关系人对行政行为不服提起诉讼，人民法院应当通知没有起诉的其他利害关系人作为第三人参加诉讼。"据此，本题中人民法院有义务通知其他相关人以第三人身份参加诉讼，是否参加，取决于他们自己。

名词解释

1. **答案**：行政诉讼参加人指在诉讼中为保护自己或他人的合法权益而参加诉讼的当事人和类似当事人诉讼地位的人。包括原告、被告、共同诉讼人、第三人、诉讼代理人。

2. **答案**：行政诉讼的当事人是指在发生行政争议后，以自己的名义起诉、应诉或参加诉讼，并受人民法院裁判约束的公民、法人或其他组织和行政主体。当事人具有以下特征：（1）以自己的名义进行诉讼。（2）与案件有直接或间接的利害关系。（3）受人民法院裁判拘束。

3. **答案**：行政诉讼的原告是指认为行政主体及其工作人员的具体行政行为侵犯其合法权益，向人民法院提起诉讼，引起行政诉讼开始的公民、法人或其他组织。行政诉讼的原告应具备以下条件：（1）必须是作为行政相对人的公民、法人或者其他组织。（2）必须是认为具体行政行为侵犯了其合法权益的行政相对人。（3）必须是向人民法院提起行政诉讼的行政相对人。

4. 答案： 行政诉讼的被告是被原告诉称作出了侵犯其合法权益的具体行政行为，经人民法院通知应诉的行政机关或法律、法规授权的组织。被告应当具备以下条件：（1）必须是具有诉讼权利能力的行政机关或法律、法规授权的组织。（2）必须是具体行政法律关系中作出具体行政行为的行政机关或法律、法规授权的组织。（3）必须由人民法院通知其应诉。

5. 答案： 在行政诉讼中，当事人一方或双方二人以上的诉讼，称为共同诉讼。原告为二人以上的称为共同原告，被告为二人以上的称为共同被告。共同原告和共同被告统称为共同诉讼人。共同诉讼的构成条件有：（1）当事人一方或双方必须是二人以上；（2）因同一行政行为发生的行政案件，或者因同类行政行为发生的行政案件，人民法院认为可以合并审理的并经当事人同意。

6. 答案： 行政诉讼的第三人是指同被诉行政行为有利害关系但没有提起诉讼，或者同案件处理结果有利害关系，在行政诉讼过程中申请参加诉讼或由人民法院通知参加诉讼的公民、法人或其他组织。第三人应具备以下条件：（1）同被诉具体行政行为有利害关系但没有提起诉讼，或者同案件处理结果有利害关系。所谓有利害关系，是指有法律上的权利、义务关系。（2）第三人应是行政法律关系的主体。（3）经本人申请或人民法院通知而参加本诉已经开始但未终结的诉讼。

简答题

1. 答案： 行政诉讼过程中的第三人是指同提起诉讼的具体行为有利害关系但没有提起诉讼，或者同案件处理结果有利害关系，为了维护自己的合法权益而参加诉讼的个人或组织。在行政诉讼实践中，常见的行政诉讼的第三人有：

（1）原告所起诉的被告不适格，人民法院应当告知原告变更被告；原告不同意变更的，裁定驳回起诉。应当追加被告而原告不同意追加的，人民法院应当通知其以第三人的身份参加诉讼。

此外，两个或两个以上的行政主体如果基于同一事实、针对同一对象作出了相互关联或相互矛盾的行政行为，其中一个行为被诉，其他行政主体应当作为第三人参加诉讼。

（2）行政机关的同一具体行政行为涉及两个以上利害关系人，其中一部分利害关系人对具体行政行为不服提起诉讼，人民法院应当通知没有起诉的其他利害关系人作为第三人参加诉讼。

大致有以下几种情形：

①行政处罚案件中的受害人或被处罚人。在行政处罚案件中，如有被处罚人和受害人，如果被处罚人不服处罚决定提起行政诉讼，受害人可以作为第三人参加诉讼，如果受害人对处罚决定不服提起行政诉讼，则被处罚人可以作为第三人参加诉讼。

②行政机关与非行政机关共同署名作出处理决定的非行政机关。行政相对人对行政机关与非行政机关共同署名作出的处理决定不服，向法院提起行政诉讼，应当以行政机关为被告，非行政机关作为第三人参加诉讼。

③确权案件中主张权利的人。在专利、商标行政案件中，被行政机关驳回权利申请的一方当事人不服提起行政诉讼的，被确权一方当事人及其他被驳回的申请人应当作为第三人参加诉讼。

④共同利害关系人。行政机关就同一具体行政行为涉及两个以上利害关系人，其中一部分利害关系人对具体行政行为不服提起诉讼，人民法院应当通知没有起诉的其他利害关系人作为第三人参加诉讼。

2. 答案： 根据《行政诉讼法》和《最高人民法院关于适用〈中华人民共和国行政诉讼法〉的解释》规定，行政诉讼原告资格的转移主要有以下几种情形：

（1）有权提起诉讼的公民死亡，其近亲属可以提起诉讼。近亲属的范围包括：配偶、父母、子女、兄弟姐妹、祖父母、外祖父母、孙子女、外孙子女以及其他具有抚养、赡养关系的亲属。公民因被限制人身自由而不能提起诉讼的，其亲属可以依其口头或书面委托以该公民的名义提起诉讼。

（2）有权提起诉讼的法人或者其他组织终止，承受其权利的法人或者其他组织可以提起诉讼。

论述题

答案：行政诉讼被告是指它实施的具体行政行为被作为原告的个人或者组织指控侵犯其行政法上的合法权益，而由人民法院通知应诉的行政主体。

（1）行政诉讼被告的一般情形。《行政诉讼法》第26条分别规定了行政诉讼被告的六种情形：①公民、法人或者其他组织直接向人民法院提起诉讼的，作出行政行为的行政机关是被告。②经复议的案件，复议机关决定维持原行政行为的，作出原行政行为的行政机关和复议机关是共同被告；复议机关改变原行政行为的，复议机关是被告。③复议机关在法定期限内未作出复议决定，公民、法人或者其他组织起诉原行政行为的，作出原行政行为的行政机关是被告；起诉复议机关不作为的，复议机关是被告。④两个以上行政机关作出同一行政行为的，共同作出行政行为的行政机关是共同被告。⑤行政机关委托的组织所作的行政行为，委托的行政机关是被告。⑥行政机关被撤销或者职权变更的，继续行使其职权的行政机关是被告。

（2）行政诉讼被告认定的其他几种情形。①当事人不服行政机关经上级机关批准实施的具体行政行为，向人民法院提起行政诉讼，应以在对外发生法律效力的文书上署名的机关为被告。②当事人对人民政府组建并赋予相应管理职能但不具有独立承担法律责任能力的机构以自己的名义作出的具体行政行为不服，向人民法院提起行政诉讼，应以组建该机构的人民政府为被告。③当事人对行政机关的内设或派出机构在没有法律、法规授权的情况下以自己的名义作出的具体行政行为不服，向人民法院提起行政诉讼，应以该行政机关为被告。④当事人对法律、法规授权的行政机关所属机构或职能部门、被授权行使行政职权的组织超出法定授权范围实施行政行为不服，向人民法院提起行政诉讼，应以实施该行为的机构、部门或组织为被告。

案例分析题

1. 答案：应以市市场监督管理局为被告。理由如下：

（1）虽然市市场监督管理局是根据市公安局的建议吊销了阳光招待所的营业执照，但是市公安局的建议对其并没有强制力，仅起到为市市场监督管理局提供管理所需要的信息的作用。因此吊销阳光招待所营业执照的行为是市市场监督管理局的具体行政行为而不是与市公安局的共同行为。

（2）市市场监督管理局市场管理科仅是市市场监督管理局的一个内设机构，并没有获得法律、法规或规章的授权，因而不能作被告，被告应是其所属的行政机关市市场监督管理局。

2. 答案：（1）能。因为根据《行政处罚法》第19条等的授权，县卫生防疫站可以以自己的名义行使相应的行政处罚权并承担法律后果，具备了行政主体资格。

（2）不应。因为卫生防疫站的行为是规避法律的违法行为，行政权是国家权力，行政机关不能自行处分。根据《行政诉讼法》第62条的规定，原告申请撤诉是否准许，由人民法院裁定。

第十八章　行政诉讼证据

✓ 单项选择题

1. **答案：A**。本题考查的是行政诉讼中举证的有关问题。A项涉及证据的分类，房屋所有权证、房屋买卖合同、房屋产权登记申请、契税完税证确实均系书证。

   B项涉及行政诉讼的举证期限，《行诉证据规定》第7条第1款规定，原告或者第三人应当在开庭审理前或者人民法院指定的交换证据之日提供证据。

   C项涉及行政诉讼的举证责任。《行政诉讼法》第34条第1款规定，被告对作出的行政行为负有举证责任，应当提供作出该行政行为的证据和所依据的规范性文件。田某不承担举证责任。他向法院提供证据的行为是为了证明其主张，而非承担举证责任。

   D项涉及人民法院接受当事人提交证据时的义务规定。《行诉证据规定》第20条规定，人民法院收到当事人提交的证据材料，应当出具收据，注明证据的名称、份数、页数、件数以及收到的时间，由经办人员签字或者盖章。从该规定来看，并不要求加盖法院印章，因此D项也是错误的。

2. **答案：B**。本题考查的是原告或者第三人申请法院调取证据的法定情形。《行诉证据规定》第22条规定：根据《行政诉讼法》第34条第2款的规定，有下列情形之一的，人民法院有权向有关行政机关以及其他组织、公民调取证据：（一）涉及国家利益、公共利益或者他人合法权益的事实认定的；（二）涉及依职权追加当事人、中止诉讼、终结诉讼、回避等程序性事项的。第23条规定：原告或者第三人不能自行收集，但能够提供确切线索的，可以申请法院调取下列证据材料：涉及国家秘密、商业秘密、个人隐私的证据材料。结合以上法律规定可以确定，A、C、D三项均属人民法院依职权调取证据的情形，只有B项属于原告或者第三人申请法院调取证据的法定情形。

3. **答案：D**。本题考查的是行政诉讼证据的有关规定。《行诉证据规定》第38条第2款规定：人民法院依职权调取的证据，由法庭出示，并可就调取证据的情况进行说明，听取当事人意见。结合该条第1款的规定"当事人申请人民法院调取的证据，由申请调取证据的当事人在庭审中出示，并由当事人质证"来看，对人民法院依职权调取的证据，不用进行质证。所以A项错误。《行诉证据规定》第37条规定：涉及国家秘密、商业秘密和个人隐私或者法律规定的其他应当保密的证据，不得在开庭时公开质证。要注意的是，本条规定为强制性规定，人民法院必须执行。所以B项错误。《行诉证据规定》第50条规定：在第二审程序中，对当事人依法提供的新的证据，法庭应当进行质证；当事人对第一审认定的证据仍有争议的，法庭也应当进行质证。所以C项错误。《行诉证据规定》第70条规定：生效的人民法院裁判文书或者仲裁机构裁判文书确认的事实，可以作为定案依据。所以D项正确。

4. **答案：A**。在行政诉讼过程中，人民法院有权要求当事人提供或补充证据，当人民法院要求被告提供或者补充证据时，被告的取证行为是合法的。据此，在诉讼过程中，被告经人民法院同意可以向原告收集证据，但仅限于以下两种情形：

   （1）被告在作出具体行政行为时已经收集，但因不可抗力等正当事由不能提供的。包含两层含义：①被告补充的证据必须是在具体行政行为时已经收集的，并作为作出具体行政行为的依据。②被告补充的证据是由于不可抗力等正当事由而不能向法院提供的。

   （2）原告或第三人在诉讼中，提出了其在被告实施行政行为过程中没有提出的反驳理由或者证据的。

5. **答案：B**。《行诉证据规定》第 7 条规定："原告或者第三人应当在开庭审理前或者人民法院指定的交换证据之日提供证据。因正当事由申请延期提供证据的，经人民法院准许，可以在法庭调查中提供。逾期提供证据的，视为放弃举证权利。原告或者第三人在第一审程序中无正当事由未提供而在第二审程序中提供的证据，人民法院不予接纳。"

6. **答案：C**。行政诉讼举证责任分担的基本原则是被告对作出的行政行为负举证责任。

7. **答案：A**。参见《行政诉讼法》第 67 条规定："人民法院应当在立案之日起五日内，将起诉状副本发送被告。被告应当在收到起诉状副本之日起十五日内向人民法院提交作出行政行为的证据和所依据的规范性文件，并提出答辩状。人民法院应当在收到答辩状之日起五日内，将答辩状副本发送原告。被告不提出答辩状的，不影响人民法院审理。"

8. **答案：A**。本题考查行政诉讼证据。人民法院在决定是否采纳某项证据时，应审查证据的"三性"——真实性、关联性和合法性，符合该条件的证据可以作为证据予以采用。根据《行诉证据规定》第 42 条第 1 款的规定，不能正确表达意志的人不能作证。《行诉证据规定》第 71 条列举了 7 种不能单独作为定案依据的证据，其中与一方当事人有不利关系的证人所作的对该当事人不利的证言和与一方当事人有亲属关系或其他密切关系的证人所作的对该当事人有利的证言都不能单独作为定案依据。李某符合第 42 条规定的证人条件，并且李某与该厂有密切关系，但所作证言对该厂不利，不属于第 71 条规定之情况，故法院应采信李某之证言，A 项正确。《行诉证据规定》第 20 条规定，人民法院收到当事人提交的证据材料，应当出具收据，注明证据的名称、份数、页数、件数、种类等以及收到的时间，由经办人员签名或者盖章。故法院收到甲工厂提交的证据材料，应当出具收据，并由经办人员签名或者盖章即可，不需要加盖法院印章。因此 B 项错误。根据《行诉证据规定》第 63 条第 7 项之规定，其他证人证言优于与当事人有亲属关系或者其他密切关系的证人提供的对该当事人有利的证言。谢某作为当地居民与甲工厂并不存在亲属关系或者其他密切关系，因此，张某的证言也就不能优先于谢某的证言。故 C 项错误。根据《行诉证据规定》第 43 条之规定，当事人申请证人出庭作证，应当在举证期限届满前提出，并经人民法院许可。当事人在庭审过程中要求证人出庭作证的，法庭可以根据审理案件的具体情况，决定是否准许以及是否延期审理。因此，甲工厂在庭审中要求刘某作证，法庭有权决定是否准许。故 D 项错误。

9. **答案：D**。本题考查证据证明力的认定。根据《行诉证据规定》第 60 条第 3 项的规定，原告或者第三人在诉讼程序中提供的、被告在行政程序中未作为具体行政行为依据的证据，不能作为认定被诉具体行政行为合法的依据。因此，D 项错误，为应选项。

10. **答案：B**。本题考查申请证据保全的期限和形式。根据《行诉证据规定》第 27 条第 1 款的规定："当事人根据行政诉讼法第三十六条的规定向人民法院申请保全证据的，应当在举证期限届满前以书面形式提出，并说明证据的名称和地点、保全的内容和范围、申请保全的理由等事项。"据此，A、D 项说法中的期限错误，C 项中的"口头形式"错误，只有 B 项说法正确，应当选。

11. **答案：C**。《行诉证据规定》第 55 条规定，法庭应当根据案件的具体情况，从以下方面审查证据的合法性：（1）证据是否符合法定形式；（2）证据的取得是否符合法律、法规、司法解释和规章的要求；（3）是否有影响证据效力的其他违法情形。据此 AD 选项错误。根据《行诉证据规定》第 56 条的规定，法庭应当根据案件的具体情况，从以下方面审查证据的真实性：（1）证据形成的原因；（2）发现证据时的客观环境；（3）证据是否为原件、原物，复制件、复制品与原件、原物是否相符；（4）提供证据的人或者证人与当事人是否具有利害关系；（5）影响证据真实性的其他因素。据此 C 选项正确，B 项错误。

多项选择题

1. **答案：ABCD**。人民法院在审理某个行政案件时可能需要查明的事实有：某一行政行为是否需要废止；行政机关所认定的事实；等等。

2. **答案：AB**。参见《行诉证据规定》第 1 条："根据行政诉讼法第三十二条和第四十三条的规定，被告对作出的具体行政行为负有举证责任，应当在收到起诉状副本之日起十日内，提供据以作出被诉具体行政行为的全部证据和所依据的规范性文件……"

3. **答案：ACD**。A 项对，《行诉证据规定》第 5 条规定："在行政赔偿诉讼中，原告应当对被诉具体行政行为造成损害的事实提供证据。"B 项错，《行诉证据规定》第 4 条第 3 款规定："被告认为原告起诉超过法定期限的，由被告承担举证责任。"C 项对，《行诉证据规定》第 4 条第 2 款规定："在起诉被告不作为的案件中，原告应当提供其在行政程序中曾经提出申请的证据材料。但有下列情形的除外：（一）被告应当依职权主动履行法定职责的；（二）原告因被告受理申请的登记制度不完备等正当事由不能提供相关证据材料并能够作出合理说明的。"D 项对，《行诉证据规定》第 4 条第 1 款规定："公民、法人或者其他组织向人民法院起诉时，应当提供其符合起诉条件的相应的证据材料。"

4. **答案：ABCD**。A 项对，根据《行政诉讼法》第 33 条规定，证据必须经法庭审查属实，方可作为认定案件事实的根据。B 项对，《行诉证据规定》第 61 条规定："复议机关在复议程序中收集和补充的证据，或者作出原具体行政行为的行政机关在复议程序中未向复议机关提交的证据，不能作为人民法院认定原具体行政行为合法的依据。"C、D 项对，《行诉证据规定》第 60 条规定："下列证据不能作为认定被诉具体行政行为合法的依据：（一）被告及其诉讼代理人在作出具体行政行为后或者在诉讼程序中自行收集的证据；（二）被告在行政程序中非法剥夺公民、法人或者其他组织依法享有的陈述、申辩或者听证权利所采用的证据；（三）原告或者第三人在诉讼程序中提供的、被告在行政程序中未作为具体行政行为依据的证据。"

5. **答案：BCD**。A 项错，B、C 项对，《行政诉讼法》第 33 条规定："证据包括：（一）书证；（二）物证；（三）视听资料；（四）电子数据；（五）证人证言；（六）当事人的陈述；（七）鉴定意见；（八）勘验笔录、现场笔录。以上证据经法庭审查属实，才能作为认定案件事实的根据。"其中并不包括其他规范性文件。但根据《行政诉讼法》第 34 条第 1 款规定："被告对作出的行政行为负有举证责任，应当提供作出该行政行为的证据和所依据的规范性文件。"据此，规范性文件在行政诉讼中同样具有证明作用。行政诉讼证据主要来源于行政程序中，且主要由被告行政机关来承担。D 项对，《行政诉讼法》第 34 条规定："被告对作出的行政行为负有举证责任，应当提供作出该行政行为的证据和所依据的规范性文件。被告不提供或者无正当理由逾期提供证据，视为没有相应证据。但是，被诉行政行为涉及第三人合法权益，第三人提供证据的除外。"据此，行政诉讼中被告对具体行政行为的合法性承担举证责任。《行诉证据规定》第 4 条规定："公民、法人或者其他组织向人民法院起诉时，应当提供其符合起诉条件的相应的证据材料。在起诉被告不作为的案件中，原告应当提供其在行政程序中曾经提出申请的证据材料。但有下列情形的除外：（一）被告应当依职权主动履行法定职责的；（二）原告因被告受理申请的登记制度不完备等正当事由不能提供相关证据材料并能够作出合理说明的。被告认为原告起诉超过法定期限的，由被告承担举证责任。"综上所述，原告只在特定情况下承担对特定事项的举证责任。

6. **答案：BC**。被告及其诉讼代理人在行政诉讼中不得自行向原告或者其他公民、法人和其他组织调查收集证据，但是在得到人民法院许可的某些情形下是可以收集证据的。参见《行政诉讼法》第 35 条。另外，被告在二审过程中向法庭提交的在一审过程中没有提交的证据，不能作为二审法院撤销或者变更一审裁判的根据，并非绝对不予采用。

7. **答案**：AD。本题考查对提供证据的要求。关于A，根据《行诉证据规定》第12条第1项的规定，当事人向人民法院提供计算机数据或者录音、录像等视听资料的，应当提供有关资料的原始载体。所以，A正确，应当选。根据《行诉证据规定》第13条的规定："……当事人向人民法院提供证人证言的，应当符合下列要求：（一）写明证人的姓名、年龄、性别、职业、住址等基本情况；（二）有证人的签名，不能签名的，应当以盖章等方式证明；（三）注明出具日期；（四）附有居民身份证复印件等证明证人身份的文件。"B项至少缺乏第1项和第4项规定的要件，因此，B说法错误。根据《行诉证据规定》第15条的规定："根据行政诉讼法第三十一条第一款第（七）项的规定，被告向人民法院提供的现场笔录，应当载明时间、地点和事件等内容，并由执法人员和当事人签名。当事人拒绝签名或者不能签名的，应当注明原因。有其他人在现场的，可由其他人签名。法律、法规和规章对现场笔录的制作形式另有规定的，从其规定。"所以，C说法错误。根据《行诉证据规定》第20条的规定："人民法院收到当事人提交的证据材料，应当出具收据，注明证据的名称、份数、页数、件数、种类等以及收到的时间，由经办人员签名或者盖章。"所以，D说法正确，应当选。

8. **答案**：BD。根据《行诉证据规定》第1条规定，被告对作出的具体行政行为负有举证责任。同时根据《行诉证据规定》第6条规定，原告可以提供证明被诉具体行政行为违法的证据。原告提供的证据不成立的，不免除被告对被诉具体行政行为合法性的举证责任。据此，本案当中，应该由某县民政局对准予离婚行为的合法性承担举证责任，原告有提供证据证明民政局的行为违法的权利，但是不承担证明其违法的举证责任。故A项错误。根据《行诉证据规定》第14条规定，被告向人民法院提供的在行政程序中采用的鉴定结论，应当载明委托人和委托鉴定的事项、向鉴定部门提交的相关材料、鉴定的依据和使用的科学技术手段、鉴定部门和鉴定人鉴定资格的说明，并应有鉴定人的签名和鉴定部门的盖章。通过分析获得的鉴定结论，应当说明分析过程。据此，B项正确。根据《行诉证据规定》第29条规定，原告或者第三人有证据或者有正当理由表明被告据以认定案件事实的鉴定结论可能有错误，在举证期限内书面申请重新鉴定的，人民法院应予准许。据此，C项错误，D项正确。

9. **答案**：BCD。根据《行政诉讼法》第26条规定，由行政机关委托的组织所作的行政行为，委托的行政机关是被告。该案中委托机关市城管执法局为被告，A选项错误。根据《行诉证据规定》第4条第1款："公民、法人或者其他组织向人民法院起诉时，应当提供其符合起诉条件的相应的证据材料。"因此，刘某父亲和嫂子应当提供相应证据证明房屋为二人共建或与拆除有利害关系，B选项正确。根据《行诉证据规定》第33条第2款规定，法院进行现场勘验，"勘验人必须出示人民法院的证件，并邀请当地基层组织或者当事人所在单位派人参加"，据此C选项正确。根据《行诉证据规定》第1条规定，被告行政机关应当对作出具体行政行为的合法性提供全部证据和所依据的规范性文件，本案中即表现为应提供证据证明被告有拆除房屋的决定权和强制执行的权力，D选项正确。

10. **答案**：ACD。根据《行诉证据规定》第10条规定，当事人向人民法院提供书证的，应当符合下列要求：（1）提供书证的原件，原本、正本和副本均属于书证的原件。提供原件确有困难的，可以提供与原件核对无误的复印件、照片、节录本。（2）提供由有关部门保管的书证原件的复制件、影印件或者抄录件的，应当注明出处，经该部门核对无异后加盖其印章。（3）提供报表、图纸、会计账册、专业技术资料、科技文献等书证的，应当附有说明材料。（4）被告提供的被诉具体行政行为所依据的询问、陈述、谈话类笔录，应当有行政执法人员、被询问人、陈述人、谈话人签名或者盖章。法律、法规、司法解释和规章对书证的制作形式另有规定的，从其规定。故照片属于书证，选项A正确。《行诉证据规定》第15条规定，被告向人民法院提供的现场笔录，应当载明时间、地点和事件等内容，并由执法人员和当事人签名。当事人拒绝签名或者不能签名的，应当注明原因。有其他人在现场的，可由其他人签名。法律、法规和规章对现场笔录的制作形式另有规定的，从其规定。由上述规定可知，现场笔录没有当事人签名，但注明原因或第三人签名佐证的，具有证据效力。B项说法太绝对，故选项B错误。

《行诉证据规定》第14条规定，被告向人民法院提供的在行政程序中采用的鉴定意见，应当载明委托人和委托鉴定的事项、向鉴定部门提交的相关材料、鉴定的依据和使用的科学技术手段、鉴定部门和鉴定人鉴定资格的说明，并应有鉴定人的签名和鉴定部门的盖章。通过分析获得的鉴定意见，应当说明分析过程。故选项C正确。

《行诉证据规定》第44条第1项规定，对现场笔录的合法性或者真实性有异议的，原告或者第三人可以要求相关行政执法人员作为证人出庭作证。故选项D正确。

不定项选择题

1. **答案：ACD**。A项中，根据《行诉证据规定》第63条规定，证明同一事实的数个证据，其证明效力一般可以按照下列情形分别认定：其他证人证言优于与当事人有亲属关系或者其他密切关系的证人提供的对该当事人有利的证言。因此，华某作为与当事人无亲属或其他密切关系的证人，证言的证明力更高。

C项中，根据《行政诉讼法》第70条规定，行政行为有下列情形之一的，人民法院判决撤销或者部分撤销，并可以判决被告重新作出行政行为：（1）主要证据不足的；（2）适用法律、法规错误的；（3）违反法定程序的；（4）超越职权的；（5）滥用职权的；（6）明显不当的。本项属于主要证据不足的情形，法院应当判决撤销具体行政行为。

D项中，根据《行诉解释》第30条的规定，行政机关的同一行政行为涉及两个以上利害关系人，其中一部分利害关系人对行政行为不服提起诉讼，人民法院应当通知没有起诉的其他利害关系人作为第三人参加诉讼。与行政案件处理结果有利害关系的第三人，可以申请参加诉讼，或者由人民法院通知其参加诉讼。人民法院判决其承担义务或者减损其权益的第三人，有权提出上诉或者申请再审。《行政诉讼法》第29条规定的第三人，因不能归责于本人的事由未参加诉讼，但有证据证明发生法律效力的判决、裁定、调解书损害其合法权益的，可以依照《行政诉讼法》第90条的规定，自知道或者应当知道其合法权益受到损害之日起6个月内，向上一级人民法院申请再审。第109条第3款规定，原审判决遗漏了必须参加诉讼的当事人或者诉讼请求的，第二审人民法院应当裁定撤销原审判决，发回重审。本案中邱某作为利害关系人，应当参加诉讼，如果没有，则二审法院应当撤销原审判决，发回重审。因此，D项正确。

至于B项，法院要求华某出庭作证，是行政诉讼中法官审查判断行政机关作出具体行政行为所依据的证据的必然要求，并不需要公安局申请。

2. **答案：BD**。根据行政诉讼原理，在行政诉讼案件中，人民法院对被诉具体行政行为是否合法进行审理并裁判，故A项称"药厂的行为是否合法一并审理和裁判"的说法错误。根据《行诉证据规定》第6条规定，原告可以提供证明被诉具体行政行为违法的证据；原告提供的证据不成立的，不免除被告对被诉具体行政行为合法性的举证责任。故B项正确。根据该法第43条规定，当事人申请证人出庭作证的，应当在举证期限届满前提出，并经人民法院许可；当事人在庭审过程中要求证人出庭作证的，法庭可以根据审理案件的具体情况，决定是否准许以及是否延期审理。据此，C项"法院不予准许"的说法过于绝对，法院享有根据审理案件的具体情况"决定是否准予"的裁量权。根据该法第53

条规定，人民法院裁判行政案件，应当以证据证明的案件事实为依据。故 D 项正确。

3. **答案**：ACD。夏某当然属于第三人，如果不参加诉讼对自己有利的工伤认定有可能被撤销，夏某一定要参加诉讼陈述事实、提供证据。A 选项正确。

   B 选项中夏某同事孙某的证言不属于书证，错误不选。

   根据《行诉证据规定》第 56 条规定，法庭应当根据案件的具体情况，从以下方面审查证据的真实性：（1）证据形成的原因；（2）发现证据时的客观环境；（3）证据是否为原件、原物，复制件、复制品与原件、原物是否相符；（4）提供证据的人或者证人与当事人是否具有利害关系；（5）影响证据真实性的其他因素。依据上述第 3 项规定，所以 C 选项正确，当选。

   "如有证据证明交通事故确系夏某醉酒所致"，某县社保局的工伤认定则是建立在虚假证据基础上的，法院以没有相应事实根据为由判决撤销就是正确的，故而 D 选项正确当选。

名词解释

1. **答案**：行政诉讼的证据是能够用来证明行政案件真实情况的一切材料或手段。要使证据能够证明案件的真实情况，证据必须具备以下特征：第一，证据必须具有客观真实性。证据所记载的情况和所反映的情况必须是客观真实的。第二，证据必须与案件的事实具有一定的关联性，证据所证明的事实必须是案件的事实，证据与案件事实之间存在内在的联系。第三，证据必须具有合法性。证据的来源、内容、形式以及取得证据的方式和程序应当合法。

2. **答案**：直接证据是指只凭借证据本身具有的性质、特征和内容就可以证明案件事实的证据。

3. **答案**：派生证据是指从原始证据中衍生出来或者在信息传递中间环节中形成的证据。派生证据是经过一定媒介手段加工产生的，它本身的品质和内容不能直接产生证明作用，但是可以利用派生证据寻找、发现和核实原始证据，或者与其他证据结合起来证明案件事实。

4. **答案**：行政诉讼的证明对象也称待证事实，是指行政诉讼中真实情况不明，需要加以证明的，对案件的解决具有重要意义的事实。具有以下特征：（1）待证事实是对案件的解决具有重要意义的事实；（2）待证事实是真相不明的法律事实；（3）待证事实不仅包括案件事实，而且包括证据事实；（4）行政诉讼的待证事实还包括被告行政机关作出具体行政行为所依据的规范性文件。

5. **答案**：行政诉讼的举证责任是指由法律预先规定，在行政案件的真实情况难以确定的情况下，由一方当事人提供证据予以证明，如果其提供不出相应事实情况的证据，则承担败诉风险及不利后果的制度。

6. **答案**：证据保全是指在证据可能灭失或者以后难以取得的情况下，人民法院根据诉讼参加人的请求或依职权采取措施对证据加以确定和保护的一项诉讼制度。采取证据保全措施需要具备以下几个条件：（1）必须存在可能灭失或者以后难以取得证据的情况。可能灭失，是指证据以后有可能不存在或者提供证据的人有可能不存在。（2）采取保全措施的证据必须是与案件有一定的关联性。即该项证据能够证明该行政案件的事实，案件事实与证据之间存在内在的联系。（3）提请证据保全的时间一般应当是在诉讼开始之后法院调查程序开始之前。

简答题

1. **答案**：根据《行政诉讼法》的规定，我国行政诉讼举证制度与民事诉讼举证制度相比，有如下区别：

   区别，民事诉讼举证制度，行政诉讼举证制度举证责任分担，实行"谁主张，谁举证"的原则，原告负有更多的举证责任，实行"谁作出行政行为谁举证"的原则，由被告承担基本的举证责任证明要求侧重点，侧重点主要放在原、被告双方当事人主张的事实基础和合法性上，侧重点主要放在被诉行政行为的事实基础和合法性上证明对象，主要是原、被告双方当事人所主张的事实，包括法律事实和相关的证据事实，是被诉的行政行为，因此，被诉的行政主体应证明作出具体行政行为的事实根据和法律根据。

2. **答案**：行政诉讼法确定被告对被诉具体行政行为负举证责任，是行政诉讼举证责任的原则和特色，在行政法中具有重要意义，其主要理论和实践依据如下：

（1）由被告负举证责任，有利于保护原告一方的诉权。行政相对人难以了解行政管理行为的具体依据和有关的专业知识，由原告承担举证责任其诉权得不到实质性的保护。

（2）由被告负举证责任，有利于充分发挥行政主体的举证优势。在国家行政管理活动中，行政主体不需要相对人同意，可自行依据法律、行政规范和相应事实作出具体行政行为，举证能力比原告强，由其负举证责任有利于当事人双方的诉讼地位在事实上的平等。

（3）由被告负举证责任，有利于行政主体依法行政。根据依法行政的要求，行政主体在作出具体行政行为之时，应当具有事实根据和法律依据，否则就是非法的和无效的，由原告负举证责任也是依法行政本身的要求。

3. **答案**：《行政诉讼法》第34条的规定并不意味着原告不承担任何举证责任。一般而言，其承担举证责任的事项包括：（1）其起诉符合行政诉讼要件（或者行政诉讼受理条件）的事实；（2）主张行政机关不作为违法的，其已提出申请的事实；（3）主张行政机关滥用职权的，行政机关滥用职权的事实；（4）在侵权赔偿诉讼中，证明其所受到的损害的事实。

论述题

答案：（1）证明标准是为了实现法定证明任务，法律规定在每一个案件中诉讼证明必须达到的程度。证明标准是衡量证据的证明程度的标准，它既是衡量当事人举证到何种程度才能满足举证要求的标准，又是法官据以确信案件事实以及评判法官对事实认定是否妥当的尺度。

（2）关于在行政诉讼中应当采取何种证明标准，存在不同的意见。

在如何设定行政诉讼的证明标准上，应当考虑以下因素：第一，应当考虑法律程序的价值取向。第二，设定证明标准还应当考虑举证责任的差异，因推进责任和说服责任的不同而不同。第三，设定证明标准应当考虑行政案件的性质及对当事人权益影响的大小程度。

（3）由于行政案件的特殊性和多样性，证明行政案件事实的方式也具有多样性，不可能适用单一的证明标准，而应当根据不同的案件类型，有针对性地分别适用不同的证明标准。具体来说：

①以明显优势证明标准为原则。除法律和《行诉证据规定》另有规定外，法庭应当适用明显优势证明标准认定案件事实。这种证明标准充分体现了行政诉讼的特色。

②以优势证明标准和严格证明标准为补充。

对于严重影响相对人权利的行政案件适用严格证明标准或排除合理怀疑标准。因为拘留、责令停产停业、吊销执照等行政案件，对行政相对人的人身权、财产权益产生重大的影响，对行政机关应当有更高的证明要求，因而应当适用与刑事诉讼相同的证明标准。

对于下列行政案件应当适用优势证明标准：第一，财产权或者人身权争议的行政裁决案件，因为这类案件在性质上属于经过行政机关处理的民事案件，因而应当适用通行的民事证明标准。第二，非行政行为的案件。因为非行政行为诉讼类似于民事诉讼，诉讼标的主要是民事权益，适用民事诉讼的审理规则，因而其证明标准也应采用民事诉讼的证据优势标准。第三，行政机关适用简易程序作出具体行政行为的案件以及行政机关采取临时保全措施的案件。

第十九章 行政诉讼程序

✓ 单项选择题

1. **答案**：B。《行政诉讼法》第45条规定："……不服复议决定的,可以在收到复议决定书之日起十五日内向人民法院提起诉讼。复议机关逾期不作决定的,申请人可以在复议期满之日起十五内向人民法院提起诉讼。法律另有规定的除外。"

2. **答案**：B。人民法院审理行政案件和其他案件一样,都是采用合议庭的形式。

3. **答案**：C。《行诉解释》第57条规定："法律、法规未规定行政复议为提起行政诉讼必经程序,公民、法人或者其他组织既提起诉讼又申请行政复议的,由先立案的机关管辖;同时立案的,由公民、法人或者其他组织选择。公民、法人或者其他组织已经申请行政复议,在法定复议期间内又向人民法院提起诉讼的,人民法院裁定不予立案。"

4. **答案**：A。起诉的条件包括:(1)原告适格;(2)有明确的被告;(3)有具体的诉讼请求和事实根据;(4)属于人民法院的受案范围和受诉人民法院管辖。所谓"有明确的被告",是指原告起诉需明确指出实施具体行政行为的行政机关,法律、法规授权的组织名称,即明确与自己发生行政争议的机关的名称。实践中,原告指明的被告不一定是真正的被告,但只要原告指明自己告谁,有明确被告的要求即满足。如果原告所指控的被告为行政机关工作人员,因某种条件所限弄不清应告哪一行政机关,人民法院应该帮助原告找出应该作为被告的行政机关,并让原告在起诉书中补正,即行政相对人在起诉书中指控的被告为行政机关工作人员时,最终明确被告是法院的职责。

5. **答案**：D。如果被诉具体行政行为合法与否在其他生效的民事或刑事判决中已被确认的,当事人再提起行政诉讼的,人民法院应予受理;但如果被诉具体行政行为合法与否已在其他生效的行政判决中被确认的,当事人再提起行政诉讼的,人民法院不予受理。因为如果受理将出现不一致的判决而导致无法执行的情况发生。注意民事判决、刑事判决与行政判决的区别。

6. **答案**：D。事实根据,是指原告向法院起诉所依据的事实和根据,要求原告提供事实根据只是为了证明案情事实(主要是具体行政行为)是否存在,而不是要求原告提供证据证明具体行政行为违法,即不是要求原告承担具体行政行为的举证责任。对原告所提供的事实根据,也不要求具有全面的、真实的证明作用,只要能够证明具体行政行为存在即满足要求。

7. **答案**：B。《行诉解释》第70条规定："起诉状副本送达被告后,原告提出新的诉讼请求的,人民法院不予准许,但有正当理由的除外。"

8. **答案**：B。《行诉解释》第73条规定："根据行政诉讼法第二十七条的规定,有下列情形之一的,人民法院可以决定合并审理:(一)两个以上行政机关分别对同一事实作出行政行为,公民、法人或者其他组织不服向同一人民法院起诉的;(二)行政机关就同一事实对若干公民、法人或者其他组织分别作出行政行为,公民、法人或者其他组织不服分别向同一人民法院起诉的;(三)在诉讼过程中,被告对原告作出新的行政行为,原告不服向同一人民法院起诉的;(四)人民法院认为可以合并审理的其他情形。"

9. **答案**：D。本题考查案件的移送。行政诉讼审查的对象是行政行为的合法性,如果涉及犯罪行为,需移送有管辖权的司法机关处理。而行政诉讼与刑事司法没有关系,不以刑事案件的审结为前提,所以无须中止或终止行政案件审理,因此A、B、C说法均错误。

10. 答案：C。《行诉解释》第 88 条规定："在诉讼过程中，有下列情形之一的，终结诉讼：（一）原告死亡，没有近亲属或者近亲属放弃诉讼权利的；（二）作为原告的法人或者其他组织终止后，其权利义务的承受人放弃诉讼权利的。因本解释第八十七条第一款第一、二、三项原因中止诉讼满九十日仍无人继续诉讼的，裁定终结诉讼，但有特殊情况的除外。"据此，C 项表述属于诉讼终结的情形。

11. 答案：B。AD 项表述均属诉讼中止的情形；B 项表述属诉讼终结的情形；C 错，原告在诉讼过程中死亡还需在中止诉讼满 90 天仍无人继续诉讼的，方可终结审理。

12. 答案：C。本题考查行政诉讼中的先予执行。《行政诉讼法》第 57 条第 1 款规定："人民法院对起诉行政机关没有依法支付抚恤金、最低生活保障金和工伤、医疗社会保险金的案件，权利义务关系明确、不先予执行将严重影响原告生活的，可以根据原告的申请，裁定先予执行。"

13. 答案：A。本题考查行政诉讼的起诉程序。A 对，《行政诉讼法》第 52 条规定："人民法院既不立案，又不作出不予立案裁定的，当事人可以向上一级人民法院起诉。上一级人民法院认为符合起诉条件的，应当立案、审理，也可以指定其他下级人民法院立案、审理。"B 错，上诉须针对一审判决或裁定提出，而本题中受诉人民法院既未作出裁定也未作出任何判决，所以无法上诉。C 错，申诉应向上一级人民法院提出。D 错，抗诉须针对生效的一审判决或裁定提出，而本题中检察院没有可以抗诉的一审裁判。

14. 答案：A。《行政诉讼法》第 87 条规定："人民法院审理上诉案件，应当对原审人民法院的判决、裁定和被诉行政行为进行全面审查。"二审人民法院对上诉案件的审理，实行全面审查原则。表现为：（1）二审法院审理行政案件，既要对原审法院的裁判是否合法进行审查，也要对被诉具体行政行为的合法性进行审查；（2）二审法院审理行政案件，对被诉具体行政行为的合法性进行全面审查，不受上诉范围的限制。

15. 答案：A。上诉一经受理，在第二审程序中，行政机关不得改变原具体行政行为。原因在于：具体行政行为是行政机关代表国家所实施的能产生法律效果的行为，一经作出，本身就具有确定力。而且，在第一审程序中，行政机关的具体行政行为已被人民法院审查，无论合法、违法，均已被国家审判权确认，行政机关对此完全丧失处分权。因此，在二审程序中，行政机关无论是作为上诉人还是被上诉人，均不得改变原具体行政行为。

16. 答案：D。《行政诉讼法》第 86 条规定："人民法院对上诉案件，应当组成合议庭，开庭审理。经过阅卷、调查和询问当事人，对没有提出新的事实、证据或者理由，合议庭认为不需要开庭审理的，也可以不开庭审理。"

17. 答案：D。本题考查诉讼中原告提出新的诉讼请求的时限和处理。《行诉解释》第 70 条规定，起诉状副本送达被告后，原告提出新的诉讼请求的，人民法院不予准许，但有正当理由的除外。

18. 答案：C。本题考查对原告提出新的诉讼请求的处理。根据《行诉解释》第 70 条的规定：起诉状副本送达被告后，原告提出新的诉讼请求的，人民法院不予准许，但有正当理由的除外。因此，C 的说法是错误的。本题为选非题，C 当选。

多项选择题

1. 答案：ACD。本题考查行政诉讼中原告申请撤诉的条件。

2. 答案：BD。《行政诉讼法》第 66 条规定："人民法院在审理行政案件中，认为行政机关的主管人员、直接责任人员违法违纪的，应当将有关材料移送监察机关、该行政机关或者其上一级行政机关；认为有犯罪行为的，应当将有关材料移送公安、检察机关。人民法院对被告经传票传唤无正当理由拒不到庭，或者未经法庭许可中途退庭的，可以将被告拒不到庭或者中途退庭的情况予以公告，并可以向监察机关或者被告的上一级行政机关提出依法给予其主要负责人或者直接责任人员处分的司法建议。"

3. **答案**：ABCD。《行政诉讼法》第49条规定："提起诉讼应当符合下列条件：（一）原告是符合本法第二十五条规定的公民、法人或者其他组织；（二）有明确的被告；（三）有具体的诉讼请求和事实根据；（四）属于人民法院受案范围和受诉人民法院管辖。"

4. **答案**：BCD。A项错，《行诉解释》第60条规定："人民法院裁定准许原告撤诉后，原告以同一事实和理由重新起诉的，人民法院不予立案。准予撤诉的裁定确有错误，原告申请再审的，人民法院应当通过审判监督程序撤销原准予撤诉的裁定，重新对案件进行审理。"B、C项对，《行诉解释》第79条第1款规定："原告或者上诉人申请撤诉，人民法院裁定不予准许的，原告或者上诉人经传票传唤无正当理由拒不到庭，或者未经法庭许可中途退庭的，人民法院可以缺席判决。"D项对，《行政诉讼法》第58条规定："经人民法院传票传唤，原告无正当理由拒不到庭，或者未经法庭许可中途退庭的，可以按照撤诉处理；被告无正当理由拒不到庭，或者未经法庭许可中途退庭的，可以缺席判决。"综上所述，视为申请撤诉也须经过人民法院审查。如果发现有欺诈、胁迫、恶意串通规避法律等禁止的情形，或撤诉将对公共利益和公共秩序产生不利影响，人民法院将裁定不准撤诉。

5. **答案**：ABC。诉讼中的财产保全，是指人民法院对于因一方当事人的行为或者其他原因，可能使具体行政行为或者人民法院生效裁判不能或者难以执行的案件，可以根据对方当事人的申请作出财产保全的裁定；当事人没有提出申请的，人民法院在必要时也可以依法采取财产保全措施。财产保全可以依当事人的申请，也可以由人民法院依职权主动采取。非诉行政案件执行前的财产保全，是指行政机关或具体行政行为确定的权利人申请人民法院强制执行前，有充分理由认为被执行人可能逃避执行而申请人民法院采取的财产保全措施。

综上所述，两者的区别主要在于：

（1）申请人不同。前者的申请人是原告或被告；后者的申请人是行政机关或具体行政行为确定的权利人。

（2）申请财产保全的原因不同。

（3）前者分为人民法院依申请采取财产保全措施与依职权采取财产保全措施两种，后者只能是人民法院依申请采取财产保全措施。

D项错，对于非诉行政案件执行前的财产保全，如果申请人是行政机关的，则无须提供担保；但如果是权利人，则应提供担保。

6. **答案**：BCD。A项错，A项表述属于延期审理的情形。BCD对，《行诉解释》第87条规定："在诉讼过程中，有下列情形之一的，中止诉讼：（一）原告死亡，须等待其近亲属表明是否参加诉讼的；（二）原告丧失诉讼行为能力，尚未确定法定代理人的；（三）作为一方当事人的行政机关、法人或者其他组织终止，尚未确定权利义务承受人的；（四）一方当事人因不可抗力的事由不能参加诉讼的；（五）案件涉及法律适用问题，需要送请有权机关作出解释或者确认的；（六）案件的审判须以相关民事、刑事或者其他行政案件的审理结果为依据，而相关案件尚未审结的；（七）其他应当中止诉讼的情形。中止诉讼的原因消除后，恢复诉讼。"

7. **答案**：BCD。A项错C项对，《行诉解释》第56条第1款规定："法律、法规规定应当先申请复议，公民、法人或者其他组织未申请复议直接提起诉讼的，人民法院裁定不予立案。"B项对，《行诉解释》第57条规定："……公民、法人或者其他组织已经申请行政复议，在法定复议期间内又向人民法院提起诉讼的，人民法院裁定不予受理。"D项对，《行诉解释》第58条规定："法律、法规未规定行政复议为提起行政诉讼必经程序，公民、法人或者其他组织向复议机关申请行政复议后，又经复议机关同意撤回复议申请，在法定起诉期限内对原行政行为提起诉讼的，人民法院应当依法立案。"

8. 答案：AC。《行诉解释》第 56 条第 2 款规定："依照行政诉讼法第四十五条的规定，复议机关不受理复议申请或者在法定期限内不作出复议决定，公民、法人或者其他组织不服，依法向人民法院提起诉讼的，人民法院应当依法立案。"据此，无论是否属于法律、法规规定复议是诉讼的必经程序，只要复议机关不受理复议申请或者在法定期限内不作出复议决定，公民、法人或其他组织均可直接向法院起诉，并且既可以起诉复议机关不履行法定职责，也可以起诉原具体行政行为。

9. 答案：ACD。A 项对，起诉人所起诉的具体行政行为合法与否已在其他生效的民事判决中被确认的，人民法院不能裁定驳回起诉。B 项错，根据《行诉解释》第 61 条规定，原告因未按规定的期限预交案件受理费而按撤诉处理的，在法定起诉期限内又起诉的，并依法解决诉讼费预交问题的，人民法院应予以受理，不能裁定驳回起诉。C 项对，复议前置必须由法律、法规予以规定，其他规范性文件不得设定此种限制。因此，规章规定行政复议为提起诉讼的必经程序的，当事人未经复议直接向人民法院提起诉讼，人民法院应予受理，不能裁定驳回起诉。D 项对，根据《行诉解释》第 65 条规定："公民、法人或者其他组织不知道行政机关作出的行政行为内容的，其起诉期限从知道或者应当知道该行政行为内容之日起计算，但最长不得超过行政诉讼法第四十六条第二款规定的起诉期限。"

10. 答案：BCD。A 项错，《行政诉讼法》第 45 条规定："公民、法人或者其他组织不服复议决定的，可以在收到复议决定书之日起十五日内向人民法院提起诉讼。复议机关逾期不作决定的，申请人可以在复议期满之日起十五日内向人民法院提起诉讼。法律另有规定的除外。"B 项对，《行政诉讼法》第 46 条第 1 款规定："公民、法人或者其他组织直接向人民法院提起诉讼的，应当自知道或者应当知道作出行政行为之日起六个月内提出。法律另有规定的除外。"据此，直接向人民法院提起诉讼期限应为自行政机关作出行政行为之日起 6 个月。C 项对，《行政诉讼法》第 45 条、第 46 条等条文中对起诉期限均规定"法律另有规定的除外"。据此，如果单行法律规定的起诉期限与《行政诉讼法》所规定的起诉期限不同时，应适用单行法律的有关规定。D 项对，《行诉解释》第 65 条规定："公民、法人或者其他组织不知道行政机关作出的行政行为内容的，其起诉期限从知道或者应当知道该行政行为内容之日起计算，但最长不得超过行政诉讼法第四十六条第二款规定的起诉期限。"

11. 答案：AB。本题考查撤诉的适用情形。A、B 项对，《行政诉讼法》第 58 条规定："经人民法院传票传唤，原告无正当理由拒不到庭，或者未经法庭许可中途退庭的，可以按照撤诉处理；被告无正当理由拒不到庭，或者未经法庭许可中途退庭的，可以缺席判决。"C 项错，《行诉解释》第 79 条规定："原告或者上诉人申请撤诉，人民法院裁定不予准许的，原告或者上诉人经传票传唤无正当理由拒不到庭，或者未经法庭许可中途退庭的，人民法院可以缺席判决。第三人经传票传唤无正当理由拒不到庭，或者未经法庭许可中途退庭的，不发生阻止案件审理的效果。根据行政诉讼法第五十八条的规定，被告经传票传唤无正当理由拒不到庭，或者未经法庭许可中途退庭的，人民法院可以按期开庭或者继续开庭审理，对到庭的当事人诉讼请求、双方的诉辩理由以及已经提交的证据及其他诉讼材料进行审理后，依法缺席判决。"据此，C 项表述中法院应作缺席判决，而不是按照撤诉处理。D 项错，《行诉解释》第 81 条第 3 款规定："被告改变原违法行政行为，原告仍要求确认原行政行为违法的，人民法院应当依法作出确认判决。"据此，D 项表述中的法院应当作出确认判决，而不是按照撤诉处理。

12. 答案：AD。参见《行诉解释》第 101 条："裁定适用于下列范围：（一）不予立案；（二）驳回起诉；（三）管辖异议；（四）终结诉讼；（五）中止诉讼；（六）移送或者指定管辖；（七）诉讼期间停止行政行为的执行或者驳回停止执行的申请；（八）财产保全；（九）先予执行；（十）准许或者不准许撤诉；（十一）补正裁判文书中的笔误；（十二）中止或者终结执行；（十三）提审、指令再审或者发回重审；（十四）准许或者不准许执行行政机关的行政行为；（十五）其他需要裁定的事项。对第一、二、三项裁定，当事人可以上诉。裁定书应当写明裁定结果和作出该裁定的理由。裁定书由审判人员、书记员署名，加盖人民法院印章。口头裁定的，记入笔录。"

13. **答案**：ABCD。《行政诉讼法》第 90 条规定："当事人对已经发生法律效力的判决、裁定，认为确有错误的，可以向上一级人民法院申请再审，但判决、裁定不停止执行。"第 91 条规定："当事人的申请符合下列情形之一的，人民法院应当再审：（一）不予立案或者驳回起诉确有错误的；（二）有新的证据，足以推翻原判决、裁定的；（三）原判决、裁定认定事实的主要证据不足、未经质证或者系伪造的；（四）原判决、裁定适用法律、法规确有错误的；（五）违反法律规定的诉讼程序，可能影响公正审判的；（六）原判决、裁定遗漏诉讼请求的；（七）据以作出原判决、裁定的法律文书被撤销或者变更的；（八）审判人员在审理该案件时有贪污受贿、徇私舞弊、枉法裁判行为的。"

14. **答案**：AC。本案中，段某已经取得了山林权证，因此，段某认为镇政府的行为侵犯其已经取得的权利的，则应当先复议、后诉讼。据此，A 选项正确。《行政诉讼法》第 26 条第 2 款规定："经复议的案件，复议机关决定维持原行政行为的，作出原行政行为的行政机关和复议机关是共同被告；复议机关改变原行政行为的，复议机关是被告。"据此，本案中，县政府作出了复议维持决定，其作为复议机关与镇政府是本案的共同被告，而非第三人。故 B 选项错误。根据《行诉证据规定》第 71 条的规定，无法与原件、原物核对的复制件或者复制品不能单独作为定案依据。据此，倘若本案中双方当事人都不能提供协议原件，则法院不能单独以协议复印件作为定案依据。故 C 选项正确。被诉具体行政行为的改变需要由有权机关作出，而不能因为当事人的协议而改变。本案中，若段某与王某达成新的协议，只能说二人的民事纠纷得到了解决，并不影响镇政府具体行政行为存在的事实及法院对其合法性的审查。据此，D 选项错误。

15. **答案**：AC。关于 A、B 选项，《行政诉讼法》第 83 条规定："适用简易程序审理的行政案件，由审判员一人独任审理，并应当在立案之日起四十五日内审结。"故 A 项正确，B 项错误。

   关于 C 选项，《行政诉讼法》第 84 条规定："人民法院在审理过程中，发现案件不宜适用简易程序的，裁定转为普通程序。"故 C 项正确。

   关于 D 选项，《行政诉讼法》第 85 条规定："当事人不服人民法院第一审判决的，有权在判决书送达之日起十五日内向上一级人民法院提起上诉。当事人不服人民法院第一审裁定的，有权在裁定书送达之日起十日内向上一级人民法院提起上诉……"简易程序适用于第一审行政案件，对其判决不服，可以提出上诉。故 D 项错误。

16. **答案**：AB。关于 A、B 选项，根据《行诉解释》第 137 条规定："公民、法人或者其他组织请求一并审理行政诉讼法第六十一条规定的相关民事争议，应当在第一审开庭审理前提出；有正当理由的，也可以在法庭调查中提出。"《行诉解释》第 139 条第 2 款规定："对不予准许的决定可以申请复议一次。"故 AB 项正确。

   关于 C、D 选项，根据《行诉解释》第 140 条规定："人民法院在行政诉讼中一并审理相关民事争议的，民事争议应当单独立案，由同一审判组织审理。人民法院审理行政机关对民事争议所作裁决的案件，一并审理民事争议的，不另行立案。"本案属于行政机关对民事争议所作裁决的案件，因此不单独立案，由同一审判组织审理。故 C、D 项错误。

17. 答案：AC。《行政诉讼法》第 82 条规定："人民法院审理下列第一审行政案件，认为事实清楚、权利义务关系明确、争议不大的，可以适用简易程序：（一）被诉行政行为是依法当场作出的；（二）案件涉及款额二千元以下的；（三）属于政府信息公开案件的。除前款规定以外的第一审行政案件，当事人各方同意适用简易程序的，可以适用简易程序。发回重审、按照审判监督程序再审的案件不适用简易程序"。故选项 A 正确。发回重审的案件不得适用简易程序，故选项 B 错误。第 83 条规定，适用简易程序审理的行政案件，由审判员一人独任审理，并应当在立案之日起 45 日内审结。故选项 C 正确。《行政诉讼法》第 101 条规定，人民法院审理行政案件，关于期间、送达、财产保全、开庭审理、调解、中止诉讼、终结诉讼、简易程序、执行等，以及人民检察院对行政案件受理、审理、裁判、执行的监督，本法没有规定的，适用《民事诉讼法》的相关规定。《行政诉讼法》对简易程序的宣判没有特殊规定，因此适用民诉法相关规定。《最高人民法院关于适用简易程序审理民事案件的若干规定》第 27 条规定，适用简易程序审理的民事案件，除人民法院认为不宜当庭宣判的以外，应当当庭宣判。D 选项表述中差了"除人民法院认为不宜当庭宣判的以外"的前提条件，故选项 D 错误。

18. 答案：AD。行政相对人不服行政行为申请行政复议的，可能有三种结局：复议维持、复议改变、复议不作为。其中，复议不作为的情形主要有：（1）不接收申请书、不受理复议申请；（2）拒绝作出复议决定、不按时作出复议决定；（3）复议机关以不符合受理条件为由驳回复议申请的（程序驳回）。市政府以复议申请超过复议申请期限为由不予受理，属于复议不作为案件。复议不作为案件"选择告"，即原告不服哪个行为，哪个机关作为被告。假如某公司不服县政府作出的征用决定，县政府是被告；假如某公司不服市政府作出的不予受理决定，市政府是被告。A 选项准确，C 选项错误。行政征用案件不属于复议前置案件。B 选项错误。

✗ 不定项选择题

1. 答案：AD。本题考查二审法院对一审遗漏诉讼请求情形的处理。根据《行诉解释》第 109 条第 3 款的规定："原审判决遗漏了必须参加诉讼的当事人或者诉讼请求的，第二审人民法院应当裁定撤销原审判决，发回重审。"本案中，法院即使不支持原告关于请求其判令该局在 20 日内向花蕾幼儿园颁发独立的《办学许可证》的诉讼请求，也应当对此作出判决；因此法院的做法属上述遗漏诉讼请求的情形，二审法院依法应当裁定撤销原审判决，发回重审。所以，AD 说法正确，应当选；B 说法错误，应当撤销原判决；C 说法错误，不是"可以"裁定发回重审，而是"应当"裁定发回重审。

2. 答案：A。《行政诉讼法》第 61 条第 2 款规定："在行政诉讼中，人民法院认为行政案件的审理需以民事诉讼的裁判为依据的，可以裁定中止行政诉讼。"题中行政诉讼需要认定的登记行为是否合法，需要以民事诉讼确定的房屋买卖合同效力为依据，故可以裁定中止行政诉讼，A 选项正确。《行政诉讼法》第 61 条第 1 款规定："在涉及行政许可、登记、征收、征用和行政机关对民事争议所作的裁决的行政诉讼中，当事人申请一并解决相关民事争议的，人民法院可以一并审理。"据此，行政诉讼与民事诉讼一并审理必须是涉及行政许可、登记、征收、征用和行政机关对民事争议所作的行政裁决的案件。本案中王某以张某为被告就买卖合同的效力提起了民事诉讼，该案件性质不属于上述任何一种情形，故法院不可以合并审理，B 选项错误。根据修订后的《行政诉讼法》第 70 条规定，若法院判决房屋买卖合同无效，则行政机关的转让登记所依据的事实不存在，法院应判决撤销登记行为；根据修订后的《行政诉讼法》第 69 条规定，若法院判决房屋买卖合同有效，则转让登记合法，法院应判决驳回原告诉讼请求。据此，CD 选项错误。需要特别说明的是，2014年修订后的《行政诉讼法》取消了一审中的维持判决，改为适用判决驳回原告诉讼请求。

3. **答案：**（1）ACD。关于A选项，《政府信息公开条例》第29条第1款规定，公民、法人或者其他组织申请获取政府信息的，应当向行政机关的政府信息公开工作机构提出，并采用包括信件、数据电文在内的书面形式；采用书面形式确有困难的，申请人可以口头提出，由受理该申请的政府信息公开工作机构代为填写政府信息公开申请。据此，可以采用数据电文形式提出公开申请。A选项正确。

关于B选项，2008年《政府信息公开条例》第13条规定，除本条例第9条、第10条、第11条、第12条规定的行政机关主动公开的政府信息外，公民、法人或者其他组织还可以根据自身生产、生活、科研等特殊需要，向国务院部门、地方各级人民政府及县级以上地方人民政府部门申请获取相关政府信息。2019年修订后的《政府信息公开条例》删去原条例第13条申请获取相关政府信息需"根据自身生产、生活、科研等特殊需要"的"三需要"条件，据此，《政府信息公开条例》对依申请公开的申请人的范围不再加以限制，故环保联合会具有申请信息公开的资格。B选项错误。

关于C选项，根据2008年《政府信息公开条例》第25条第1款规定，公民、法人或者其他组织向行政机关申请提供与其自身相关的税费缴纳、社会保障、医疗卫生等政府信息的，应当出示有效身份证件或者证明文件。本案中，环保联合会申请公开的政府信息与其自身不相关，故县生态环境局无权要求其提供申请人身份的证明材料。故根据旧条例C选项错误。2019年《政府信息公开条例》第29条第2款规定，政府信息公开申请应当包括下列内容：（1）申请人的姓名或者名称、身份证明、联系方式；（2）申请公开的政府信息的名称、文号或者便于行政机关查询的其他特征性描述；（3）申请公开的政府信息的形式要求，包括获取信息的方式、途径。本案中，环保联合会在提出申请时未提交申请人身份的证明材料，故县生态环境局有权要求其提供，故C选项正确。

关于D选项，《政府信息公开条例》第30条规定，政府信息公开申请内容不明确的，行政机关应当给予指导和释明，并自收到申请之日起7个工作日内一次性告知申请人作出补正，说明需要补正的事项和合理的补正期限。答复期限自行政机关收到补正的申请之日起计算。申请人无正当理由逾期不补正的，视为放弃申请，行政机关不再处理该政府信息公开申请。据此，D选项正确。

（2）BC。关于A选项，应以被告县生态环境局所在地确定管辖法院。故A选项错误。

关于B选项，《行政诉讼法》第46条第1款规定："公民、法人或者其他组织直接向人民法院提起诉讼的，应当自知道或者应当知道作出行政行为之日起六个月内提出。法律另有规定的除外。"故B选项正确。

关于C、D选项，《行政诉讼法》第51条第1款、第2款规定："人民法院在接到起诉状时对符合本法规定的起诉条件的，应当登记立案。对当场不能判定是否符合本法规定的起诉条件的，应当接收起诉状，出具注明收到日期的书面凭证，并在七日内决定是否立案。不符合起诉条件的，作出不予立案的裁定。裁定书应当载明不予立案的理由。原告对裁定不服的，可以提起上诉。"《行诉解释》第53条第2款规定："对当事人依法提起的诉讼，人民法院应当根据行政诉讼法第五十一条的规定接收起诉状。能够判断符合起诉条件的，应当当场登记立案；当场不能判断是否符合起诉条件的，应当在接收起诉状后七日内决定是否立案；七日内仍不能作出判断的，应当先予立案。"所以C选项正确；D选项7日内仍不能作出判断的，应当先予立案，故错误。

名词解释

1. **答案：** 行政诉讼的受理指人民法院对原告的起诉行为进行审查后，认为起诉符合法律规定的要件，在法定期限内予以立案；或者认为起诉不符合法律规定，决定不予受理的行为。

2. 答案：受理事先审查是指当事人提起诉讼后，人民法院在决定是否受理该案前所作的审查。在行政诉讼中，它主要审查两个内容：（1）当事人提起行政诉讼是否符合起诉的必要条件。（2）本院对该行政案件的管辖权。即弄清该案是不是行政案件；对该案件法院是否有权管辖。

3. 答案：诉讼中止即在诉讼过程中，由于发生某种无法克服和难以避免的特殊情况，人民法院裁定暂时停止诉讼程序的进行。诉讼中止的特征是：（1）在诉讼中止期间，人民法院除依法采取诉讼保全措施或者停止执行具体行政行为的措施外，应当停止对本案的审理；（2）在诉讼中止期间，当事人及其他诉讼参与人的诉讼活动全部停止；（3）诉讼中止期间不计算在审理期限之内；（4）是否结束诉讼中止，恢复诉讼程序，取决于导致诉讼中止的原因是否消除；（5）恢复诉讼后，当事人在诉讼中止前的诉讼行为依然有效。

4. 答案：诉讼终结即在诉讼过程中，因出现使诉讼不能继续进行且不能恢复或者诉讼继续进行已经没有实际意义的情况，人民法院裁定结束正在进行的诉讼程序。在诉讼终结的情况下，人民法院对当事人之间的争议因没有必要而没有作出实体处理。导致诉讼终结的情况有以下两类：（1）诉讼继续进行已经没有实际意义。如原告撤诉，法院同意，就可以终结诉讼。（2）诉讼无法继续进行。如原告死亡，没有近亲属或者近亲属放弃诉讼权利的；作为原告的法人或者其他组织终止后，其权利义务的承受人放弃诉讼权利的。

5. 答案：案件移送即人民法院在诉讼过程中，把自己审理的案件或者案件材料全部或者部分送交有关部门处理的措施。在行政诉讼中，有必要移送的情形有：（1）人民法院发现受理的案件不属于自己管辖，将整个案件移送给有管辖权的人民法院管辖。（2）人民法院在审理行政案件中，认为行政机关的主管人员、直接责任人员违法违纪的，应将有关材料移送监察机关、该行政机关或者其上一级行政机关。（3）人民法院在审理行政案件中，发现被处罚人的行为构成犯罪，应当追究刑事责任的，如果对刑事责任的追究不影响本案审理的，应继续审理，并应及时将有关犯罪材料移送有关机关；如果对刑事责任的追究影响本案审理的，应中止诉讼，将有关犯罪材料移送有关机关处理，在有关机关作出最终处理后，再恢复诉讼。

6. 答案：缺席判决是在法院开庭审理时，当事人一方经法院合法传唤无正当理由拒不到庭，法院继续审理并经合议庭合议后作出裁判的诉讼活动。缺席判决适用于下列情况：（1）被告经合法传唤无正当理由拒不到庭或到庭后未经法庭准许中途退庭的；（2）原告虽申请撤诉但法院不准许，其拒不到庭，若原告未申请撤诉，但经法院两次合法传唤，仍拒不到庭的。缺席判决的效力同于对席判决的效力，原告、被告、第三人均可提起上诉。

7. 答案：留置送达是送达的一种。受送达人拒绝接收送达文书时，送达人可邀请当地有关基层组织的代表或其他人到场，说明情况，在送达回执上记明拒收事由和日期，由送达人、见证人签名或盖章，把送达文书留在受送达人住处，即视为已经送达的一种送达方式。留置送达的效力与直接送达相同。规定留置送达的目的是保障诉讼活动的正常进行。

简答题

1. 答案：行政诉讼的起诉是指公民、法人或其他组织认为行政机关的具体行政行为侵犯其合法权益，向法院提起诉讼，请求法院行使国家审判权，审查具体行政行为合法性并向其提供法律救济，以保护其合法权益的行为。根据行政诉讼法的规定，起诉应具备以下条件：（1）必须是符合《行政诉讼法》第25条规定的公民、法人或其他组织。《行政诉讼法》第25条规定，行政行为的相对人以及其他与行政行为有利害关系的公民、法人或者其他组织，有权提起诉讼。有权提起诉讼的公民死亡，其近亲属可以提起诉讼。有权提起诉讼的法人或者其他组织终止，承受其权利的法人或者其他组织可以提起诉讼。（2）必须有明确的被告。（3）必须有具体的诉讼请求和事实根据。（4）起诉的案件属于人民法院受案范围和受诉人民法院管辖。

2. **答案：** 撤诉是原告表示或依其行为推定其将已经成立的起诉行为撤销，法院审查后予以同意的诉讼行为。依据法律规定，行政诉讼撤诉分为三种类型：

（1）原告申请撤诉。在行政诉讼过程中，当法院受理案件以后，裁判宣告以前，原告要求法院撤回业已成立的诉讼，法院审查同意后，可准许其撤诉。①

（2）被告改变自己的具体行政行为并且得到原告的同意，原告同意撤诉，并且经过法院审查准许。②

（3）按撤诉处理。原告或上诉人经人民法院合法传唤无正当理由拒不到庭或者未经法庭同意而中途退庭，或者未按规定的期限预交案件受理费，又不提出缓交、减交、免交申请或者提出申请后未获批准的，按自动撤诉处理。

3. **答案：** 行政诉讼的审判监督程序是指法院根据当事人的申请、检察机关的抗诉或法院自己发现已经发生法律效力的判决、裁定确有错误，依法对案件进行再审的程序。

审判监督程序的提起有以下三种情形：

（1）原审人民法院或其上级人民法院发现发生法律效力的判决、裁定确有错误的，可以提起再审，进入审判监督程序。

（2）最高人民检察院对各级人民法院、上级人民检察院对下级人民法院已发生法律效力的判决裁定，发现违反法律、法规规定的，有权向作出生效裁判的人民法院的上一级人民法院提出抗诉，人民法院应当再审。

（3）当事人对已发生法律效力的裁判、调解书认为确有错误的，可在判决、调解书生效两年内向人民法院申请再审。人民法院审查当事人的再审申请后，认为符合条件的，应当再审。

论述题

答案： 行政诉讼中的共同诉讼是指当事人一方或各方为二人以上的行政诉讼。

（1）法律设立共同诉讼制度的意义

法律设立共同诉讼制度的意义在于：①简化诉讼程序。②避免法院对同一类案件作出不同的或互相抵触的裁判。

（2）行政诉讼中的共同诉讼的条件

行政诉讼中的共同诉讼的条件有二：①主体条件。一种情形是当事人（原告、被告或第三人）一方或各方为两人以上，两个以上原告针对行政机关同一具体行政行为提起诉讼，这种情况为共同原告。另一种情形，则是两个以上行政机关作出同一个具体行政行为而引发行政诉讼，原告以共同作出行为的所有行政机关为被告，此种情形构成共同被告。还有一种情形是原告和被告同为两人以上。即该共同诉讼既由共同原告又由共同被告构成。此外，与行政诉讼判决结果有法律上的利害关系的第三人为两人以上的，亦构成共同诉讼。②客体条件。共同诉讼的诉讼客体为同一具体行政行为或同样的具体行政行为。这里的"同样"，是指两个或两个以上的具体行政行为性质相同，或作出具体行政行为的事实和理由、法律根据相同，当事人一方或各方为两人以上，认为同样的具体行政行为侵犯他们各人的合法权

---

① 《最高人民法院关于行政诉讼撤诉若干问题的规定》第2条规定："被告改变被诉具体行政行为，原告申请撤诉，符合下列条件的，人民法院应当裁定准许：（一）申请撤诉是当事人真实意思表示；（二）被告改变被诉具体行政行为，不违反法律、法规的禁止性规定，不超越或者放弃职权，不损害公共利益和他人合法权益；（三）被告已经改变或者决定改变被诉具体行政行为，并书面告知人民法院；（四）第三人无异议。"

② 《最高人民法院关于行政诉讼撤诉若干问题的规定》第3条规定："有下列情形之一的，属于行政诉讼法第五十一条规定的'被告改变其所作的具体行政行为'：（一）改变被诉具体行政行为所认定的主要事实和证据；（二）改变被诉具体行政行为所适用的规范依据且对定性产生影响；（三）撤销、部分撤销或者变更被诉具体行政行为处理结果。"第4条规定："有下列情形之一的，可以视为'被告改变其所作的具体行政行为'：（一）根据原告的请求依法履行法定职责；（二）采取相应的补救、补偿等措施；（三）在行政裁决案件中，书面认可原告与第三人达成的和解。"

益，向法院起诉，法院从而决定合并审理。

（3）行政诉讼中的共同诉讼的几种情形

在司法实践中，行政诉讼中的共同诉讼的主要情形有：①两个以上行政机关分别依据不同的法律、法规对同一事实作出同一具体行政行为，公民、法人或者其他组织不服向同一人民法院起诉的。此种诉讼出现后，依共同诉讼的原则，法院可以决定合并审理。②行政机关就同一事实，对若干相对人分别作出具体行政行为，相对人分别向法院起诉，是否合并审理由法院决定。③在诉讼过程中，被告以新的事实和理由对原告作出新的具体行政行为，原告认为新的具体行政行为侵犯其合法权益，向法院提起新的诉讼，是否合并审理由法院决定。

第二十章　行政诉讼法律适用

✓ 单项选择题

1. **答案**：C。《行政诉讼法》第101条规定："人民法院审理行政案件，关于期间、送达、财产保全、开庭审理、调解、中止诉讼、终结诉讼、简易程序、执行等，以及人民检察院对行政案件受理、审理、裁判、执行的监督，本法没有规定的，适用《中华人民共和国民事诉讼法》的相关规定。"

2. **答案**：C。根据《行政诉讼法》第64条的规定："人民法院在审理行政案件中，经审查认为本法第五十三条规定的规范性文件不合法的，不作为认定行政行为合法的依据，并向制定机关提出处理建议。"法院在适用一般规范性文件时拥有比对待规章更大的取舍权力。规章在符合法律、法规情况下人民法院必须参照适用，而其他规范性文件只具有辅助作用。据此，AB两项表述明显错误；D项表述应为"可以"参照，而不是"应当"参照。

3. **答案**：B。本题考查地方性法规的冲突适用。A错B对，《立法法》第101条第2款规定："经济特区法规根据授权对法律、行政法规、地方性法规作变通规定的，在本经济特区适用经济特区法规的规定。"据此，本题中应适用该经济特区依据全国人大授权制定的地方性法规，而非该经济特区所在省的地方性法规。《立法法》第105条规定："法律之间对同一事项的新的一般规定与旧的特别规定不一致，不能确定如何适用时，由全国人民代表大会常务委员会裁决。行政法规之间对同一事项的新的一般规定与旧的特别规定不一致，不能确定如何适用时，由国务院裁决。"C错，《立法法》第106条规定："地方性法规、规章之间不一致时，由有关机关依照下列规定的权限作出裁决：（一）同一机关制定的新的一般规定与旧的特别规定不一致时，由制定机关裁决；（二）地方性法规与部门规章之间对同一事项的规定不一致，不能确定如何适用时，由国务院提出意见，国务院认为应当适用地方性法规的，应当决定在该地方适用地方性法规的规定；认为应当适用部门规章的，应当提请全国人民代表大会常务委员会裁决；（三）部门规章之间、部门规章与地方政府规章之间对同一事项的规定不一致时，由国务院裁决。根据授权制定的法规与法律规定不一致，不能确定如何适用时，由全国人民代表大会常务委员会裁决。"综上所述，《立法法》第105条、第106条对规范冲突裁决事项作了决定，但并未涉及本题所述情形。D错，D项表述违背立法常识，国务院只有权裁决行政法规、规章之间的适用冲突，无权裁决地方性法规之间的冲突。

4. **答案**：B。《立法法》第106条第1款第3项规定："部门规章之间、部门规章与地方政府规章之间对同一事项的规定不一致时，由国务院裁决。"据此，本题中的地方规章与部门规章之间不一致，依法应由最高人民法院送请国务院作出解释或者裁决。本题也可由常识推导出，地方规章是由地方人民政府制定发布的，部门规章是由国务院部委制定发布的，两者的冲突属于行政立法内部的冲突，自然是在行政系统内部解决，无须由权力机关或司法机关来裁决。

5. **答案**：C。《行政诉讼法》第63条规定："人民法院审理行政案件，以法律和行政法规、地方性法规为依据。地方性法规适用于本行政区域内发生的行政案件。人民法院审理民族自治地方的行政案件，并以该民族自治地方的自治条例和单行条例为依据。人民法院审理行政案件，参照规章。"

多项选择题

1. **答案**：ABCD。法律适用冲突可以分为：特别冲突、层级冲突、同级冲突、新旧法冲突、人际冲突、区际冲突。A项对，层级冲突，即各种法律效力等级不同的法律文件就同一事项的规定不相一致而产生的法律适用上的冲突，实际上是一种违法性冲突，其适用规则是：应选择适用效力等级高的行政法律规范。B项对，新旧法冲突，即新的行政法律规范与旧的行政法律规范之间内容发生抵触而产生的是适用新法还是适用旧法的法律适用上的冲突。其适用规则是：新法优于旧法和法律不溯及既往的原则。C项对，人际冲突，即由于公民的民族、种族、身份的不同，法律对其权利义务也作了不同的规定，由此而产生的法律适用上的冲突。人际冲突适用规则一般有明确的规定。其适用规则是：不同民族、种族或特殊身份的人，适用就该民族、种族或特殊身份的人作出特别规定的法律文件或规范。D项对，同级冲突，即制定机关不同但法律效力层级相同的各种法律文件就同一事项的规定不一致而产生的法律适用冲突。其适用规则是：当案件的审理涉及同级冲突时，法院只能将冲突提请有权机关进行解释或者裁决，法院对于法律规范的这种冲突没有判断权。

2. **答案**：BCD。A项错，《行诉解释》第100条规定："人民法院审理行政案件，适用最高人民法院司法解释的，应当在裁判文书中援引。人民法院审理行政案件，可以在裁判文书中引用合法有效的规章及其他规范性文件。"据此，对于规章以下的规范性文件，如果合法有效，人民法院是可以引用作为判案根据的。B、C项对，《行政诉讼法》第63条第1款规定，人民法院审理行政案件，以法律和行政法规、地方性法规为依据。地方性法规适用于本行政区域内发生的行政案件。据此，法律、法规都是人民法院审理行政案件的依据，人民法院不能拒绝适用。D项对，《行政诉讼法》第63条第3款规定："人民法院审理行政案件，参照规章。""参照规章"实际上赋予了人民法院对规章的审查权。人民法院对规章的作用和效力不是一概否定或肯定，而是对规章有选择适用权。也就是说，对于规章人民法院有审查并决定是否适用的权力。

名词解释

1. **答案**：行政审判的法律依据是人民法院在解决行政争议时，确认所诉具体行政行为合法性的法律标准和尺度。明确行政诉讼的法律依据，意义在于：（1）有利于进一步加强和完善行政法的立法；（2）有利于进一步加强对行政机关抽象行政行为实施监督，切实保证抽象行政行为的合法有效；（3）有利于行政诉讼制度的进一步完善，促使行政诉讼与行政复议在法律依据上的进一步协调。

2. **答案**：法院参照适用规章指人民法院在审理行政案件时，对符合法律、行政法规规定的行政规章，可以作为衡量具体行政行为是否合法的标准；对于不符合或者不完全符合法律、行政法规原则精神的规章，可以有灵活处理的余地。确定规章是否合法，应视其是否符合以下条件：（1）规章的制定和发布是否有相应的法律、法规依据；（2）规章的内容是否与更高层次的合法有效的规范性文件相一致；（3）规章的制定和发布是否符合法定程序。人民法院参照适用行政规章有两种情况：一是人民法院对部门规章之间、部门规章与地方政府规章之间相抵触的，应由最高人民法院送请国务院作出解释或者裁决。在这种情况下，人民法院无权选择适用。二是当某一个规章与更高层次的规范性文件是否一致存在疑问时，人民法院有权进行审查，并予以选择适用。

简答题

1. **答案**：法律规范冲突，指就同一事项，不同法律规范有不同内容的规定，导致在效力上的相互抵触。就冲突的多个规范，适用法律的主体必须选择其一予以适用，处理具体案件。具体如下：

（1）对于层级冲突，应当确立高位阶的

法律规范优于低位阶的法律规范的适用规则。(2) 对于同级冲突，我国目前尚无这方面统一的适用规则，一般应送请或报送有权机关解释、裁决。(3) 对于新旧冲突，通常适用新的法律规范优于旧的法律规范的规则，但新的法律规范一般不溯及既往。(4) 对于特别冲突，通常适用于特别法规范优于普通法规范的规则。

2. **答案**：行政诉讼的法律适用不同于法院在民事诉讼、刑事诉讼活动中的法律适用，也不同于行政机关在行政执法活动中的法律适用，它具有以下几个特点：

(1) 行政诉讼法律适用的主体是人民法院，这一特点使行政诉讼的法律适用与行政机关的法律适用区别开来。

(2) 行政诉讼法律适用的性质具有监督性。行政诉讼的法律适用是人民法院对行政机关法律适用的审查，是对同一行政事项的第二次法律适用，此次法律适用是对第一次法律适用的监督。

(3) 行政诉讼法律适用的范围具有广泛性。不仅包括行政实体性的法律规范，而且包括行政程序性的法律规范。

(4) 行政诉讼法律适用的形式具有多样性。既有"依据"，又有"参照"。

(5) 行政诉讼法律适用的效力具有终局性，具有最终的法律效力。不仅高于行政执法机关的法律适用，而且也高于行政复议机关的法律适用。

3. **答案**：(1) 人民法院在审理行政案件时，除以法律、行政法规和地方性法规为依据外，还可以"参照"规章。参照是指人民法院在审理行政案件时可以参考、依照规章的有关规定。由于行政规章与法律、法规在性质、地位、效力等方面存在明显的差异以及我国目前有的规章还存在一些问题，所以《行政诉讼法》规定人民法院审理行政案件参照规章。依据和参照的法律地位是不同的，行政规章从总体上说对人民法院不具有拘束力，对不符合或不完全符合法律、法规的行政规章，人民法院有灵活处理、拒绝适用的权力。

(2) 参照规章不仅要求人民法院对符合法律、法规原则精神的规章"参照"适用，而且还赋予人民法院对不符合或不完全符合法律、法规原则精神的规章以灵活处理不予适用的权力。

💬 论述题

答案：行政诉讼的法律适用指人民法院审理行政案件，依据法律、法规，参照规章，对具体行政行为的合法性进行审查、评价和作出裁判的活动，它包括以下几方面的内容：第一，行政诉讼中的法律依据。根据《行政诉讼法》规定，人民法院审理行政案件，以法律、行政法规、地方性法规为依据。地方性法规适用于本行政区域内发生的行政案件。审理民族自治地方的行政案件，以该民族自治地方的自治条例、单行条例为依据。这表明行政诉讼的法律依据体系是以宪法为基础，以法律为骨干，包括行政法规、地方性法规、自治条例、单行条例。宪法起指导作用，而法律、行政法规、地方性法规、自治条例、单行条例都是人民法院进行行政诉讼时可直接适用的法律依据。第二，行政诉讼中的"参照规章"。根据《行政诉讼法》规定，人民法院审理行政案件，参照部门规章和地方规章。所谓"参照规章"指人民法院在进行行政诉讼时对具体行政行为所适用的规章参酌、鉴认后，决定是否依照。这表明人民法院不能单纯以规章作为判断具体行政行为合法与否的法律依据，而是有条件地适用规章，即对符合法律、行政法规规定的规章要参照适用，对不符合或不完全符合法律、行政法规的原则、精神的规章，人民法院可以灵活处理。第三，行政诉讼中的规范冲突及其选择适用。在行政诉讼中，人民法院会遇到法律、行政法规、地方性法规、部门规章和地方规章等不同层次、不同部门的行政法律规范冲突。由于选择不同规范会得出不同结果，因此人民法院必须先解决选择什么样的规范予以适用是合法的这一问题。在这种情况下，对法律规范的选择适用应遵循以下原则：(1) 新的法律规范优于旧的法律规范；(2) 高层级的法律规范优于低层级的法律规范；（3）特别法的规范优于普通法的规范；（4）送请或报送有权机关解释、裁决。人民法院通过上述原则解决规范冲突问题，选择适用合法、有效的法律规范，从而保证行政诉讼法律适用的合法性、有效性。

案例分析题

答：（1）若高某在起诉时一并提出行政赔偿请求的，法院应该一并受理，分别立案。对该请求可以单独审理。

（2）省林业厅制定的《林产品目录》是规章以外的其他规范性文件，在行政诉讼中不属于法院应当依据或参照适用的规范，但可以作为证明行政行为合法性的依据。

（3）高某运输的松香不属于"非法财物"。因为"非法财物"是指行为人非法占有的财产和物品。本案中，高某对松香的占有并非"非法占有"，也就不可能是"非法财物"。

（4）①法院审理本案时，应当依据《森林法》和《森林法实施条例》。

理由：根据《行政诉讼法》第 63 条："人民法院审理行政案件，以法律和行政法规、地方性法规为依据。地方性法规适用于本行政区域内发生的行政案件。人民法院审理民族自治地方的行政案件，并以该民族自治地方的自治条例和单行条例为依据。人民法院审理行政案件，参照规章。"《行诉解释》第 100 条规定："人民法院审理行政案件，适用最高人民法院司法解释的，应当在裁判文书中援引。人民法院审理行政案件，可以在裁判文书中引用合法有效的规章及其他规范性文件。"本案中，《森林法》是法律，《森林法实施条例》是行政法规，因此，法院审理本案时必须依据上述法律、法规。《林业行政处罚条例》是地方性法规，原则上法院在审理时应该作为依据予以适用。但是，因为《林业行政处罚条例》的规定与《森林法》《森林法实施条例》的规定相抵触，故应不予适用。同时《林产品目录》是规章以外的其他规范性文件，符合法律、法规规定，法院在审理本案时可以引用。

②法律、行政法规对违法行为已经作出行政处罚规定，地方性法规需要作出具体规定的，必须在法律、行政法规规定给予的行政处罚的行为、种类和幅度的范围内规定。本案中，《林业行政处罚条例》关于没收的规定不符合该要求。

第二十一章 行政诉讼裁判与执行

✅ **单项选择题**

1. **答案：C**。《行诉解释》第90条第2款规定："人民法院以违反法定程序为由，判决撤销被诉行政行为的，行政机关重新作出行政行为不受行政诉讼法第七十一条规定的限制。"

2. **答案：B**。《行政诉讼法》第66条规定："人民法院在审理行政案件中，认为行政机关的主管人员、直接责任人员违法违纪的，应当将有关材料移送监察机关、该行政机关或者其上一级行政机关；认为有犯罪行为的，应当将有关材料移送公安、检察机关。人民法院对被告经传票传唤无正当理由拒不到庭，或者未经法庭许可中途退庭的，可以将被告拒不到庭或者中途退庭的情况予以公告，并可以向监察机关或者被告的上一级行政机关提出依法给予其主要负责人或者直接责任人员处分的司法建议。"

3. **答案：D**。本题考查的是人民法院判决撤销具体行政行为后的法律效果，即行政机关能否以及如何再次作出具体行政行为。《行政诉讼法》第70条规定："行政行为有下列情形之一的，人民法院判决撤销或者部分撤销，并可以判决被告重新作出行政行为：（一）主要证据不足的；（二）适用法律、法规错误的；（三）违反法定程序的；（四）超越职权的；（五）滥用职权的；（六）明显不当的。"可见，题中的市场监督管理局可以重新作出行政行为，对某化工企业进行处罚。所以A项不正确。

    《行政诉讼法》第71条规定："人民法院判决被告重新作出行政行为的，被告不得以同一的事实和理由作出与原行政行为基本相同的行政行为。"从该条规定来看，行政机关既可以以同一的事实和理由作出与原行政行为不同的行政行为，也可以以不同的事实和理由作出与原行政行为基本相同的行政行为。所以B项不正确。

    既然市场监督管理局的行政行为被以适用法律错误为由予以撤销，则市场监督管理局不得在重新作出的行政行为中适用该错误适用的法律，因此C项也是错误的，唯有D项符合《行政诉讼法》的规定。

4. **答案：B**。《行诉解释》第101条规定了裁定的适用范围。对妨碍行政诉讼的行为采取强制措施应适用决定。

5. **答案：B**。根据《行政诉讼法》第74条第2款的相关规定，法院对此应作出确认违法的判决。

6. **答案：A**。行政机关作出具体行政行为时，只要违反法定程序，人民法院就应作出撤销判决。

7. **答案：C**。《行政诉讼法》第70条规定："行政行为有下列情形之一的，人民法院判决撤销或者部分撤销，并可以判决被告重新作出行政行为：（一）主要证据不足的；（二）适用法律、法规错误的；（三）违反法定程序的；（四）超越职权的；（五）滥用职权的；（六）明显不当的。"

8. **答案：D**。《行政诉讼法》第89条规定："人民法院审理上诉案件，按照下列情形，分别处理：……（三）原判决认定基本事实不清、证据不足的，发回原审人民法院重审，或者查清事实后改判……"

9. **答案：B**。《行政诉讼法》第95条规定："公民、法人或者其他组织拒绝履行判决、裁定、调解书的，行政机关或者第三人可以向第一审人民法院申请强制执行，或者由行政机关依法强制执行。"据此，行政诉讼的执行主体是人民法院和行政机关。

10. **答案：A**。《行诉解释》第154条规定："发生法律效力的行政判决书、行政裁定书、行政赔偿判决书和行政调解书，由第一审人民法院执行。第一审人民法院认为情况特殊，需要由第二审人民法院执行的，可以报请第二审人民法院执行；第二审人民法院可以决定由其执行，也可以决定由第一审人民法院执行。"

11. 答案：C。《行诉解释》第158条规定："行政机关根据法律的授权对平等主体之间民事争议作出裁决后，当事人在法定期限内不起诉又不履行，作出裁决的行政机关在申请执行的期限内未申请人民法院强制执行的，生效行政裁决确定的权利人或者其继承人、权利承受人在六个月内可以申请人民法院强制执行。享有权利的公民、法人或者其他组织申请人民法院强制执行生效行政裁决，参照行政机关申请人民法院强制执行行政行为的规定。"据此，一般情形下，非诉行政案件执行的申请人是作出该具体行政行为的行政机关或者法律、法规授权的组织，被执行人只能为公民、法人或者其他组织，但在特定情况下，非诉行政案件的申请人也可能是生效具体行政行为确定的权利人或其继承人、权利承受人。

12. 答案：D。人民法院对于非诉行政案件申请执行的审查标准是被申请执行的具体行政行为是否"明显违法并损害被执行人的合法权益"。

13. 答案：A。《行政诉讼法》第97条规定："公民、法人或者其他组织对行政行为在法定期限内不提起诉讼又不履行的，行政机关可以申请人民法院强制执行，或者依法强制执行。"

14. 答案：B。本题考查行政诉讼判决的类型。《行政诉讼法》第69条规定："行政行为证据确凿，适用法律、法规正确，符合法定程序的，或者原告申请被告履行法定职责或者给付义务理由不成立的，人民法院判决驳回原告的诉讼请求。"第70条规定："行政行为有下列情形之一的，人民法院判决撤销或者部分撤销，并可以判决被告重新作出行政行为：（一）主要证据不足的；（二）适用法律、法规错误的；（三）违反法定程序的；（四）超越职权的；（五）滥用职权的；（六）明显不当的。"第72条规定："人民法院经过审理，查明被告不履行法定职责的，判决被告在一定期限内履行。"第77条规定："行政处罚明显不当，或者其他行政行为涉及对款额的确定、认定确有错误的，人民法院可以判决变更。人民法院判决变更，不得加重原告的义务或者减损原告的权益。但利害关系人同为原告，且诉讼请求相反的除外。"上述四项判决的名称在学理上分别定义为驳回判决、撤销判决、履行判决和变更判决。综上所述，本题中的市场监督管理局一直不予办理赵某执照的行为属于不履行法定职责，法院判决市场监督管理局限期办理执照，所作出的就是第三种判决，即履行判决。

✓ 多项选择题

1. 答案：ABD。人民法院应当采取裁定形式的有诉讼期间停止具体行政行为的执行；驳回起诉；撤销原判，发回原审人民法院重审等。

2. 答案：BCD。B、C、D项对，《行诉解释》第158条规定："行政机关根据法律的授权对平等主体之间民事争议作出裁决后，当事人在法定期限内不起诉又不履行，作出裁决的行政机关在申请执行的期限内未申请人民法院强制执行的，生效行政裁决确定的权利人或者其继承人、权利承受人在六个月内可以申请人民法院强制执行。享有权利的公民、法人或者其他组织申请人民法院强制执行生效行政裁决，参照行政机关申请人民法院强制执行行政行为的规定。"A项错，行政机关根据法律的授权对平等主体之间民事争议作出裁决后，权利人或其继承人、权利承受人申请人民法院强制执行的前提条件是：（1）当事人在法定期限内不起诉又不履行；（2）作出裁决的行政机关在申请执行的期限内未申请人民法院强制执行的。两个条件须同时具备。

3. 答案：BC。《行诉解释》第157条规定："行政机关申请人民法院强制执行其行政行为的，由申请人所在地的基层人民法院受理；执行对象为不动产的，由不动产所在地的基层人民法院受理。基层人民法院认为执行确有困难的，可以报请上级人民法院执行；上级人民法院可以决定由其执行，也可以决定由下级人民法院执行。"

4. **答案**：ABCD。参见《行政诉讼法》第 89 条规定："人民法院审理上诉案件，按照下列情形，分别处理：（一）原判决、裁定认定事实清楚，适用法律、法规正确的，判决或者裁定驳回上诉，维持原判决、裁定；（二）原判决、裁定认定事实错误或者适用法律、法规错误的，依法改判、撤销或者变更；（三）原判决认定基本事实不清、证据不足的，发回原审人民法院重审，或者查清事实后改判；（四）原判决遗漏当事人或者违法缺席判决等严重违反法定程序的，裁定撤销原判决，发回原审人民法院重审。原审人民法院对发回重审的案件作出判决后，当事人提起上诉的，第二审人民法院不得再次发回重审。人民法院审理上诉案件，需要改变原审判决的，应当同时对被诉行政行为作出判决。"

5. **答案**：BC。参见《行政诉讼法》第 59 条规定："……罚款、拘留须经人民法院院长批准。当事人不服的，可以向上一级人民法院申请复议一次。复议期间不停止执行。"

6. **答案**：BCD。裁定的种类不同，发生法律效力的时间也不同。对于不准上诉的裁定，一经作出即发生法律效力；对于可以上诉的裁定，只有在法定上诉期满当事人不上诉时，才发生法律效力。

7. **答案**：ABD。参见《行政诉讼法》第 70 条："行政行为有下列情形之一的，人民法院判决撤销或者部分撤销，并可以判决被告重新作出行政行为：（一）主要证据不足的；（二）适用法律、法规错误的；（三）违反法定程序的；（四）超越职权的；（五）滥用职权的；（六）明显不当的。"

8. **答案**：CD。《行诉解释》第 159 条规定："行政机关或者行政行为确定的权利人申请人民法院强制执行前，有充分理由认为被执行人可能逃避执行的，可以申请人民法院采取财产保全措施。后者申请强制执行的，应当提供相应的财产担保。"据此，非诉行政案件申请财产保全措施须满足的条件是：（1）法院必须依申请采取财产保全措施，而不能主动依职权采取；（2）申请主体必须是作出该具体行政行为的行政机关或具体行政行为确定的权利人；（3）申请人有充分理由认为被执行人有可能逃避执行；（4）具体行政行为确定的权利人申请财产保全的，必须向人民法院提供相应的财产担保。但行政机关无提供财产担保的义务。

9. **答案**：BCD。《行政诉讼法》第 96 条规定："行政机关拒绝履行判决、裁定、调解书的，第一审人民法院可以采取下列措施：（一）对应当归还的罚款或者应当给付的款额，通知银行从该行政机关的账户内划拨；（二）在规定期限内不履行的，从期满之日起，对该行政机关负责人按日处五十元至一百元的罚款；（三）将行政机关拒绝履行的情况予以公告；（四）向监察机关或者该行政机关的上一级行政机关提出司法建议。接受司法建议的机关，根据有关规定进行处理，并将处理情况告知人民法院；（五）拒不履行判决、裁定、调解书，社会影响恶劣的，可以对该行政机关直接负责的主管人员和其他直接责任人员予以拘留；情节严重，构成犯罪的，依法追究刑事责任。"

10. **答案**：BD。本题考查行政诉讼的判决。BD 对，《行政诉讼法》第 77 条规定："行政处罚明显不当，或者其他行政行为涉及对款额的确定、认定确有错误的，人民法院可以判决变更。人民法院判决变更，不得加重原告的义务或者减损原告的权益。但利害关系人同为原告，且诉讼请求相反的除外。"本题中，由于甲、乙两人的责任相当，损害结果也相当，但对两人的处理结果却差异巨大，说明公安局对两人的行政处罚存在明显不当的情况。

11. **答案**：ABCD。《行政诉讼法》第 96 条规定："行政机关拒绝履行判决、裁定、调解书的，第一审人民法院可以采取下列措施：（一）对应当归还的罚款或者应当给付的款额，通知银行从该行政机关的账户内划拨；（二）在规定期限内不履行的，从期满之日起，对该行政机关负责人按日处五十元至一百元的罚款；（三）将行政机关拒绝履行的情况予以公告；（四）向监察机关或者该行政机关的上一级行政机关提出司法建议。接受司法建议的机关，根据有关规定进行处理，并将处理情况告知人民法院；（五）拒不履行判决、裁定、调解书，社会影响恶劣的，可以对该行政机关直接负责的主管人员和其他直接责任人员予以拘留；情节严重，构成犯罪的，依法追究刑事责任。"

不定项选择题

1. 答案：B。根据《行政诉讼法》第74条规定："行政行为有下列情形之一的，人民法院判决确认违法，但不撤销行政行为：（一）行政行为依法应当撤销，但撤销会给国家利益、社会公共利益造成重大损害的；（二）行政行为程序轻微违法，但对原告权利不产生实际影响的。行政行为有下列情形之一，不需要撤销或者判决履行的，人民法院判决确认违法：（一）行政行为违法，但不具有可撤销内容的；（二）被告改变原违法行政行为，原告仍要求确认原行政行为违法的；（三）被告不履行或者拖延履行法定职责，判决履行没有意义的。"ACD选项均不符合本条规定。

2. 答案：CD。关于A选项，依据《行政诉讼法》第15条规定："中级人民法院管辖下列第一审行政案件：（一）对国务院部门或者县级以上地方人民政府所作的行政行为提起诉讼的案件；（二）海关处理的案件；（三）本辖区内重大、复杂的案件；（四）其他法律规定由中级人民法院管辖的案件。"本案被告为县政府，一审应当由市中级人民法院管辖。A项错误。

关于B选项，依据《行政诉讼法》第86条规定："人民法院对上诉案件，应当组成合议庭，开庭审理。经过阅卷、调查和询问当事人，对没有提出新的事实、证据或者理由，合议庭认为不需要开庭审理的，也可以不开庭审理。"故本案如果没有新的事实、证据或者理由，合议庭认为不需要开庭审理的，也可以不开庭审理。B项错误。

关于C选项，依据《行政诉讼法》第87条规定："人民法院审理上诉案件，应当对原审人民法院的判决、裁定和被诉行政行为进行全面审查。"本案二审法院应当对一审法院的判决和被诉行政行为进行全面审查。所以C项正确。

关于D选项，依据《行诉解释》第109条第4款规定："原审判决遗漏行政赔偿请求，第二审人民法院经审查认为依法不应当予以赔偿的，应当判决驳回行政赔偿请求。"故D项正确。

名词解释

1. 答案：行政诉讼判决是指人民法院代表国家，对被诉具体行政行为是否合法作出的具有法律约束力的判定，以及对被诉具体行政行为的效力作出的权威性处理。具有以下特征：（1）行政判决是人民法院行使国家审判权的意思表示，是国家司法意志的体现；（2）行政判决是具有法律约束力的司法判断和处理；（3）行政判决是对行政争议的处理结论。

2. 答案：驳回诉讼请求判决是指人民法院驳回原告诉讼请求的判决。驳回诉讼请求判决可以适用于以下情形：（1）被诉行政行为完全合法的；（2）原告起诉被告不履行法定职责但是其理由不能成立的。

3. 答案：履行判决是指人民法院判令被告限期履行法定职责的判决。适用履行判决必须具备以下条件：（1）有关当事人向行政主管机关提出了合法申请，要求行政机关作出一定的行政行为，并且这种申请符合法律规定的条件与形式。（2）被告对相对人依法负有履行职责的义务。即依存在的行政法律关系，作为被告的行政机关有依法行使职权，对作为原告的行政相对人负有作出他所需求的具体行政行为的义务。（3）被告具有不履行或者拖延履行法定职责的行为，而不履行或者拖延履行没有合法的理由，即没有法律所规定或认可的理由。

4. 答案：变更判决是指人民法院变更被诉具体行政行为的判决。人民法院变更具体行政行为有以下两种情况：（1）行政处罚明显不当；（2）其他行政行为涉及对款额的确定、认定确有错误。

5. 答案：行政诉讼中的裁定是指人民法院在审

理行政案件过程中，为解决本案的程序问题所作出的对诉讼参与人发生法律效果的司法意思表示。具有以下特点：(1) 裁定是人民法院解决程序问题的审判行为，是对程序问题作出的判定。(2) 裁定在诉讼的任何阶段都可以作出。(3) 由于裁定所解决的是程序问题，因而其法律依据是程序性规范。(4) 裁定可以是书面的形式，也可以是口头的形式。

6. **答案**：行政判决的效力是指人民法院依法定程序作出的行政判决对行政诉讼当事人和其他有关人所具有的强制约束力。行政判决是国家意志力的司法表现，它以国家强制力为后盾，其效力及于所有与该案有关的人。行政判决效力包含三个内容，即行政判决的确定力、拘束力和执行力。

7. **答案**：行政裁定是解决行政诉讼程序问题的审判行为，裁定只对案件参与人发生拘束力，对社会不发生拘束力。因为程序问题是在当事人进行诉讼和人民法院指挥诉讼中发生的，通常不涉及案件以外的人和事，所以对于社会不发生拘束力。在特殊情况下，如果裁定涉及当事人以外的单位或个人，那么，对所涉及的单位或个人亦发生相应的拘束力。

8. **答案**：行政诉讼中的决定是指人民法院为了保证行政诉讼的顺利进行，对诉讼中发生的某些特殊事项所作的司法意思表示。决定具有如下特点：(1) 就决定所解决的问题而言，其既不同于判决所解决的案件争议问题，也不同于裁定所解决的程序问题，而是解决诉讼过程中可能出现的特殊问题。(2) 就决定的功能而言，它旨在保证案件的正常审理和诉讼程序的正常进行，或者为案件审理和正常的诉讼活动创造必要的条件。(3) 就决定的效力而言，决定不是对案件的审判行为，不能依上诉程序提起上诉，当事人对决定不服，只能申请复议。

9. **答案**：行政诉讼中的决定是人民法院为迅速解决诉讼上或者涉及诉讼问题的司法行为。这种行为一经作出，当即发生效力，具有执行内容的，立即付诸执行。对影响当事人权利的决定，当事人可申请复议一次，但不因当事人申请复议而停止决定的执行和影响决定的效力。决定发生效力后，如果发现认定事实或者适用法律确有错误，可由作出决定的人民法院撤销或变更，但不能依审判监督程序进行再审，也不能通过上诉程序由上一级人民法院予以纠正。

简答题

答案：行政裁定是解决行政诉讼程序问题的审判行为，就其空间效力而言，一般来说，裁定只对案件参与人发生拘束力，对社会不发生拘束力。在特殊情况下，如果裁定涉及当事人以外的单位或个人，那么，对涉及的单位或个人亦发生相应的拘束力。

就裁定的时间效力而言，因裁定的内容不同而不同。对于不准上诉的裁定，一经宣布或送达即发生法律效力。对于可以上诉的裁定，只有在法定上诉期间当事人不上诉时，才发生法律效力。对于某些可以依法申请复议的裁定（如是否停止具体行政行为的执行），一经作出即发生法律效力，当事人申请复议不影响裁定的执行。

作出裁定的人民法院，对已经宣告或送达的裁定，通常不能随意变更。根据《行政诉讼法》的规定，有的裁定允许上诉，有的裁定不允许上诉。对于允许上诉的裁定，原裁定人民法院一般不得自行撤销、变更。当事人不服，可以通过上诉程序救济。对于不允许上诉的裁定，当事人不服只能申请复议。当事人申请复议后，人民法院认为原裁定确有错误的，可以自行撤销或变更。

裁定是解决程序问题的方式，一般在诉讼期间有效，随着诉讼的结束，裁定的效力自行消失。如停止具体行政行为执行的裁定，一旦人民法院对案件宣告判决，即失去效力。但是，有的裁定具有独立性，不依附于诉讼而持续存在，即使诉讼结束，裁定的效力并不随之消失。

案例分析题

1. **答案**：(1) 人民法院应受理赵某不服海关处罚的起诉，而不应受理赵某以其所在机关为被告不服行政处分的起诉。参见《行政诉讼法》第 12 条和第 13 条。

（2）对于赵某不服海关处罚的起诉，法院受理后，可能作出以下三种形式的判决：①驳回诉讼请求。（条件略）②撤销。（条件略）③变更。（处罚明显不当）

2. **答案**：（1）市规划局的行为是违法的，因其作出批准行为时未考虑建房之间的间距问题，导致市政府的办公楼建好后严重影响了其他居民的采光权。

（2）海天花园小区的居民有原告资格，可以对市规划局的批准行为提起诉讼。因为小区的居民虽然不是市规划局批准行为所直接针对的对象，但其相邻权却受到了该行为的侵害，因此与市规划局的批准行为有法律上的利害关系，具有原告资格。

（3）法院应作出确认违法判决，并责令行政机关采取其他措施对海天花园小区的居民所受到的损失予以补救。因为市规划局的行为违法理应撤销。但撤销将给国家利益造成重大损失，因此从维持国家利益的角度出发，法院应确认市规划局的行为违法，同时判令市政府采取相应的补救措施。

第二十二章 涉外行政诉讼

名词解释

1. 答案： 涉外行政诉讼的法律渊源是指由我国立法机关制定或者认可的适用于涉外行政诉讼关系的法律规范系统。包括：（1）法律；（2）最高司法机关的司法解释；（3）国际条约和国际惯例。

2. 答案： 外交送达是指人民法院将需要送达给不在我国居住的当事人的诉讼文书，首先送交给我外交机关，再由我外交机关送往当事人所在国驻我国的外交机构，然后由其转送该国外交机关，该国外交机关再转交该国司法机关送达当事人的一种诉讼文书送达方式，这种方式是国际公认的一种正规送达方式，被各国采用。

简答题

答案：（1）涉外行政诉讼的概念：涉外行政诉讼是指各级人民法院审理的，原告或第三人为外国人、无国籍人、外国组织，依法向我国人民法院提起诉讼，人民法院依法定程序审查行政主体的行政行为的合法性，并判断外国人、无国籍人、外国组织作为相对人的主张是否妥当，并作出裁判的诉讼。

（2）涉外行政诉讼的特征：①涉外行政诉讼是解决涉外行政管理过程中产生的行政争议的重要途径。②提起诉讼的原告应当是外国人、无国籍人或外国组织；中国香港特别行政区、澳门特别行政区、台湾地区居民和组织提起或参加的行政诉讼不属于涉外行政诉讼。③涉外行政诉讼争议的标的是中国行政机关作出的具体行政行为。④涉外行政诉讼解决的行政争议发生在中华人民共和国领域内。⑤涉外行政诉讼必须依照中国法律进行。

论述题

答案： 涉外行政诉讼的原则是指由涉外行政诉讼本身的特殊规律所决定的、反映涉外行政诉讼特殊要求并为人民法院在审理涉外行政诉讼案件活动中必须遵守的行为准则。除行政诉讼的一般原则是人民法院在涉外行政诉讼中必须遵守的外，人民法院还必须遵守涉外行政诉讼所特有的原则。涉外行政诉讼所特有的原则主要有：

（1）平等原则。平等原则是在涉外行政诉讼中的外国人、外国组织应享有和承担与中国公民、组织同样的诉讼权利和义务。

涉外行政诉讼中的平等原则主要有以下表现：

①基于国际法的规定。诉讼权利平等原则是国际上的"国民待遇原则"在诉讼中的反映。"国民待遇原则"要求本国公民享有的权利，也应同等地赋予本国境内的外国人，它体现了国家之间的平等、友好关系，是国际交往中的一项重要规则。

②基于宪法的规定。我国现行《宪法》第32条规定，中华人民共和国保护在中国境内的外国人的合法权利和利益。外国公民和组织在中国境内必须遵守我国的法律规范，我国的法律规范也同样保护他们的合法权益。

（2）对等原则。涉外行政诉讼中的对等原则是指外国法院如果对我国公民和组织的行政诉讼权利加以限制的，我国便对该国公民和组织采取相应的限制措施，以使我国公民和组织在他国的行政诉讼权利与他国公民和组织在我国的行政诉讼权利对等。

涉外行政诉讼的对等原则主要表现在以下三个方面：

①这一原则只适用于外国对我国公民或组织的行政诉讼权利加以限制的情况下，它

不适用于权利的赋予。

②所谓诉讼权利的限制，是指我国公民在该国所享有的诉讼权利低于该国公民的普遍标准。

③对等原则并未赋予我国人民法院首先限制外国公民和组织诉讼权利的权力，相反，从立法旨意上来说，我国立法是不允许这样做的。

(3) 适用国际条约原则。国际条约是各个缔约国在国家之间有关政治、经济、文化等方面经友好协商确定相互间权利、义务的各种条约或协定。国际条约是各个缔约国都必须遵守的。

(4) 使用中国通用语言文字的原则。涉外行政诉讼的审理活动应当使用中国的通用语言文字。依照我国《民事诉讼法》第273条的规定，人民法院审理涉外民事案件，应当使用中华人民共和国通用的语言、文字。当事人要求提供翻译的，可以提供，费用由当事人承担。

(5) 涉外行政诉讼的原告必须委托中国律师代理诉讼的原则。《行政诉讼法》第100条规定，涉外行政诉讼的原告（外国人、无国籍人、外国组织）在中华人民共和国进行行政诉讼，委托律师代理诉讼的，应当委托中华人民共和国律师机构的律师。

综合测试题一

☑ 单项选择题

1. **答案**：D。采用非强制手段可以达到行政管理目的的，不得设定和实施行政强制，体现了损害最小的比例原则。

2. **答案**：C。A项因为此横幅不会对当事人的权利义务产生影响，所以，不是具体行政行为；B项属于刑事司法行为；C项满足具体行政行为的特定性、处分性、行政性和外部性的特点，属于具体行政行为，应选；D项属于不具有处分性的行政调解。

3. **答案**：D。行政强制措施的特点包括强制性、非惩罚性、暂时性和行政性。

4. **答案**：D。企业不属于行政主体。

5. **答案**：A。行政行为以其对象是否特定为标准，可分为抽象行政行为和具体行政行为。

6. **答案**：B。行政复议机关应当自受理申请之日起60日内作出行政复议决定。

7. **答案**：D。公民、法人或者其他组织直接向人民法院提起行政诉讼的，应当在知道作出具体行政行为之日起6个月内提出。

8. **答案**：C。行政诉讼中，被告应当在收到起诉状副本之日起15日内向人民法院提交作出行政行为的证据和所依据的规范性文件，并提出答辩状。

9. **答案**：B。颁发营业执照属于行政许可。

10. **答案**：B。行政诉讼的举证责任主要由被告承担。

11. **答案**：B。行政机关依法变更或者撤回已经生效的行政许可时，给公民、法人或者其他组织造成财产损失的，行政机关应当依法给予补偿。

12. **答案**：D。行政诉讼中，人民法院审理行政案件，可以参照规章。

13. **答案**：A。专利许可是排他性的许可。

14. **答案**：B。《行政处罚法》第72条第1款规定："当事人逾期不履行行政处罚决定的，作出行政处罚决定的行政机关可以采取下列措施：（一）到期不缴纳罚款的，每日按罚款数额的百分之三加处罚款，加处罚款的数额不得超出罚款的数额；（二）根据法律规定，将查封、扣押的财物拍卖、依法处理或者将冻结的存款、汇款划拨抵缴罚款；（三）根据法律规定，采取其他行政强制执行方式；（四）依照《中华人民共和国行政强制法》的规定申请人民法院强制执行。"行政行为具有执行力，行政行为一旦作出，相对人必须履行，相对人不履行该行为，行政机关有权自行强制执行或申请人民法院强制执行。

15. **答案**：B。参见《行政复议法》第2条规定。

16. **答案**：A。参见《行政复议法》第24条的规定。本题中街道办事处是区政府的派出机关，故甲应向区政府申请复议。

17. **答案**：A。本题考查行政复议和行政诉讼的范围。甲是在行使职权的过程中被乙打伤，甲是以行政执法人员，而不是以其私人身份与乙发生了冲突关系，甲的行为是职务行为，属于非平等民事主体间的民事关系，这种冲突关系不是民事意义上的关系。甲的受伤，其医药费、营养费和其他伤残的费用是由国家补偿的，不由乙来赔偿，也就不能转化为甲和乙之间的民事法律关系，所以不应当选B。另外，公安局认定乙的行为构成妨碍公务，乙的行为侵害的是行政机关的执法秩序，从这个角度来讲，甲不但不是行政相对人，也不是利害关系人，因此既不能提起行政复议，也不能提起行政诉讼。因此答案选A。

18. **答案**：C。此处的复议，不是指行政复议，而是司法复议。行政复议，申请主体是行政相对人；司法复议，申请主体既可以是原告，也可以是被告。司法复议是诉讼参与人对法院的决定不服，而寻求法院予以纠正的救济制度。民政局不服法院作出的先予执行裁定，可以向法院申请复议一次，C 选项准确。

19. **答案**：D。行政法规和行政规章在效力上低于宪法和法律，根据法律冲突的适用规则，当上位法与下位法发生冲突时，适用上位法。人民法院虽然无权对与宪法和法律相抵触的行政法规和规章予以撤销或变更，但可以在审理案件时不予适用。

20. **答案**：D。本题考查行政行为；行政诉讼判决种类。行政主体实现行政目的的方式多种多样，其行使权力的表现形式也就多种多样。某县政府作为行使行政职权的行政机关，以协议的方式与甲公司约定旧城改造事宜，该协议是某县政府行使权力的一种形式，具有对外的法律效力，因此并非内部协议。故 A 选项错误。某县政府的行为实质是行使行政许可权力的行为，该具体行政行为损害了乙公司的利益，因此乙公司有权向人民法院提起行政诉讼，法院应予受理、审理。故 C 选项错误。由于乙公司持有的是经市政府批准取得的土地使用证，所以某县政府作为市政府的下级机关无权收回乙公司持有的第 15 号地块国有土地使用证。因此 B 选项错误。《行政诉讼法》第 74 条规定："行政行为有下列情形之一的，人民法院判决确认违法，但不撤销行政行为：（一）行政行为依法应当撤销，但撤销会给国家利益、社会公共利益造成重大损害的；（二）行政行为程序轻微违法，但对原告权利不产生实际影响的。行政行为有下列情形之一，不需要撤销或者判决履行的，人民法院判决确认违法：（一）行政行为违法，但不具有可撤销内容的；（二）被告改变原违法行政行为，原告仍要求确认原行政行为违法的；（三）被告不履行或者拖延履行法定职责，判决履行没有意义的。"《行政诉讼法》第 76 条规定："人民法院判决确认违法或者无效的，可以同时判决责令被告采取补救措施；给原告造成损失的，依法判决被告承担赔偿责任。"某县政府违法实施行政许可，但是甲开发公司已向社会公开预售，撤销该许可将会给国家利益、公共利益造成重大损失，所以应该确认该行政行为违法，并责令某县政府采取补救措施。故 D 选项正确。

✓ 多项选择题

1. **答案**：ABCD。行政行为的合法要件包括主体合法、内容合法、程序合法、形式合法。
2. **答案**：ABCD。行政复议的范围包括对行政机关作出的行政处罚决定不服的、对行政机关作出的行政强制措施决定不服的、认为行政机关侵犯其合法的经营自主权的、认为行政机关违法要求履行义务的。
3. **答案**：ABCD。行政诉讼的特有原则包括具体行政行为合法性审查原则、不适用调解原则、被告负举证责任原则、司法变更权有限原则。
4. **答案**：ABCD。行政处罚的种类包括警告、罚款、没收违法所得、没收非法财物、责令停产停业等。
5. **答案**：ABCD。行政许可的设定原则包括法定原则，公开、公平、公正原则，便民和效率原则，信赖保护原则。
6. **答案**：ABC。关于 A、B 选项，《行政许可法》第 15 条第 2 款规定："地方性法规和省、自治区、直辖市人民政府规章，不得设定应当由国家统一确定的公民、法人或者其他组织的资格、资质的行政许可；不得设定企业或者其他组织的设立登记及其前置性行政许可。其设定的行政许可，不得限制其他地区的个人或者企业到本地区从事生产经营和提供服务，不得限制其他地区的商品进入本地区市场。"故 AB 项当选。

关于 C 选项，《行政许可法》第 14 条第 2 款规定："必要时，国务院可以采用发布决定的方式设定行政许可。实施后，除临时性行政许可事项外，国务院应当及时提请全国人民代表大会及其常务委员会制定法律，或者自行制定行政法规。"可见，国务院可以采用发布决定的方式设定临时性行政许可，而国务院部门无此职权。故 C 项当选。

关于 D 选项，《行政许可法》第 21 条规定："省、自治区、直辖市人民政府对行政法规设定的有关经济事务的行政许可，根据本行政区域经济和社会发展情况，认为通过本法第十三条所列方式能够解决的，报国务院批准后，可以在本行政区域内停止实施该行政许可。"故 D 项不当选。

7. 答案：CD。参见《行政复议法》第 78 条。

8. 答案：BC。本题考查行政诉讼受案范围。A、B 项矛盾，因此只有一项能入选。《刑事诉讼法》规定，对刑事案件的侦查、拘留、执行逮捕、预审，由公安机关负责。本案中，公安机关将王某传唤到公安局，要求其签订还款协议书的行为显然超出了刑事侦查的职权范围，属于以办理刑事案件为名插手经济纠纷，依法属于行政诉讼的受案范围。B 项正确，应选。乙公司的财产被公安局扣押，依照《国家赔偿法》的规定，乙公司有权提起行政诉讼，并在提起诉讼的同时一并提出赔偿请求，C 项正确应选。D 项的说法不成立，既然基于民事权利，甲、乙两公司之间就是民事纠纷，公安机关无权主动采取强制措施解决民事纠纷。甲公司与王某之间的还款协议书不是在当事人公平自愿的基础上签订的，不具有约束乙公司的效力，所以乙公司的还款行为无效，D 项错误，不选。

9. 答案：ABCD。根据《最高人民法院关于审理行政案件适用法律规范问题的座谈会纪要》，下位法不符合上位法的常见情形有：下位法缩小上位法规定的权利主体范围，或者违反上位法立法目的扩大上位法规定的权利主体范围；下位法限制或者剥夺上位法规定的权利，或者违反上位法立法目的扩大上位法规定的权利范围；下位法扩大行政主体或其职权范围；下位法延长上位法规定的履行法定职责期限；下位法以参照、准用等方式扩大或者缩小上位法规定的义务或者义务主体的范围、性质或者条件；下位法增设或者限缩违反上位法规定的适用条件；下位法扩大或者限缩上位法规定的给予行政处罚的行为、种类和幅度的范围；下位法改变上位法已规定的违法行为的性质；下位法超出上位法规定的强制措施的适用范围、种类和方式，以及增设或者限缩其适用条件；法规、规章或者其他规范文件设定不符合行政许可法规定的行政许可，或者增设违反上位法的行政许可条件；其他相抵触的情形。根据上述规定，可知 ABCD 四项均当选。

10. 答案：AD。对限制人身自由的行政强制措施不服提起的诉讼，由被告所在地或者原告所在地人民法院管辖。据此可见，只有对限制人身自由的"行政强制措施"不服提起的诉讼，原告所在地法院和被告所在地法院均有管辖权。但本案是限制人身自由的"行政处罚"，因此，只能是被告所在地法院管辖，原告所在地的法院没有管辖权。A 选项正确。根据《国家赔偿法》第 36 条的规定，返还执行的罚款或者罚金、追缴或收的金钱，解除冻结的存款或者汇款的，应当支付银行同期存款利息。据此可见，除返还罚款 500 元外，应当支付银行同期存款利息。且错误拘留蔡某 10 日并处罚款 500 元，并未造成严重后果，很难支持蔡某的精神抚慰金请求，故由赔偿义务机关为受害人消除影响、恢复名誉或向其赔礼道歉即可，无须支付精神损害抚慰金，故 B 选项错误。如一审法院的判决遗漏了蔡某的赔偿请求，二审法院不是直接全案发回重审，而是先审查一下，是否需要赔偿。如果不应当予以赔偿的，判决驳回赔偿请求；如果要赔偿的，先调解，调解不成的，把赔偿部分发回重审。C 选项错误。当事人在第二审期间提出行政赔偿请求的，第二审法院可以进行调解；调解不成的，应当告知当事人另行起诉。D 选项正确。

名词解释

1. 答案：行政诉讼管辖是指人民法院之间受理第一审行政案件的职权分工。确定行政诉讼管辖有重要意义：(1) 有利于确定同级人民法院之间审理行政案件的具体分工，明确上下级人民法院之间受理第一审行政案件的权限划分。(2) 有利于使当事人明确在发生争议后到哪一级的哪一个法院去起诉或应诉。

2. 答案：行政许可指特定的行政主体根据行政相对人的申请，经依法审查，作出准予或不准予其从事特定活动之决定的行政行为。

3. 答案：行政指导是行政主体基于国家的法律、政策的规定而作出的，旨在引导行政相对人自愿采取一定的作为或者不作为，以实现行政管理目的的一种非职权行为。它既是现代行政法中合作、协商的民主精神发展的结果，也是现代市场经济发展过程中对市场调节失灵和政府干预双重缺陷的一种补救方法。

4. 答案：行政复议是指国家行政机关在行使其行政管理职权时，与作为被管理对象的相对方发生争议，根据行政相对方的申请，由上一级国家行政机关或者法律、法规规定的其他机关依法对引起争议的具体行政行为进行复查并作出决定的一种活动。

5. 答案：终局行政裁决行为是指法律规定由行政机关作出最终决定的行为。目前，我国有些法律赋予了行政机关对于某些行政争议拥有最终裁决权，即由行政机关依法作出最终裁决，当事人不服，只能向作出最终裁决的机关或其上级机关申诉，而不能向人民法院起诉。

简答题

1. 答案：行政行为的效力包括：

（1）确定力：行政行为一经作出，就具有不得随意变更的效力。

（2）拘束力：行政行为对行政主体和行政相对人都具有拘束力。

（3）执行力：行政行为生效后，行政主体有权采取一定手段，使行政行为的内容得以实现。

2. 答案：行政诉讼的受案范围包括：

（1）对行政拘留、暂扣或者吊销许可证和执照、责令停产停业、没收违法所得、没收非法财物、罚款、警告等行政处罚不服的；

（2）对限制人身自由或者对财产的查封、扣押、冻结等行政强制措施和行政强制执行不服的；

（3）申请行政许可，行政机关拒绝或者在法定期限内不予答复，或者对行政机关作出的有关行政许可的其他决定不服的；

（4）对行政机关作出的关于确认土地、矿藏、水流、森林、山岭、草原、荒地、滩涂、海域等自然资源的所有权或者使用权的决定不服的；

（5）对征收、征用决定及其补偿决定不服的；

（6）申请行政机关履行保护人身权、财产权等合法权益的法定职责，行政机关拒绝履行或者不予答复的；

（7）认为行政机关侵犯其经营自主权或者农村土地承包经营权、农村土地经营权的；

（8）认为行政机关滥用行政权力排除或者限制竞争的；

（9）认为行政机关违法集资、摊派费用或者违法要求履行其他义务的；

（10）认为行政机关没有依法支付抚恤金、最低生活保障待遇或者社会保险待遇的；

（11）认为行政机关不依法履行、未按照约定履行或者违法变更、解除政府特许经营协议、土地房屋征收补偿协议等协议的；

（12）认为行政机关侵犯其他人身权、财产权等合法权益的。

3. 答案：行政复议与行政诉讼的区别主要有：

（1）性质不同：行政复议是行政机关内部的监督行为，行政诉讼是司法审查行为。

（2）受理机关不同：行政复议由行政机关受理，行政诉讼由人民法院受理。

（3）审查范围不同：行政复议既审查具体行政行为的合法性，又审查其合理性；行政诉讼主要审查具体行政行为的合法性。

（4）审查程序不同：行政复议程序相对简便，行政诉讼程序较为严格。

（5）法律效力不同：行政复议决定一般不具有终局性，当事人对复议决定不服的，可以提起行政诉讼；行政诉讼判决具有终局性。

论述题

答案：国家行为，是涉及国家根本制度的维护和国家主权的运用，由国家承担法律后果的政治行为。它的内容和范围是可以不断变化的。国家行为具有以下三个方面的特征：①国家行为是一种政治性的行为。②国家行为的后果由整体意义的国家承担。③国家行为是极其严肃的行为，它的实施关系到国家的整体利益和国际声誉。从各国的实践看，国家行为通常不属于行政诉讼的受案范围，其原因是：①国家行为有其特殊性，它不仅涉及相对人的利益，而且涉及国家的整体利益和人民的根本利益，关系到国家的荣誉、尊严甚至存亡，在这种情况下，不能因为利害关系人的权益受到损害，而使国家行为无效。②国家行为通常以国家的对内、对外的基本政策为依据，以国际政治斗争的形势为转移，法院很难做出判断。③国家行为的失误通常只由有关领导人承担政治责任，而政治责任的承担只能通过立法机关或议会进行追究。我国领导人承担政治责任，不由法院审理。政府领导人是否称职，由国家权力机关评判，其向人民代表大会及常务委员会负政治责任。

案例分析题

答案：（1）甲公司可以以市政府为被告提起行政诉讼。因为在经过行政复议后，复议机关维持原具体行政行为的，作出原具体行政行为的行政机关和复议机关为共同被告。市政府作出维持决定，甲公司不服，可以以市政府为被告提起行政诉讼。

（2）人民法院应当判决驳回甲公司的诉讼请求。因为市政府经审查认为市市监局的处罚决定合法，作出维持决定，而市市监局的处罚决定合法，人民法院应当判决驳回甲公司的诉讼请求。

综合测试题二

✅ 单项选择题

1. **答案**：B。行政法的核心原则是合法性原则（法律优先与法律保留），即行政机关必须依法行使职权，没有法律依据不得作出影响公民权利的行为。虽然合理性原则（比例原则）、信赖保护原则等也是重要原则，但合法性原则是行政行为的根本前提。

2. **答案**：A。行政处罚是行政机关对违反行政法规范的公民、法人施加的制裁，包括警告、罚款、没收、行政拘留等。行政强制措施（如查封、扣押）是临时性限制措施，行政许可（如发放执照）是赋权行为，行政指导（如政策建议）是非强制性行为，均不属于处罚。

3. **答案**：B。行政法规的制定主体是国务院，属于最高行政机关的立法权限。全国人大常委会制定法律，省级政府制定地方政府规章，最高人民法院是司法机关，不参与行政立法。

4. **答案**：B。在行政诉讼中，被告（行政机关）的举证责任核心是证明具体行政行为合法，包括事实清楚、法律依据充分、程序正当等。被告无须证明原告行为违法，只需自证行政行为合法。

5. **答案**：B。抽象行政行为是针对不特定对象、可反复适用的规范性文件（如行政法规、规章）。行政处罚决定书、行政强制措施、行政许可证书均针对特定对象，属于具体行政行为，而地方政府规章（如某省《××管理办法》）属于抽象行政行为。

✅ 多项选择题

1. **答案**：ABCD。行政法的基本原则包括六大原则：合法性原则（行政活动必须符合法律规定）；合理性原则（行政裁量需符合理性、公平正义）；程序正当原则（公开、参与、回避等程序要求）；高效便民原则（提高效率、方便当事人）；信赖保护原则（保护行政相对人对合法行政行为的合理信赖）；权责统一原则（行政权力与责任一致）。选项分析：A、B、C、D 均属于基本原则，故选 ABCD。

2. **答案**：ABCD。根据《行政处罚法》，行政处罚的种类包括：声誉罚：警告、通报批评；财产罚：罚款、没收违法所得、没收非法财物；行为罚：暂扣许可证件、降低资质等级、吊销许可证件、限制开展生产经营活动、责令停产停业、责令关闭、限制从业；人身自由罚：行政拘留。选项分析：A（警告）、B（罚款）、C（责令停产停业）、D（行政拘留）均属于法定种类，故选 ABCD。

3. **答案**：AB。行政诉讼受理对具体行政行为不服的争议，排除以下情形：抽象行政行为（如行政法规、规章等，对应选项 C）；内部行政行为（如行政机关对其工作人员的奖惩、任免，对应选项 D）；国家行为、刑事司法行为等。选项分析：A（对行政拘留不服）：属于具体行政行为，可诉；B（对行政许可拒绝不服）：属于具体行政行为，可诉；C（对行政法规的合法性争议）：属于抽象行政行为，不可直接诉讼；D（对行政机关内部处分不服）：属于内部行为，不可诉。故选 AB。

4. **答案**：AC。行政立法是行政机关制定行政法规、规章的活动，特征包括：从属性立法：依据法律制定，不得与上位法冲突（选项 A 正确）；主体特定性：仅限国务院、国务院部门、地方政府等行政机关（选项 C 正确）；程序行政化：虽需遵循听证等程序，但本质属于行政程序，而非"准司法化"（选项 B 错误）；效力层级低于法律：行政法规效力低于法律，规章效力低于行政法规和地方性法规（选项 D 错误）。故选 AC。
5. 答案：AB。行政强制措施是行政机关依法对公民人身自由或财物实施的暂时性控制，特征为"暂时性、预防性"，包括：限制公民人身自由；查封场所、设施或财物（选项 A）；扣押财物；冻结存款、汇款（选项 B）等。选项分析：C（行政拘留）：属于行政处罚（终局性制裁）；D（吊销许可证）：属于行政处罚（剥夺行为资格）。故选 AB。

简答题

1. 答案：（1）行政行为生效后非因法定事由不得随意撤销或变更；（2）因公共利益需变更的，应补偿相对人损失；（3）行政机关应避免"反复无常"损害相对人信赖利益。
2. 答案：（1）合法性原则：要求行政权的设立、行使必须依据法律，包括职权法定、法律优先、法律保留三方面内容。（2）合理性原则：行政行为需符合比例原则（适当性、必要性、合目的性），排除无关因素，平等对待相对人。（3）程序正当原则：包括行政公开、回避制度、公众参与和说明理由，保障程序透明公正。（4）信赖保护原则：行政行为生效后非因法定事由不得随意撤销，因公共利益需变更的应补偿损失。（5）高效便民原则：要求行政机关积极履行职责，减少行政成本，便利相对人。
3. 答案：主要证据不足；适用法律、法规错误；违反法定程序；超越职权；滥用职权；明显不当。

论述题

1. 答案：（1）合法性原则是基础，要求行政行为符合法律规范，包括主体、权限、程序合法；（2）合理性原则是补充，要求行政行为目的正当、手段必要、符合比例；（3）二者共同构成行政法治的核心，合法性约束形式，合理性约束实质，缺一不可。
2. 答案：（1）合法性：处罚依据部门规章，程序合法；（2）合理性：以"曾犯罪"加重处罚缺乏法律依据，违反过罚相当原则；（3）结论：行政行为合法但不合理，违反行政合理性原则。
3. 答案：（1）效力内容：公定力（推定有效）、确定力（不可任意变更）、拘束力（对各方具有约束）、执行力（强制实现）。（2）无效情形：重大明显违法（如无权限、内容不可能、形式严重缺失），如"行政机关未盖章的处罚决定书"。（3）法律后果：无效行政行为自始无效，当事人可拒绝履行且不受追诉时效限制。

案例分析题

1. 答案：不合法：未履行法定程序（如公告、补偿）即强拆，违反《行政强制法》。救济途径：（1）申请行政复议；（2）提起行政诉讼并要求行政赔偿；（3）若程序违法，可请求法院确认行为无效。
2. 答案：（1）判决结果：撤销处罚决定（《行政诉讼法》第 70 条）。（2）法律依据：程序违法：依据《行政处罚法》第 44 条、第 63 条，较大数额罚款（≥10 万元）必须告知听证权，未告知构成重大程序违法。说明理由义务：处罚决定书未载明救济途径违反《行政处罚法》第 59 条。（3）若行政机关重新作出处罚，需补正程序瑕疵（《行政处罚法》第 75 条）。

综合测试题三

简答题

1. 答案：（1）概念

信赖保护，是指人民基于对国家公权力行使结果的合理信赖而有所规划或举措，由此而产生的信赖利益应受保护。（2分）主要包括两个方面：信赖保护的适用条件和信赖保护的法律效果。

（2）适用要件

①须具有信赖基础，即须行政机关作出了一定的行政行为。（2分）

②须有信赖表现。人民须因信赖行政行为而有客观上具体表现信赖的行为。（1分）

③须信赖值得保护。如果信赖有瑕疵而不值得保护，即适用无信赖保护原则。（1分）

（3）法律效果

①存续保护（行为），系指不论现存法律状况是否合法，为稳定人民所信赖的法律状况，维持原来的信赖基础。（2分）

②财产保护（钱），即以适当的财产补偿来减轻行政相对人因合理信赖所造成的损失。（2分）

2. 答案：（1）概念（2分）

行政处罚的听证程序，即半开庭程序，系指行政处罚主体在作出行政处罚决定之前，在非本案调查人员的主持下，举行听证会，听证会由该案的调查人员和拟被行政处罚的当事人参加，当事人可以陈述、申辩以及与调查人员辩论。

（2）实体条件（5分）

《行政处罚法》第63条规定，行政机关拟作出下列行政处罚决定，应当告知当事人有要求听证的权利，当事人要求听证的，行政机关应当组织听证：

①较大数额罚款；

②没收较大数额违法所得、没收较大价值非法财物；

③降低资质等级、吊销许可证件；

④责令停产停业、责令关闭、限制从业；

⑤其他较重的行政处罚；

⑥法律、法规、规章规定的其他情形。

（3）程序条件

只有在当事人要求听证的情况下，行政机关才可以提供听证。（1分）行政处罚主体在作出行政处罚决定之前，应当告知当事人有要求听证的权利。（1分）当事人要求听证的，行政机关应当组织听证。（1分）

3. 答案：（1）概念

行政公益诉讼中的公益诉讼起诉人，是指行政机关违法行使职权或者不作为（1分），致使国家利益或者社会公共利益受到侵害（1分），由法律授权代表国家利益或者社会公共利益提起行政公益诉讼的主体（1分）。

（2）特征

①行政公益诉讼中的公益诉讼起诉人是检察机关。人民检察院在履行职责中发现生态环境和资源保护、食品药品安全、国有财产保护、国有土地使用权出让等领域负有监督管理职责的行政机关违法行使职权或者不作为，致使国家利益或者社会公共利益受到侵害的，应当向行政机关提出检察建议，督促其依法履行职责。行政机关不依法履行职责的，人民检察院依法向人民法院提起诉讼。（2分）

②行政公益诉讼起诉人提起行政公益诉讼以履行诉前程序为前提。（2分）

③行政公益诉讼起诉人提起行政公益诉讼应当提供初步的证明材料。（1分）根据《最高人民法院、最高人民检察院关于检察公益诉讼案件适用法律若干问题的解释》的规

定，检察机关向法院提起行政公益诉讼，需要提交两项初步证明材料：第一，被告违法行使职权或者不作为，致使国家利益或者社会公共利益受到侵害的证明材料。（1分）第二，检察机关已经履行诉前程序，行政机关仍不依法履行职责或者纠正违法行为的证明材料。（1分）

论述题

1. 答案：（1）概念

行政行为的效力，是指行政行为成立后，对行政相对人、行政主体以及其他组织、个人所具有的法律上的效力，主要包括公定力、确定力、拘束力和执行力。（2分）

（2）行政行为的公定力

行政行为的公定力，是指行政行为一经作出，除非有重大、明显的违法情形，即假定其合法有效，任何机关、组织和个人未经法定程序均不得否定其法律效力。（2分）

行政行为的公定力是对世的，即此种效力及于行政相对人和行政主体本身及其他任何机关、组织、个人。无论国家权力机关还是人民法院，或者上级行政机关，对于未依法定程序撤销（包括废止、宣布无效）的行政行为，都不得否定其效力。（2分）

（3）行政行为的确定力

行政行为的确定力，是指行政行为作出后，除非有重大、明显的违法情形，即发生法律效力。（2分）

行政行为的确定力主要是针对行政主体而言，目的主要在于防止行政主体反复无常，任意变更、撤销、废止其已作出的行政行为，导致对行政相对人权益的损害。（2分）

（4）行政行为的拘束力

行政行为的拘束力，是指行政行为生效后，作为行政相对人的个人、组织都要受该行为的约束，履行该行为确定的义务，不得作出与该行为相抵触的行为。（2分）

首先，行政行为的拘束力及于行为的直接对象。（1分）其次，行政行为的拘束力也及于行政行为非直接对象的个人、组织。（1分）最后，行政行为的拘束力及于行政主体本身。（1分）

（5）行政行为的执行力

行政行为的执行力，是指行政行为生效后，行政相对人必须自觉履行相应行为确定的义务，如其拒绝履行或拖延履行，相应行政主体可以依法采取强制措施，强制相对人履行，如果相应行政主体不具有采取某种强制措施的法定权力，该行政主体可以依法申请人民法院强制执行。（2分）行政行为的执行力，及于行政相对人和行政主体本身。（1分）

行政行为的执行力是与拘束力紧密相连的。一方面，拘束力是执行力的前提，行政主体作出的没有拘束力的行为不可能强制执行，只有其行为具有了拘束力，相对人才必须履行相应行为所确定的义务；在相对人不履行时，行政主体才能对之加以强制执行。（1分）另一方面，执行力是拘束力的保障，行政行为如果没有强制执行力，其拘束力就是一句空话（1分）。

2. 答案：（1）为了评价和控制行政裁量权，行政合理性原则得以提出并获得广泛认可，从而成为行政法的一个基本原则，其内涵主要表现为比例原则和平等对待两个方面。（3分）

（2）比例原则具体由三个子项构成：适当性、必要性和衡量性。（1分）

①适当性

这是从行政行为目的的角度所作的要求，即行政行为的作出适合于行政目的的实现，或者说不得与目的相背离。在这里，目的既包括行政的一般目的，也包括法律授权的特定目的。（4分）适当性要求，行政机关在作出行政决定时，面对多种可能选择的措施，必须择取确实能达到法律目的或行政目的之措施。（3分）

②必要性

这是从手段上对行政行为所作的要求。它是指行政行为不能超越实现目的之必要程度，即为达成目的面对多种可能选择的手段，须尽可能采取对人民利益影响最轻微的手段。必要性的基本要求在于，使用"最不激烈手

段"（在诸多可选择的手段中选择对公民权益损害最少者）或者"最温和手段"。(4分)

必要性要求，一方面，必须采取最轻微手段；另一方面，只有在最后关键时刻而不得不采取激烈手段（无其他可行及慎重的手段可供选择）时方可为激烈手段。(3分)

③衡量性

又称狭义比例原则或平衡原则，这是指手段应按目的加以衡量，即干涉措施所造成的损害轻于达成目的所获得的利益，才具有合法性。换言之，行政机关在作出行政行为时，面对多种可能选择的手段，对手段的选择应按目的加以衡量。(4分)

衡量性要求，在目的与手段之间保持比例，不致行政机关为实现行政的目的而造成公民权益的过度损害。(3分)

案例分析题

1. **答案**：（1）级别管辖。本案被告为县政府和市政府，应当按照原行政行为作出机关县政府来确定级别管辖（2分），同时，县级以上人民政府为被告应由中级人民法院管辖（1分），所以，本案的级别管辖法院为中级人民法院。(1分)

   （2）地域管辖。经过复议的案件，作出原行政行为的机关所在地（1分）法院与复议机关所在地（1分）法院均有管辖权，所以，县政府和市政府所在地法院均有管辖权。

   综上，本案应当由县政府所在地中院和市政府所在地中院，也就是市中级人民法院（1分）管辖。

2. **答案**：没有超过（2分）。

   依照《行诉解释》的规定，复议机关在作出复议决定后未告知起诉期限（1分）的，相对人应当在最长1年之内（1分）提起行政诉讼。A公司于2023年8月20日知道复议决定，2024年3月10日提起行政诉讼，并没有超过起诉期限。

3. **答案**：不合法（2分）。

   虽然根据《市政公用事业特许经营管理办法》第18条规定，县政府有权解除行政协议，但根据该管理办法第25条规定，县政府收回燃气特许经营权，应当召开听证会（1分）。本案中，县政府收回A公司经营权的作出程序中，并未告知该公司听证申请权（1分），也未依法组织听证（1分），虽然县政府作出了催告，也召开过县燃气工作会议，但这都无法替代听证程序，所以，其收回行为属于程序违法行为。

4. **答案**：（1）虽然收回燃气特许经营权的行为属于程序违法，但实际上是因为A公司长期不能完成燃气项目建设，无法实现经营区域内的供气目的，侵害公共利益，达到了解除特许经营协议的法定条件，而解除后，经营区域内燃气项目特许经营权已经实际授予B公司，B公司已开工建设并在部分地区试运行，行政行为一旦撤销不仅会影响他人已获得的合法权益，而且会影响居民用气，损害区域内公共利益，所以，应当判决确认违法。(3分)

   （2）但A公司部分燃气项目已经开工建设，收回决定给其造成一定程度的损失，在该行政行为被确认违法又不宜撤销的情况下，县政府依法应当采取必要的补救措施并进行赔偿。(2分)

   （3）依照《行诉解释》规定，法院要对原行政行为和复议行为分别作出裁判。因收回决定违法，所以，市政府的复议维持决定也违法（2分），应当撤销复议维持决定。(2分)

图书在版编目（CIP）数据

行政法与行政诉讼法配套测试／教学辅导中心组编.
12 版. -- 北京：中国法治出版社，2025.8. --（高校法学专业核心课程配套测试）. -- ISBN 978-7-5216-5308-3

Ⅰ. D922.104；D925.304

中国国家版本馆 CIP 数据核字第 2025X6X700 号

责任编辑：贺鹏娟　　　　　　　　　　　　　　　封面设计：杨泽江　赵博

行政法与行政诉讼法配套测试
XINGZHENGFA YU XINGZHENG SUSONGFA PEITAO CESHI

组编/教学辅导中心
经销/新华书店
印刷/三河市紫恒印装有限公司
开本/787 毫米×1092 毫米　16 开　　　　　　　　　印张/ 19.75　字数/ 401 千
版次/2025 年 8 月第 12 版　　　　　　　　　　　　2025 年 8 月第 1 次印刷

中国法治出版社出版
书号 ISBN 978-7-5216-5308-3　　　　　　　　　　　定价：52.00 元

北京市西城区西便门西里甲 16 号西便门办公区
邮政编码：100053　　　　　　　　　　　　　　　传真：010-63141600
网址：http：//www.zgfzs.com　　　　　　　　　　编辑部电话：010-63141784
市场营销部电话：010-63141612　　　　　　　　　印务部电话：010-63141606

（如有印装质量问题，请与本社印务部联系。）